実務での迷いや悩みを
対応事例で解決！

Q&Aでわかる
税理士のための
インボイス制度と
改正電子帳簿保存法

税理士　松崎　啓介
　　　　名取　和彦　共著

第一法規

はじめに

　令和5年10月1日から消費税においてインボイス制度が始まりました。加えて、令和6年1月1日以後に行う電子取引から電子帳簿保存法により電子データの保存義務化が行われました。

　ほぼ同時期に、全ての中小事業者にも影響する二つの大きな制度が動き出したわけですが、実務上間違いやすい点も洗い出されてきました。

　また、電子でインボイスを授受すれば電子取引データ保存の保存方法により保存することが求められるようになりました。

　本書では、インボイス制度と電子帳簿等保存制度について、その基本的な制度の概要を解説するとともに、最新の国税庁より公表されたFAQなどを基に実際に生じた問合せの多い事例をQ&A方式で解説しました。さらに、注意すべき点についても詳説し、複雑な新制度・法改正に悩む税理士先生方の業務に少しでも役立てるよう執筆しました。

　インボイスについては、制度の概要をはじめ、適格請求書発行事業者としての義務、仕入税額控除の要件及び税額計算等について詳しく解説するとともに、照会の多い事例につきましても、経過措置や令和6年改正を踏まえつつ、解説に加え具体的な例示や実務における留意ポイントを示しながら、60問のQ&A形式で掲載しました。

　電子帳簿保存法については、今後は、税務行政のデジタルトランスフォーメーションが進められる中で、各事業者の業務のデジタル化が強く求められてきます。デジタル化を進める中で電子取引データ保存への対応はもちろんですが、帳簿の信頼性確保のために優良な電子帳簿の導入や紙での保存を解消するためのスキャナ保存の導入等を検討

されている事業者の方へ顧問税理士として適切なアドバイスができるよう、制度の基本的な解説と実務に影響があると考えられるQ&Aを掲載しました。

　本書が、インボイスと電子帳簿について深くご理解いただける一助となれば幸いです。

　なお、本稿の意見に関する部分については、筆者の個人的な見解であることを念のために申し添えます。

税理士・一般社団法人租税調査研究会

主任研究員　松崎啓介、名取和彦

目　次

はじめに ……………………………………………………………………… i

第1編　適格請求書等保存方式（インボイス制度）

第1章　適格請求書等保存方式の概要 …………………………… 2

1　制度の概要 …………………………………………………… 2
2　制度の導入の目的と施行で変わること ………………………… 2
　Ⅰ　制度の導入の目的 ………………………………………… 2
　Ⅱ　制度の施行で変わること ………………………………… 3

第2章　適格請求書発行事業者の登録制度 ……………………… 7

1　制度の概要 …………………………………………………… 7
2　登録手続 ……………………………………………………… 7
3　公表 …………………………………………………………… 9

適格請求書発行事業者の登録制度　Q&A ………………………… 11

- Q1　新たに設立された法人等の登録時期の特例① ……………… 11
- Q2　新たに設立された法人等の登録時期の特例② ……………… 12
- Q3　課税期間の中途から課税事業者となった場合の
基準期間における課税売上高 …………………………………… 15
- Q4　適格請求書発行事業者における課税事業者届出書の提出 …… 16
- Q5　登録の取りやめ ……………………………………………… 17
- Q6　庁公表サイトの検索結果とレシート表記が異なる場合 …… 19
- Q7　適格簡易請求書を発行する事業者における対応例 ………… 21
- Q8　簡易課税制度を選択する場合の手続き等 …………………… 22

第3章 適格請求書発行事業者の義務等 … 24

1 適格請求書発行事業者の義務 … 24
2 適格請求書等の交付義務 … 25
　Ⅰ 適格請求書の交付義務 … 25
　Ⅱ 適格請求書の交付義務の免除 … 25
　Ⅲ 適格請求書の交付方法（媒介者交付特例等） … 26
3 適格返還請求書の交付義務 … 27
　Ⅰ 適格返還請求書の交付義務 … 27
　Ⅱ 適格返還請求書の交付義務の免除 … 28
　Ⅲ 少額な対価返還等に係る適格返還請求書の交付義務免除 … 28
4 修正した適格請求書の交付 … 30
5 適格請求書の写しの保存義務 … 30
　Ⅰ 保存義務 … 30
　Ⅱ 保存期間 … 30
　Ⅲ 電磁的記録による保存 … 31

適格請求書発行事業者の義務等　Q＆A … 33

- Q9　免税事業者の交付する請求書等 … 33
- Q10　消費者に限定した取引についての適格請求書の交付義務 … 35
- Q11　特定の者が利用できる会員制レストラン等における適格簡易請求書の交付 … 36
- Q12　「●●会員様」と宛名が印刷された適格簡易請求書の交付 … 38
- Q13　セミナー参加費に係る適格請求書の交付方法① … 40
- Q14　セミナー参加費に係る適格請求書の交付方法② … 41
- Q15　複数年をまたぐ取引に係る適格請求書の交付 … 43
- Q16　売手が負担する振込手数料相当額に係る適格返還請求書 … 45
- Q17　公共交通機関特例の対象 … 47
- Q18　公共交通機関特例の３万円未満の判定単位 … 48
- Q19　特急料金・入場料金 … 49

Q20	賃貸人と賃借人との間の不動産管理会社における媒介者交付特例の適用①	49
Q21	賃貸人と賃借人との間の不動産管理会社における媒介者交付特例の適用②	50
Q22	自動販売機に係る特例の対象とならないコインパーキング等における適格簡易請求書の交付	51
Q23	国内の予約サイトで事前決済した宿泊者に対する適格請求書の再交付	53
Q24	海外の予約サイトで事前決済した宿泊者に対する適格簡易請求書の交付	55
Q25	月の中途で適格請求書発行事業者となった場合の適格請求書等の交付方法①	59
Q26	月の中途で適格請求書発行事業者となった場合の適格請求書等の交付方法②	62
Q27	月の中途で適格請求書発行事業者となった場合の適格請求書等の交付方法③	63

第4章　適格請求書等の記載事項　65

1	適格請求書	65
2	適格簡易請求書	66
3	適格返還請求書	67
4	修正した適格請求書	68

適格請求書等の記載事項　Q&A　70

Q28	手書きの領収書による適格簡易請求書の交付	70
Q29	税抜価額と税込価額が混在する場合の適格簡易請求書の記載方法	72
Q30	複数の契約に係る適格請求書の交付の可否	74
Q31	自販機特例または回収特例における3万円未満の判定単位	76

v

| Q32 | 提供した適格請求書に係る電磁的記録の保存方法 ……… | 78 |

第5章 適格請求書等保存方式下における仕入税額控除の要件 …………… 81

1 仕入税額控除の要件 ……………………………………………… 81
　Ⅰ　適格請求書等の保存 …………………………………………… 81
　Ⅱ　帳簿の保存 ……………………………………………………… 82
　Ⅲ　帳簿のみの保存で仕入税額控除が認められる場合 ………… 83
　Ⅳ　仕入明細書等による仕入税額控除 …………………………… 84
　Ⅴ　電子インボイスによる保存 …………………………………… 86
2 経過措置関係 ……………………………………………………… 86
　Ⅰ　適格請求書発行事業者以外の者からの課税仕入れ ………… 86
　Ⅱ　一定規模以下の事業者に対する負担軽減措置（少額特例）… 89

適格請求書等保存方式下における仕入税額控除の要件　Q&A … 91

Q33	短期前払費用 ……………………………………………	91
Q34	郵便切手類または物品切手等により課税仕入れを行った場合における課税仕入れの時期 …………………	92
Q35	返信用封筒に貼付した郵便切手に係る仕入税額控除の適用 ………………………………………	94
Q36	適格請求書が交付されない経費の立替え ………………	96
Q37	従業員が立替払をした際に受領した適格簡易請求書での仕入税額控除 ………………………………………………	97
Q38	派遣社員等へ支払った出張旅費等の仕入税額控除 ……	98
Q39	内定者等へ支払った出張旅費等の仕入税額控除 ………	99
Q40	社員食堂での会社負担分に係る仕入税額控除 …………	101
Q41	買手による適格請求書の修正 ……………………………	102
Q42	実費精算の出張旅費等 ……………………………………	105
Q43	適格請求書の記載事項に係る電磁的記録の保存方法 …	106
Q44	電気通信利用役務の提供と適格請求書の保存 …………	108

Q45	金融機関の入出金手数料や振込手数料に係る適格請求書の保存方法 ······ 110
Q46	クレジットカードにより決済されるタクシーチケットに係る回収特例の適用 ······ 112
Q47	物品切手等を割引・割増価格により購入した場合の仕入控除税額の計算 ······ 113
Q48	古物商の者がフリマアプリ等により商品を仕入れた場合の仕入税額控除 ······ 116
Q49	古物商以外の者がフリマアプリ等により商品を仕入れた場合の経過措置 ······ 118
Q50	適格請求書発行事業者以外の者からの課税仕入れについて80％・50％経過措置の適用を受ける場合の請求書等 ······ 120
Q51	適格請求書発行事業者からの課税仕入れに係る経過措置の適用等 ······ 122
Q52	偽りの記載をした適格請求書等の交付を受けた場合の仕入税額控除の適用 ······ 123

第6章 適格請求書等保存方式下における税額計算 ······ 125

1 制度の概要 ······ 125
　Ⅰ 売上税額 ······ 125
　Ⅱ 仕入税額 ······ 126
2 売上税額の計算方法 ······ 128
3 仕入税額の計算方法 ······ 129
　Ⅰ 積上げ計算 ······ 129
　Ⅱ 割戻し計算 ······ 131
4 小規模事業者に係る税額控除 ······ 131
　Ⅰ 2割特例の適用 ······ 131
　Ⅱ 2割特例の適用ができない課税期間 ······ 132

適格請求書等保存方式下における税額計算　Q&A ······· 138
- **Q53** ２割特例を適用した課税期間後の簡易課税制度の選択 ······· 138
- **Q54** ２割特例を適用するよりも簡易課税制度を適用した方が有利な場合 ······· 139
- **Q55** 見積額が記載された適格請求書による仕入税額控除 ······· 142
- **Q56** 見積額が記載された適格請求書の交付を受けられない場合の仕入税額控除 ······· 143
- **Q57** 法人税基本通達２－６－１を適用して法人税等の申告をしている場合 ······· 144
- **Q58** 課税期間をまたぐ取引をまとめて一の適格請求書とする場合の売上税額の積上げ計算の適否 ······· 145
- **Q59** 課税期間をまたぐ取引をまとめた一の適格請求書による仕入税額の積上げ計算の適否 ······· 147
- **Q60** 調査において適格請求書等の保存がない場合等における仕入税額控除の適用 ······· 149

第2編　電子帳簿保存法

第1章　電子帳簿保存法の基礎 ······· 152

1. 電子帳簿保存法とは ······· 152
2. 制度創設の考え方とその後の改正 ······· 153
   - Ⅰ　電子帳簿保存法創設時の考え方 ······· 153
   - Ⅱ　スキャナ保存制度創設の考え方（平成16年度税制改正） ······· 155
   - Ⅲ　平成27年度以降の改正 ······· 157
3. 電子帳簿保存法の今後の検討事項 ······· 168
4. 帳簿書類と各保存制度の使い方 ······· 170

第2章 国税関係帳簿の電磁的記録による保存制度 ･･････ 172

- 1 制度の概要 ･･･ 172
- 2 最低限の要件を満たす電子帳簿 ････････････････････････ 172
  - Ⅰ 「最低限の要件を満たす電子帳簿」の対象帳簿 ････ 173
  - Ⅱ 「最低限の要件を満たす電子帳簿」の保存要件 ････ 173
- 3 優良な電子帳簿 ･･ 176
  - Ⅰ 優良な電子帳簿の概要 ･･････････････････････････････ 176
  - Ⅱ 優良な電子帳簿に係る過少申告加算税の軽減措置の導入理由 ･･･ 178
  - Ⅲ 優良な電子帳簿の対象帳簿 ･･････････････････････････ 179
  - Ⅳ 「優良な電子帳簿」の保存要件 ･･････････････････････ 183
- 4 法人事業概況説明書の様式改訂
  （電子帳簿・スキャナ保存） ･･････････････････････････････ 185
  - Ⅰ 電子帳簿 ･･･ 186
  - Ⅱ スキャナ保存・電子取引 ･･････････････････････････････ 187
  - Ⅲ 優良な電子帳簿 ･････････････････････････････････････ 187

最低限の要件を満たす電子帳簿　Q&A ･････････････････････ 189

- **Q61** オンラインマニュアル等の操作説明書の備付けとしての取扱い ･････････････････････････ 189
- **Q62** 事務手続を明らかにした書類 ･･････････････････････ 189
- **Q63** 見読可能装置の備付け等 ･･････････････････････････ 191
- **Q64** クラウドサービス等を利用した場合の保存すべき場所 ････ 191
- **Q65** ダウンロードの求め ･･･････････････････････････････ 193
- **Q66** ダウンロードの際のデータ形式や並び順 ･･･････････ 195
- **Q67** 最低限の要件を満たす電子帳簿のダウンロード方法 ･････ 196
- **Q68** ダウンロードを求める根拠規定 ･･････････････････ 197

優良な電子帳簿　Q&A ････････････････････････････････････ 199

- **Q69** 令和5年度改正による対象帳簿の見直し ･･･････････ 199

Q70	訂正・削除	200
Q71	訂正削除の履歴の確保	200
Q72	訂正削除の履歴の確保の特例	201
Q73	訂正削除の履歴を残す必要があるもの	202
Q74	業務の処理に係る通常の期間	203
Q75	各帳簿間での記録事項の相互関連性の確保	204
Q76	検索機能の確保	205
Q77	検索機能の記録項目	206
Q78	範囲指定	207
Q79	記録項目の組合せ	208

第3章 国税関係書類の電磁的記録による保存制度 ……… 209

1 制度の概要 ……… 209
2 保存対象となる書類 ……… 209
3 保存要件 ……… 210

国税関係書類の電磁的記録による保存制度　Q&A ……… 213
| Q80 | 帳簿と書類の保存に至る過程の違い | 213 |

第4章 国税関係書類のスキャナ保存制度 ……… 215

1 制度の概要 ……… 215
2 スキャナ保存制度の対象となる書類 ……… 216
3 スキャナ保存制度の対象となる書類の具体的範囲 ……… 216
4 スキャナ保存制度の保存要件 ……… 219
5 法人事業概況説明書の様式改訂（スキャナ保存関係） ……… 227
6 スキャナ保存制度の重加算税の加重措置 ……… 228

国税関係書類のスキャナ保存制度　Q&A ……… 229

Q81	入力期間の制限の「速やかに行うこと」	229
Q82	業務の処理に係る通常の期間	229
Q83	タイムスタンプの付与	230
Q84	タイムスタンプの機能	232
Q85	タイムスタンプの仕組み	233
Q86	一の入力単位	234
Q87	変更の有無が確認できるその他の方法	235
Q88	スキャナ読み取り後の即時廃棄	236
Q89	200dpi以上の解像度の確認方法	237
Q90	ヴァージョン管理	238
Q91	スキャン文書と帳簿との相互関連性の保持	239
Q92	関連する国税関係帳簿	240
Q93	見読可能装置の備付け	241
Q94	圧縮保存の可否	242
Q95	スキャナ保存の検索機能の確保	242
Q96	同一の保存システム等によるスキャナ保存と電子取引に係るデータ保存	244
Q97	スキャナ保存の記録項目	244
Q98	テキスト化することができない場合の検索	246
Q99	一般書類に係るスキャナ保存制度の適時入力方式	247
Q100	過去の一般書類のスキャナ保存	248
Q101	一般書類のタイムスタンプを付す期限	249
Q102	過去分重要書類のスキャナ保存	250
Q103	入力期間の制限は設けられていない場合のタイムスタンプ付与	251

第5章 電子取引データ保存制度（電子インボイス） 252

 1 制度の概要 252
 2 保存義務の対象となる情報の範囲 253

Ⅰ 「電子取引」とは ……………………………………… 254
　　Ⅱ 「取引情報」とは ……………………………………… 254
　　Ⅲ 電子取引データ保存制度 ……………………………… 255
　3　電子取引データ保存制度の保存要件 ……………………… 256
　　Ⅰ 保存要件の概要 ………………………………………… 256
　　Ⅱ 基本的な保存要件 ……………………………………… 256
　4　電子取引のデータ保存制度の重加算税の加重措置 ……… 265
　5　電子インボイスの保存要件 ………………………………… 266
　　Ⅰ 電子インボイス提供に関する消費税法の規定
　　　（交付義務・保存要件） ………………………………… 267
　　Ⅱ 提供を受けた電子インボイスの保存に関する消費税法の
　　　規定 ……………………………………………………… 270
　6　消費税に関する電子取引データの重加算税加重制度 …… 272

電子取引データ保存　Q＆A ……………………………………… 274
　Q104　電子取引とは ……………………………………………… 274
　Q105　労働条件通知書や雇用契約書の扱い …………………… 275
　Q106　保存にあたって留意すべき事項 ………………………… 276
　Q107　電子メールの保存 ………………………………………… 278
　Q108　保存すべき電子メールの範囲 …………………………… 279
　Q109　クレジットカードの利用明細データ …………………… 279
　Q110　クラウドサービスで取引を行った場合 ………………… 280
　Q111　ダウンロードの有無による保存義務 …………………… 282
　Q112　ECサイトでの購入 ……………………………………… 283
　Q113　高速道路のETC利用証明書 …………………………… 285
　Q114　スマホアプリによる決済 ………………………………… 286
　Q115　インターネットバンキングを利用した振込 …………… 287
　Q116　オンライン上の通帳 ……………………………………… 288
　Q117　従業員の立替払い ………………………………………… 288
　Q118　課税期間の途中からの電子取引データ保存 …………… 290

Q119	電子取引の種類に応じた保存方法	291
Q120	スマホアプリを使って取引を行った場合の保存方法	293
Q121	電子と書面で同じ内容の取引情報を受け取った場合の扱い	294
Q122	同一の請求書をクラウドと電子メールの二通りの方法で電子により受領した場合	295
Q123	検索機能の確保とは何が必要か	295
Q124	記録項目を組み合わせた条件設定	297
Q125	段階的な検索ができるもの	297
Q126	売上高が5,000万円以下で検索要件が不要となる場合	298
Q127	売上高の判定	299
Q128	出力した書類を整理して検索要件が不要となる場合	301
Q129	複数の取引がまとめて記録されているデータの扱い	302
Q130	異なる取引条件に応じた複数の見積金額の検索方法	304
Q131	取引金額の検索は税抜or税込？	305
Q132	検索機能を有するシステムを有しない場合の検索	305
Q133	訂正または削除の履歴の確保の要件	307
Q134	訂正および削除の防止に関する事務処理の規程とは	308
Q135	保存要件の判定方法	309
Q136	JIIMAにより認証されたソフトウェア	310
Q137	新たな猶予措置の相当の理由	312
Q138	公益法人の場合の電子取引データ保存の保存義務	314

電子インボイス　Q＆A ……………………………………… 318

Q139	適格請求書に係る電磁的記録による提供	318
Q140	適格請求書に係る電磁的記録を提供した場合の保存方法	319
Q141	提供を受けた適格請求書に係る電磁的記録の保存方法	322

Q142	提供された適格請求書に係る電磁的記録の書面による保存	322
Q143	インボイス導入前の電子取引に係る仕入税額控除	323
Q144	適格請求書の記載事項に係る電磁的記録の保存方法	324

第6章 税務行政のデジタル・トランスフォーメーション … 328

1 税務行政のデジタル・トランスフォーメーションの公表 … 328
2 課税・徴収の効率化・高度化の税務当局の取組み … 329

税務行政のデジタル・トランスフォーメーション Q&A … 330

Q145	税務行政のデジタル・トランスフォーメーションとは	330
Q146	AI・データ分析を活用した税務調査	332
Q147	AI・データ分析の活用による課税・徴収事務	333
Q148	データのダウンロード要件を設けた趣旨	335
Q149	AI・データ分析の活用による調査事績	336
Q150	リモート調査の推進	337
Q151	事業者の業務のデジタル化のメリット	338
Q152	国税システムの高度化	339
Q153	人材確保・人材育成	340
Q154	インボイス制度導入後の税務調査	341
Q155	インボイス導入後の税務調査の方針	342
Q156	電子帳簿保存法下での税務調査の対応	343
Q157	これからの税務調査への対応	344
Q158	企業に求められる対策	345
Q159	税務調査時の電磁的記録の提示方法	346
Q160	私物である帳簿書類等の提示等	347

執筆者プロフィール … 348

第1編

適格請求書等保存方式（インボイス制度）

第1章 適格請求書等保存方式の概要

1 制度の概要

　令和5年10月1日前の区分記載請求書等保存方式の下では、課税資産の譲渡等を行う事業者に請求書等を交付する義務がなく、所定の記載事項を具備した請求書等と帳簿の保存を要件に仕入税額控除が可能とされていたが、令和5年10月からスタートした「適格請求書保存方式」、いわゆるインボイス制度下においては、その請求書等に代わり、売手が、買手に対し正確な適用税率や消費税額等を伝えるための手段として、登録番号のほか、一定の事項が記載された請求書や納品書等の書類である、適格請求書等を発行することとなり、税務署長の登録を受けた課税事業者である「適格請求書発行事業者」が課税事業者から交付を求められた場合には、適格請求書等の交付および写しの保存が義務付けられ、仕入税額控除についても、その適格請求書等の保存が要件となり、原則として、その適格請求書に記載された税額を積み上げて仕入控除税額を計算することとなっている。

2 制度の導入の目的と施行で変わること

I 制度の導入の目的

　適格請求書等保存方式の導入の目的は、大きく2つあり、令和元年の軽減税率制度の導入に伴い複数税率となったことから、売り手が軽

減税率で申告し、買い手が標準税率で仕入税額控除するということがないように、売り手側と買い手側における適用税率の認識を一致させるために導入されたことが目的の一つである。そして2つ目が、請求書等保存方式が、自己の作成した帳簿等に基づいて仕入税額を計算するのに対し、「いわゆるインボイス方式」は、取引の相手方が作成し、かつ、税額が明記されたインボイス等に基づいて仕入税額を計算することから、仕入税額控除制度の信頼性や透明性という点においては、適格請求書等保存方式の方がより優れていると従来からいわれていた。

以前から付加価値税が導入されているすべての国の中で、仕入税額控除の要件として「いわゆるインボイス」の保存を求めていないのは日本だけであり、複数税率である欧州の付加価値税はもとより、単一税率のニュージーランドでもインボイス制度が導入されていた。

したがって、軽減税率制度の導入に伴い複数税率となるので、売り手が軽減税率で申告し、買い手が標準税率で仕入税額控除することがないように、売り手側と買い手側における適用税率の認識を一致させるために導入されたともいわれているが、消費税の導入時から、国庫への納税額と最終消費者が負担する消費税相当額が一致していなかった欠陥のある制度から、仕入税額控除を正確に行い、本来のあるべき姿にすることが本来の目的である。

Ⅱ　制度の施行で変わること

消費税の負担と納付の関係については、生産・製造業者から卸売、小売、そして消費者へ多段階で事業者が納税し、その納税額と最終消費者が負担する消費税相当額が一致すると国税庁のパンフレットでは

よく掲載されているが、これは、消費税が転嫁を予定している間接税であり、最終消費者までの各事業者が、自らの付加価値相当分に係る消費税を納税することを前提としており、免税事業者や簡易課税選択事業者が全く流通段階の事業者として存在していない前提であり、もちろんすべての事業者が滞納などをしていない場合においてのみ成立するものである。

しかしながら、卸売業者が免税事業者であった場合を次の図で説明すると、インボイス制度の導入前では、卸売業者は国に消費税を納税しないので、消費者が負担した10,000円の消費税相当額に対して、国庫への納税額は、Ａ＋Ｂ＋Ｃで8,000円となり、国庫に納税される額と最終消費者の負担額は一致しないこととなる。

なぜこのようなことが起きるかといえば、卸売事業者が免税事業者で国庫に消費税を納税していないにもかかわらず、小売業者にも法律上、110分の7.8（図では10％）の仕入税額控除が認められるからである。

これは、インボイス制度を消費税の導入時に採用しなかったので、取引の相手方が課税事業者か免税事業者か、あるいは消費者なのかを確認して取引することは現実的でなく、当然、相手方も２年前の課税売上高を公表する義務もないので、すべて課税事業者との取引とみなして仕入税額控除を認めたためである。

これが、適格請求書等保存方式に変わるとどのようになるのか。

図の下の、「インボイス制度下において卸売業者Ａが免税業者の場合」で説明すると、卸売業者Ａは、課税事業者である生産・製造業者からインボイスを受け取ったとしても、免税事業者なので仕入税額控除も納税もしない。そして卸売業者Ａは、インボイスの発行ができないので、卸売業者Ｂは、仕入れに係る仕入税額控除ができず、売上げ

80,000円に係る8,000円を納税することとなる。

　次に小売事業者は、課税事業者である卸売業者Bより消費税額8,000円と記載されたインボイスを受領し、8,000円の仕入税額控除ができるので、売上げ100,000円に係る10,000円から8,000円を差し引いた2,000円を納税することとなる。

　このことにより、取引に免税事業者がはさまると消費者が負担した10,000円の消費税相当額に対して、国庫への納税額は、A＋B＋Cで15,000円となるが、納税義務が免除された免税事業者は、消費者と同じ立場なので、卸売業者AとBの間で取引が分断され、国庫に全く納税していない者から仕入れた卸売業者Bと無から財を生み出した生産・製造業者はいずれも前段階における消費税の納税がないので控除すべき税金がないと考えれば理解しやすいと思う。

　つまり、生産・製造業者の納税額5,000円と免税事業者である卸売業者Aの負担額が一致し、卸売業者Bと小売業者の合計納税額10,000円と消費者の負担額が一致することとなる。

　最後に、なぜ、免税事業者は適格請求書等を発行できないかというと、適格請求書等保存方式が、消費税法の規定に基づき適用税率を判断し、適用税率や消費税額等を記載した適格請求書等の交付を義務付けるものである以上、免税事業者は消費者と同じで消費税法の適用を受けないので、その義務付けの対象となる事業者に免税事業者を含めることは適当ではないとの考えから、適格請求書等の作成および交付を行う者は、課税事業者に限定することとしたと考えられる。

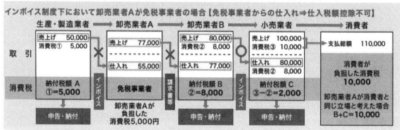

第2章 適格請求書発行事業者の登録制度

1 制度の概要

　適格請求書発行事業者の登録を受けようとする事業者（登録を受けることができるのは、課税事業者に限る。）は、納税地を所轄する税務署長に適格請求書発行事業者登録申請書（以下「登録申請書」という。）を提出する必要がある（消法57の2②、消基通1-7-1）。

　登録申請書は、e-Taxを利用して提出できるが、郵送により登録申請書を提出する場合の送付先は、各国税局のインボイス登録センターとなる。

　登録申請書の提出を受けた税務署長は、登録拒否要件に該当しない場合には、適格請求書発行事業者登録簿に法定事項を登載して登録を行い、登録を受けた事業者に対して、その旨を通知することとされている（消法57の2③④⑤⑦）。

　また、取引の相手方から交付を受けた請求書等が適格請求書に該当することを客観的に確認できるよう、適格請求書発行事業者の情報については、国税庁適格請求書発行事業者公表サイト（以下「庁公表サイト」という。）において公表される。

2 登録手続

　免税事業者が登録を受けるためには、原則として、消費税課税事業者選択届出書（以下「課税選択届出書」という。）を提出し、課税事

業者となる必要があるが、令和5年10月1日から令和11年9月30日までの日の属する課税期間中において、令和5年10月1日後に登録を受ける場合には、登録申請書に登録希望日（提出日から15日以降の登録を受ける日として事業者が希望する日）を記載することで、その登録希望日から課税事業者となる経過措置が設けられている（28年改正法附則44④、改正令附則15②、消基通21－1－1）。

したがって、この経過措置の適用を受けることとなる場合は、登録希望日から課税事業者となり、登録を受けるにあたり、課税選択届出書を提出する必要はない。

また、税務署長による登録が完了した日が登録希望日後となった場合であっても、登録希望日に登録を受けたものとみなされる（改正令附則15③）。

なお、この経過措置の適用を受けて適格請求書発行事業者の登録を受けた場合、基準期間の課税売上高にかかわらず、登録日から課税期間の末日までの期間について、消費税の申告が必要となる。

【実務における留意ポイント】
1　この経過措置の適用を受ける登録日の属する課税期間が令和5年10月1日を含まない場合は、登録日の属する課税期間の翌課税期間から登録日以後2年を経過する日の属する課税期間までの各課税期間については免税事業者となることはできない（28年改正法附則44⑤）。
2　この経過措置の適用を受けない課税期間に登録を受ける場合については、原則どおり、課税選択届出書を提出し、課税事業者となる必要がある。

なお、免税事業者が課税事業者となることを選択した課税期間の

初日から登録を受けようとする場合は、その課税期間の初日から起算して15日前の日までに、登録申請書を提出しなければならない（消法57の2②、消令70の2）。

3　公表

　適格請求書発行事業者の情報（登録日など適格請求書発行事業者登録簿に登載された事項）は、庁公表サイトにおいて公表される（消法57の2④⑪、消令70の5②）。

　また、適格請求書発行事業者の登録が取り消された場合または効力を失った場合においても、その年月日が庁公表サイトにおいて公表される。

　なお、具体的な公表情報および公表イメージについては、次のとおりである。

(1) **法定の公表事項（消法57の2④⑪、消令70の5①）**
　① 適格請求書発行事業者の氏名または名称
　② 法人（人格のない社団等を除く。）については、本店または主たる事務所の所在地
　③ 特定国外事業者以外の国外事業者については、国内において行う資産の譲渡等に係る事務所、事業所その他これらに準ずるものの所在地
　④ 登録番号
　⑤ 登録年月日
　⑥ 登録取消年月日、登録失効年月日

(2) **本人の申出に基づき追加で公表できる事項**
　　次の①、②の事項について公表することを希望する場合には、

必要事項を記載した「適格請求書発行事業者の公表事項の公表(変更）申出書」を提出する。
① 　個人事業者の「主たる屋号」、「主たる事務所の所在地等」
② 　人格のない社団等の「本店または主たる事務所の所在地」

適格請求書発行事業者の登録制度　Q&A

Q1　新たに設立された法人等の登録時期の特例①

> **Q**　令和7年2月1日に新たに法人を設立したいと考えているが、法人（3月決算）の設立の日から適格請求書発行事業者となることができるか。

A　貴者が設立する法人については、設立の日（令和7年2月1日）から適格請求書発行事業者となることができる。

解説

　適格請求書発行事業者の登録を受けることができるのは、課税事業者に限られる（新消法57の2①）。

　新たに設立された免税事業者である法人が、令和5年10月1日から令和11年9月30日までの日の属する課税期間中に適格請求書発行事業者の登録を受ける場合は、経過措置の適用を受けることが可能なので、課税選択届出書の提出をしなくても、課税事業者となることができる。

　また、この場合において、登録申請書に「課税期間の初日から登録を受けようとする旨」を記載することにより、法人の設立日（課税期間の初日）に遡って登録を受けたものとみなされ、課税期間の初日（登録日）から課税事業者となる（消令70の4、消規26の4、消基通1-4-7、1-4-8）。

　したがって、「課税期間の初日から登録を受けようとする旨」を記載した登録申請書を、事業を開始した日の属する課税期間の末日（令

和7年3月31日)までに提出することにより、法人の設立日である課税期間の初日(令和7年2月1日)に遡って登録を受けたものとみなされる。

【実務における留意ポイント】
1 新設合併、新設分割、個人事業者の新規開業等の場合も同様であり、吸収合併または吸収分割により、登録を受けていた被合併法人または分割法人の事業を承継した場合における吸収合併または吸収分割があった日の属する課税期間についても税務署長により適格請求書発行事業者登録簿への登載が行われたときは、その課税期間の初日に登録を受けたものとみなされる特例の適用がある(消基通1-7-6)。
2 個人事業者が法人を設立して事業を開始する場合(引き続き、個人事業者として事業を継続する場合を除く。)は、新たに設立された法人としての手続きに加えて、個人事業者としての廃業の手続き(「事業廃止届出書」の提出)が必要となる。

Q2　新たに設立された法人等の登録時期の特例②

> **Q** 経過措置が適用されない令和11年10月1日以降に法人の設立を予定しており、その場合の法人の事業開始(設立)時から適格請求書発行事業者の登録を受けるための手続きはどのようになるか。

A 事業開始(設立)時から、適格請求書発行事業者の登録を受けるためには、設立後、その課税期間の末日までに、課税選択届出書と登

録申請書を併せて提出することが必要となる。

|解説|

　新たに設立された法人が免税事業者の場合、事業を開始した日の属する課税期間の末日までに、課税選択届出書を提出すれば、その事業を開始した日の属する課税期間の初日から課税事業者となることができる（消法9④、消令20一）。

　また、新たに設立された法人が、事業を開始した日の属する課税期間の初日から登録を受けようとする旨を記載した登録申請書を、事業を開始した日の属する課税期間の末日までに提出した場合において、税務署長により適格請求書発行事業者登録簿への登載が行われたときは、その課税期間の初日に登録を受けたものとみなされる（消令70の4、消規26の4、消通達1-4-7、1-4-8）。

　したがって、新たに設立された法人が免税事業者の場合、事業開始（設立）時から、適格請求書発行事業者の登録を受けるためには、設立後、その課税期間の末日までに、課税選択届出書と登録申請書を併せて提出することが必要となる。

○令和X年11月1日に法人（3月決算）を設立し、令和X＋1年2月1日に登録申請書と課税選択届出書※を併せて提出した法人が免税事業者である場合

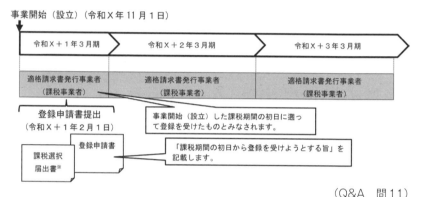

（Q&A　問11）

【実務における留意ポイント】

「Q1　新たに設立された法人等の登録時期の特例①」に記述したように、免税事業者が令和5年10月1日から令和11年9月30日までの日の属する課税期間中に登録を受けることとなった場合には、登録日から課税事業者となる経過措置が設けられている（28年改正法附則44④、消基通21−1−1）。

この場合において、令和5年度税制改正により、登録申請者に提出日から15日以後の日を「登録希望日」として記載すれば、その登録希望日から登録を受けることができることとされた。

また、実際に登録が完了した日が登録希望日後であっても、登録希望日に登録を受けたものとみなされる（改正令附則15③）。

Q3　課税期間の中途から課税事業者となった場合の基準期間における課税売上高

> **Q**　当社は、令和5年10月1日から適格請求書発行事業者となった3月決算の法人であり、令和5年9月30日までは免税事業者であったが、令和8年3月期分の申告における基準期間（令和5年4月1日〜令和6年3月31日分）における課税売上高は、免税事業者であった令和5年4月1日から9月30日までの金額を含めて計算するのか。

A　令和5年10月1日から適格請求書発行事業者になった法人において、令和5年10月1日を含む課税期間を基準期間とする課税売上高については、免税事業者であった期間の課税売上高を含む金額で計算することとなる。

解説

適格請求書発行事業者になったことにより、令和5年10月1日から課税事業者となった3月決算の法人が、令和8年3月期分の消費税の確定申告を行うにあたり、その基準期間は令和5年4月1日〜令和6年3月31日となるが、この場合の基準期間における課税売上高（税抜金額）は、その事業者が免税事業者であった期間（令和5年4月1日〜令和5年9月30日）の課税売上高を含む金額で計算することとなる。

また、その事業者が免税事業者であった期間の課税売上高については、税抜処理は行わず、その売上げ（非課税売上げ等を除く。）がそのまま課税売上高となる。

したがって、具体的には、以下の例のとおり計算することとなる。

【計算例】※　すべて適用税率は10％
① 令和5年4月～9月　　　　　課税売上高：4,400,000円
② 令和5年10月～令和6年3月　課税売上高：5,500,000円
⇒①4,400,000円＋（②5,500,000円×100/110）＝9,400,000円
　そのまま計算　　　　　税抜処理

Q4　適格請求書発行事業者における課税事業者届出書の提出

> **Q**　当社は、3月末決算法人の適格請求書発行事業者であるが、この度、令和7年4月1日から開始する課税期間の基準期間（令和4年6月1日～令和6年3月31日における課税売上高が1,000万円を超えることとなった。この場合、「消費税課税事業者届出書」の提出は必要となるか。

A　貴社のように適格請求書発行事業者の登録を受けている課税期間については、「消費税課税事業者届出書」を提出しなくて差し支えない。

解説

「消費税課税事業者届出書」は、課税期間の基準期間における課税売上高が1,000万円を超えることとなった場合等に提出することとされているが、適格請求書発行事業者は、基準期間における課税売上高が1,000万円を超えるかどうか等にかかわらず、課税事業者となることから、設例のように、適格請求書発行事業者の登録を受けている課税期間（登録日の属する課税期間の翌課税期間以後の課税期間に限る。）については、「課税選択届出書」の提出を行った場合と同様に、「消

費税課税事業者届出書」を提出しなくて差し支えない。

(注) 「課税選択届出書」を提出している事業者においても、その届出書を提出した日の属する課税期間の翌課税期間以後の課税期間については、その基準期間における課税売上高が1,000万円を超えるかどうかにかかわらず、課税事業者となるので、「消費税課税事業者届出書」の提出をしなくてよいこととされている。

Q5　登録の取りやめ

> **Q** 当社は3月決算法人であり、令和5年10月1日に適格請求書発行事業者の登録を受けていたが、令和7年4月1日から適格請求書発行事業者の登録を取りやめたいと考えている。この場合、どのような手続きが必要か。

A 貴社においては、令和7年3月17日までに納税地を所轄する税務署長に「適格請求書発行事業者の登録の取消しを求める旨の届出書」（以下「登録取消届出書」という。）を提出する必要がある。

解説

適格請求書発行事業者は、納税地を所轄する税務署長に登録取消届出書を提出することにより、適格請求書発行事業者の登録の効力を失わせることができる（消法57の2⑩一）。

なお、この場合、原則として、登録取消届出書の提出があった日の属する課税期間の翌課税期間の初日に登録の効力が失われることとなる（消法57の2⑩一）。

ただし、登録取消届出書を、翌課税期間の初日から起算して15日

前の日を過ぎて提出した場合は、翌々課税期間の初日に登録の効力が失われることとなる（消法57の2⑩一、消令70の5③）。

したがって、設例の場合については、令和7年3月17日までに登録取消届出書を提出する必要がある。

なお、免税事業者が登録に係る経過措置により令和5年10月1日を含む課税期間以外の課税期間に適格請求書発行事業者の登録を受けた場合は、適格請求書発行事業者の登録を取りやめたとしても、登録日以後2年を経過する日の属する課税期間までの各課税期間について免税事業者となることはできない（28年改正法附則44⑤）。

(注)　「翌課税期間の初日から起算して15日前の日」が日曜日、国民の祝日に関する法律（昭和23年法律第178号）に規定する休日その他一般の休日、土曜日または12月29日、同月30日もしくは同月31日であったとしても、これらの日の翌日とはならない。

《適格請求書発行事業者の登録の取消届出》

（例1）適格請求書発行事業者である法人（3月決算）が令和7年3月17日に登録取消届出書を提出した場合

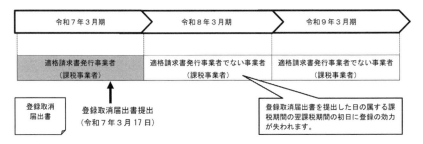

(例2) 適格請求書発行事業者である法人（3月決算）が令和7年3月25日に登録取消届出書を提出した場合（届出書を、翌課税期間の初日から起算して15日前の日を過ぎて提出した場合）

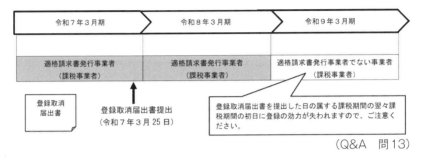

(Q&A　問13)

Q6　庁公表サイトの検索結果とレシート表記が異なる場合

> **Q**　小売店の屋号が記載されたレシート（適格簡易請求書）の交付を受けたので、そのレシートに記載された登録番号を庁公表サイトで検索したところ、事業者の氏名または名称のみが表示されており、屋号が表示されていないことから、同一の事業者かの確認ができなかった。このような場合であっても、当社は仕入税額控除の適用を受けてよいか。

A　氏名・名称の代わりに屋号が記載された適格請求書等を受領した事業者においては、庁公表サイトで、その登録番号の有効性が確認できれば、一義的には有効な適格請求書等として取り扱うこととして差し支えない。

解説

適格請求書等に記載する氏名・名称については、電話番号等により

適格請求書を交付する事業者を特定することができれば、屋号や省略した名称などの記載で差し支えないこととされている。

したがって、その氏名・名称の代わりに屋号が記載された適格請求書等を受領した事業者においては、庁公表サイトで、その適格請求書等に記載された登録番号を基にして検索したとしても、その結果として表示された事業者がその適格請求書等に記載された屋号の事業者と同一であるかが判明しないことも考えられる。

本サイトは、取引先から受領した請求書等に記載されている登録番号が取引時点において有効なものかを確認するために利用されるものなので、その登録番号の有効性が確認できれば、一義的には有効な適格請求書等として取り扱うこととして差し支えない。

【実務における留意ポイント】
　売手が消費者、免税事業者または登録を受けていない課税事業者(以下「適格請求書発行事業者以外の者」という。以下同じ。)であるにもかかわらず、自らの登録番号と誤認されるような英数字が記載されているような場合には、その請求書等は適格請求書等に該当しないこととなるが、適格請求書発行事業者以外の者がそうした適格請求書または適格簡易請求書であると誤認されるおそれのある表示をした書類や適格請求書発行事業者が偽りの記載をした適格請求書または適格簡易請求書を交付すること、それらの書類の記載事項に係る電磁的記録を提供することは禁止されており、罰則（1年以下の懲役または50万円以下の罰金）の適用対象となる。

Q7　適格簡易請求書を発行する事業者における対応例

> **Q**　当社のスーパーで顧客において、交付しているレシート（適格簡易請求書）に記載された屋号が庁公表サイトに掲載されていないと多くの顧客から問合せを受けているが、どうしたらよいか。

A　貴社が交付するレシートに、屋号に加えて庁公表サイトに掲載されている運営会社等の名称を併記することや店頭に「庁公表サイトには運営会社等の名称（○○（株））が表示されています。」旨の掲示をする等の方法がある。

解説

　庁公表サイトの検索結果として表示される事業者名とレシートに表記した屋号等が異なる場合は、売手である適格請求書発行事業者において、顧客からの問合せを受けることも考えられる。

　こうした問合せに対する対応としては、例えば、個人事業者においては、「適格請求書発行事業者の公表事項の公表（変更）申出書」を提出することにより「主たる屋号」を公表することが考えられるが、法人においては「主たる屋号」の公表ができる仕組みとはなっていない。

　したがって、設例のような法人については、例えば、事業者が交付するレシートに、屋号に加えて庁公表サイトに掲載されている運営会社等の名称を併記することや店頭に「庁公表サイトには運営会社等の名称（○○（株））が表示されています。」旨を掲示する等の方法が考えられる。

〈適格簡易請求書に運営会社名を表示した場合の例〉

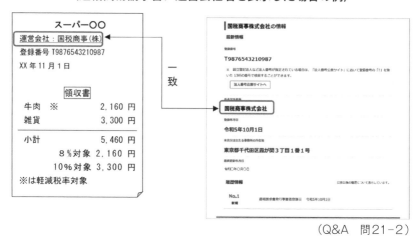

(Q&A 問21-2)

Q8 簡易課税制度を選択する場合の手続き等

Q 免税事業者が令和5年10月1日から令和11年9月30日までの日の属する課税期間中に登録を受ける場合には、登録を受けた日から課税事業者になるが、その課税期間から簡易課税制度の適用を受けることができるか。

A 登録日の属する課税期間中にその課税期間から簡易課税制度の適用を受ける旨を記載した「消費税簡易課税制度選択届出書」を提出することにより、その課税期間から簡易課税制度の適用を受けることができる。

解説

免税事業者が令和5年10月1日から令和11年9月30日までの日の属する課税期間中に登録を受けることとなった場合には、登録日から

課税事業者となる経過措置が設けられている（28年改正法附則44④、消基通21-1-1）。

この経過措置の適用を受ける事業者が、登録日の属する課税期間中にその課税期間から簡易課税制度の適用を受ける旨を記載した「消費税簡易課税制度選択届出書」を、納税地を所轄する税務署長に提出した場合には、その課税期間の初日の前日に消費税簡易課税制度選択届出書を提出したものとみなされる（改正令附則18）。

したがって、設例においては、登録日の属する課税期間中にその課税期間から簡易課税制度の適用を受ける旨を記載した「消費税簡易課税制度選択届出書」を提出することにより、その課税期間から簡易課税制度の適用を受けることができる。

《消費税簡易課税制度選択届出書の提出に係る特例》

（例）免税事業者である個人事業者が令和Ｘ年7月1日から登録を受けた場合で、令和Ｘ年分の申告において簡易課税制度の適用を受けるとき

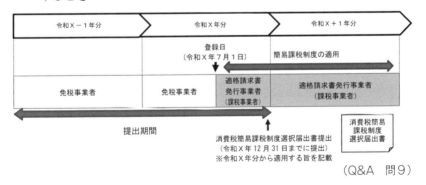

（Q&A　問9）

第3章 適格請求書発行事業者の義務等

1 適格請求書発行事業者の義務

　区分記載請求書等保存方式の下では、買手が仕入税額控除を受けるために請求書等の保存を必要とする一方で、売手には請求書等の交付義務が課されていなかったが、適格請求書等保存方式の下では、原則として、適格請求書発行事業者になると、①課税事業者である取引の相手方の要求に応じて、適格請求書を交付する義務（法57の4①）、②売り上げに係る対価の返還等を行った場合には、適格返還請求書を交付する義務、③交付した適格請求書等に誤りがあった場台には修正した適格請求書等（いわゆる「修正インボイス」）を交付する義務（法57の4④）、④交付したこれらの書類の写しを保存する義務（法57の4⑥）を負うことになる。

　適格請求書等保存方式の下では、適格請求書発行事業者としては、販売する商品に軽減税率対象品目があるかどうかに関係なく、課税事業者である取引相手から交付を求められた時には、適格請求書を交付しなければならない。

　なお、適格請求書発行事業者が内容虚偽の適格請求書を交付することは、法律上禁止されているほか、登録を受けていない事業者が適格請求書の類似書類を交付することも禁止されており、違反した場合の罰則規定も設けられている（法57の5、65四）。

2 適格請求書等の交付義務

I 適格請求書の交付義務

　適格請求書発行事業者には、国内において課税資産の譲渡等を行った場合に、相手方（課税事業者に限る。）からの求めに応じて適格請求書を交付する義務が課されている（消法57の4①）。

　なお、小売業、飲食店業、タクシー業等の不特定多数の者に対して資産の譲渡を行う事業については、適格請求書の記載事項を簡易なものとした適格簡易請求書を交付することができる（消法57の4②、消令70の11）。

　また、適格請求書発行事業者は、適格請求書の交付に代えて、適格請求書に係る電磁的記録を提供することができる（消法57の4⑤）。

【実務における留意ポイント】
1　課税資産の譲渡等に係る適用税率は問わないので、標準税率の取引のみを行っている場合でも、取引の相手方（課税事業者に限る。）から交付を求められたときは、適格請求書の交付義務がある。
2　免税取引、非課税取引および不課税取引のみを行った場合については、適格請求書の交付義務は課されない。

II 適格請求書の交付義務の免除

　適格請求書発行事業者には、国内において課税資産の譲渡等を行った場合に、相手方（課税事業者に限る。）からの求めに応じて適格請求書の交付義務が課されているが、次の取引は、適格請求書発行事業

者が行う事業の性質上、適格請求書を交付することが困難なため、適格請求書の交付義務が免除されている（消令70の9②）。

① 3万円未満の公共交通機関（船舶、バスまたは鉄道）による旅客の運送（以下、「公共交通機関特例」という。）
② 出荷者等が卸売市場において行う生鮮食料品等の販売（出荷者から委託を受けた受託者が卸売の業務として行うものに限る。）
③ 生産者が農業協同組合、漁業協同組合または森林組合等に委託して行う農林水産物の販売（無条件委託方式、かつ、共同計算方式により生産者を特定せずに行うものに限る。）
④ 3万円未満の自動販売機および自動サービス機により行われる商品の販売等（以下「自販機特例」という。）
⑤ 郵便切手類のみを対価とする郵便・貨物サービス（郵便ポストに差し出されたものに限る。）

Ⅲ 適格請求書の交付方法（媒介者交付特例等）

　適格請求書発行事業者には、課税資産の譲渡等を行った場合、課税事業者からの求めに応じて適格請求書の交付義務が課されている（消法57の4①）。

　委託販売の場合、購入者に対して課税資産の譲渡等を行っているのは、委託者なので、本来、委託者が購入者に対して適格請求書を交付しなければならない。

　このような場合、受託者が委託者を代理して、委託者の氏名または名称および登録番号を記載した、委託者の適格請求書を相手方に交付することも認められる（代理交付）。

　また、次の①および②の要件を満たすことにより、媒介または取次

ぎを行う者である受託者が、委託者の課税資産の譲渡等について、自己の氏名または名称および登録番号を記載した適格請求書または適格請求書に係る電磁的記録を、委託者に代わって、購入者に交付し、または提供することができる（以下、「媒介者交付特例」という。）（消令70の12①）。

① 委託者および受託者が適格請求書発行事業者であること
② 委託者が受託者に、自己が適格請求書発行事業者の登録を受けている旨を取引前までに通知していること（通知の方法としては、個々の取引の都度、事前に登録番号を書面等により通知する方法のほか、例えば、基本契約等により委託者の登録番号を記載する方法などがある（消基通1-8-10）。）

この媒介者交付特例は、物の販売などを委託し、受託者が買手に商品を販売しているような取引だけではなく、請求書の発行事務や集金事務といった商品の販売等に付随する行為のみを委託しているような場合も対象となる。

3　適格返還請求書の交付義務

I　適格返還請求書の交付義務

適格請求書発行事業者には、課税事業者に返品や値引き等の売上げに係る対価の返還等を行う場合、適格返還請求書の交付義務が課されている（消法57の4③）。

Ⅱ　適格返還請求書の交付義務の免除

　適格請求書発行事業者には、課税事業者に返品や値引き等の売上げに係る対価の返還等を行う場合、適格返還請求書の交付義務が課されているが、次の取引は、適格返還請求書の交付義務が免除される（消令70の9③一）。

① 　3万円未満の公共交通機関（船舶、バスまたは鉄道）による旅客の運送
② 　出荷者等が卸売市場において行う生鮮食料品等の販売（出荷者から委託を受けた受託者が卸売の業務として行うものに限る。）
③ 　生産者が農業協同組合、漁業協同組合または森林組合等に委託して行う農林水産物の販売（無条件委託方式かつ共同計算方式により生産者を特定せずに行うものに限る。）
④ 　3万円未満の自動販売機および自動サービス機により行われる商品の販売等（自販機特例）
⑤ 　郵便切手類のみを対価とする郵便・貨物サービス（郵便ポストに差し出されたものに限る。）

　なお、適格請求書発行事業者の登録を受ける前に行った課税資産の譲渡等について、登録を受けた以後に売上げに係る対価の返還等を行う場合には、適格返還請求書の交付義務はない（消基通1-8-18）。

Ⅲ　少額な対価返還等に係る適格返還請求書の交付義務免除

　売上げに係る対価の返還等に係る税込価額が1万円未満である場合には、その適格返還請求書の交付義務が免除される（消法57の4③、消令70の9③二）。

また、売上げに係る対価の返還等とは、事業者の行った課税資産の譲渡等に関し、返品を受けまたは値引きもしくは割戻しをしたことにより、売上金額の全部もしくは一部の返還またはその売上げに係る売掛金等の債権の額の全部もしくは一部の減額を行うことをいう（消法38①）。
　したがって、このような売上金額の返還や債権の減額の金額が１万円未満であれば、適格返還請求書の交付義務が免除されることとなる。

【実務における留意ポイント】
　この１万円かどうかの判定は、値引き等の金額に標準税率が適用されたものと軽減税率が適用されたものが含まれている場合であったとしても、適用税率ごとの値引き等の金額により判定するものではなく、返還した金額や値引き等の対象となる請求や債権の単位ごとの減額金額により判定することとなる（消基通１-18-17）。
（例）
　① 300,000円の請求に対し、買手は振込手数料相当額550円減額した299,450円を支払（売手は、550円を対価の返還等として処理）
　　⇒１万円未満の対価返還等であり、適格返還請求書の交付義務は免除される。
　② 400,000円の請求に関し、１商品当たり100円のリベートを後日支払（合計20,000円）
　　⇒１万円以上の対価返還等であり、適格返還請求書の交付義務は免除されない。

4 修正した適格請求書の交付

　適格請求書発行事業者が、適格請求書、適格簡易請求書または適格返還請求書を交付した場合（電磁的記録により提供を行った場合を含む。）において、これらの書類の記載事項に誤りがあったときには、これらの書類を交付した相手方に対して、修正した適格請求書、適格簡易請求書または適格返還請求書を交付しなければならない（消法57の4④⑤）。

5 適格請求書の写しの保存義務

Ⅰ 保存義務

　適格請求書発行事業者には、交付した適格請求書の写しおよび提供した適格請求書に係る電磁的記録の保存義務がある（消法57の4⑥）。
　「交付した適格請求書の写し」とは、交付した書類そのものを複写したものに限らず、その適格請求書の記載事項が確認できる程度の記載がされているものもこれに含まれるので、例えば、適格簡易請求書に係るレジのジャーナル、複数の適格請求書の記載事項に係る一覧表や明細表などの保存があれば足りることとなる。

Ⅱ 保存期間

　適格請求書の写しや電磁的記録については、交付した日または提供した日の属する課税期間の末日の翌日から2月を経過した日から7年間、納税地またはその取引に係る事務所、事業所その他これらに準ず

るものの所在地に保存しなければならない（消令70の13①）。
(参考)
　仕入税額控除の要件として保存すべき請求書等についても、同様である（消令50①）。

Ⅲ　電磁的記録による保存

　国税に関する法律の規定により保存が義務付けられている書類で、自己が一貫して電子計算機を使用して作成したものについては、電帳法に基づき、電磁的記録による保存をもって書類の保存に代えることができることとされている（電帳法4②）。
　なお、作成したデータでの保存にあたっては、次の要件を満たす必要がある。
　①　適格請求書に係る電磁的記録の保存等に併せて、システム関係書類等（システム概要書、システム仕様書、操作説明書、事務処理マニュアル等）の備付けを行うこと（電帳規2②一、③）
　②　適格請求書に係る電磁的記録の保存等をする場所に、その電磁的記録の電子計算機処理の用に供することができる電子計算機、プログラム、ディスプレイおよびプリンタならびにこれらの操作説明書を備え付け、その電磁的記録をディスプレイの画面および書面に、整然とした形式および明瞭な状態で、速やかに出力できるようにしておくこと（電帳規2②二、③）
　③　国税に関する法律の規定による適格請求書に係る電磁的記録の提示もしくは提出の要求に応じることができるようにしておくことまたは適格請求書に係る電磁的記録について、次の要件を満たす検索機能を確保しておくこと（電帳規2②三、③）

・取引年月日、その他の日付を検索条件として設定できること
・日付に係る記録項目は、その範囲を指定して条件を設定することができること

【実務における留意ポイント】
1　複数の適格請求書の記載事項に係る一覧表等を適格請求書の写しとして電磁的記録により保存する場合には、消費税法上は、必ずしも交付した適格請求書として出力する必要はなく、上記①〜③の要件を満たしたその一覧表等の電磁的記録を保存することで問題はない。
2　電帳法上の保存方法等については、国税庁ホームページに掲載されている、「電子帳簿保存法取扱通達解説（趣旨説明）」や「電子帳簿保存法一問一答」が参考となる。

適格請求書発行事業者の義務等　Q&A

Q9　免税事業者の交付する請求書等

Q　私は、個人で事業を営む免税事業者である。適格請求書等保存方式の施行後においては、適格請求書発行事業者しか適格請求書等を交付できないとのことだが、私はこれまで出していたような請求書や領収書等を交付することはできないのか。

　もし、交付することが可能な場合は、消費税相当額を記載して請求書や領収書等を交付してもよいか。

　また、請求書や領収書等を交付する際に気を付けなければならないことがあるか。

A　適格請求書発行事業者以外の者であっても、適格請求書に該当しない請求書や領収書等の交付や、それらに記載すべき事項に係る電磁的記録の提供を行うことは、これまでと同様に何ら問題はない。

　また、免税事業者が請求書や領収書等に消費税相当額を記載したとしても、それが適格請求書等と誤認されるおそれがなければ、基本的に罰則の適用対象とはならない。

　なお、請求書や領収書等を交付する際は、適格請求書発行事業者以外の者が、適格請求書発行事業者が作成した適格請求書等であると誤認されるおそれのある表示をした書類を交付することや、その書類の記載事項に係る電磁的記録を提供することは禁止されているので、注意する必要がある。

【解説】

　適格請求書等保存方式の施行後においては、適格請求書を交付することができるのは適格請求書発行事業者に限られている（消法57の4①）。

　一方、適格請求書発行事業者以外の者であっても、適格請求書に該当しない（適格請求書の記載事項を満たさない）請求書や領収書等の交付、あるいは、それらに記載すべき事項に係る電磁的記録の提供を行うことは、これまでと同様に可能である。

　また、免税事業者が請求書等に消費税相当額を記載したとしても、それが適格請求書等と誤認されるおそれがなければ、基本的に罰則の適用対象となるものではないし、例え、免税事業者であっても、仕入れの際に負担した消費税相当額を取引価格に上乗せして請求することは適正な転嫁であり、何ら問題はないこととされている。

　ただし、適格請求書発行事業者以外の者が、適格請求書発行事業者が作成した適格請求書または適格簡易請求書であると誤認されるおそれのある表示をした書類を交付することや、その書類の記載事項に係る電磁的記録を提供することは禁止されており、罰則（1年以下の懲役または50万円以下の罰金）の適用対象となるので、注意する必要がある（消法57の5、65）。

【実務における留意ポイント】

1　適格請求書発行事業者以外の者からの課税仕入れについては、80％・50％経過措置が設けられている（28年改正法附則52、53）が、その経過措置の適用を受けるためには、区分記載請求書の記載事項を満たした書類等の保存が求められているので、取引の相手方からそうした書類等の作成・交付を求められることも考えら

れる。

　なお、保存されている書類が消費税法上の適格請求書か区分記載請求書であるかは、所得税・法人税の必要経費性・損金性に影響を与えるものではない。

2　適格請求書または適格簡易請求書であると誤認されるおそれのある表示をした書類とは、例えば、登録番号（Ｔ＋13桁の数字）と類似した英数字や自身のものではない登録番号を、自らの「登録番号」として記載した書類などをいう。

Q10　消費者に限定した取引についての適格請求書の交付義務

> **Q**　当社は適格請求書発行事業者の法人であるが、地域の幼児向けに有料で遊戯施設を提供するサービスを行っており、利用規約においてその対象を消費者に限定している。このような役務の提供については、課税事業者から適格請求書の求めがあったとしても適格請求書の交付は行わないこととしてよいか。

A　貴社の利用規約等において提供するサービスの対象を消費者に限定し、実際に事業者による利用がないのであれば、適格請求書を交付する必要はないが、実際にそのサービスを利用した課税事業者から適格請求書の交付を求められた場合には、貴社にその交付義務が生じることとなる。

解説

　適格請求書発行事業者は、課税事業者の求めに応じて、適格請求書の交付義務が生じる（消法57の4①）。そのため、消費者に対しては

適格請求書を交付する義務は生じないので、事業者の利用規約等において提供するサービスの対象を消費者に限定し、実際に事業者による利用がないのであれば、適格請求書を交付する必要はない。

しかしながら、そうした制限があるにもかかわらず、実際にそのサービスを利用した課税事業者から適格請求書の交付を求められた場合には、利用規約等にかかわらず、消費税法上、事業者にその交付義務が生じることとなる。

その際、事業者の提供するサービスが不特定かつ多数の者に資産の譲渡等を行う事業である場合には、適格請求書に代えて、適格簡易請求書を交付することができる（消法70の11）。

Q11　特定の者が利用できる会員制レストラン等における適格簡易請求書の交付

> **Q**　当社では、会員制のレストランを経営しており、あらかじめ会員登録された者以外は入店できないシステムとなっている。このような形態の店でも、適格請求書に代えて適格簡易請求書を交付することができるか。
>
> 　また、当社は、業務用のものを扱うクリーニング業も営んでおり、店が交付する請求書等には顧客名が記載されているが、この場合でも適格簡易請求書として交付することができるか。

A　会員制のレストランおよび業務用を扱うクリーニング店が交付する請求書等については、いずれのお店においても、適格簡易請求書を交付することができる。

解説

　適格請求書発行事業者が、不特定かつ多数の者に課税資産の譲渡等を行う次の事業を行う場合には、適格請求書に代えて、適格請求書の記載事項を簡易なものとした適格簡易請求書を交付することが認められている（消法57の4②、消令70の11）。

　また、適格簡易請求書についても、その交付に代えて、その記載事項に係る電磁的記録を提供することができる（消法57の4⑤）。

① 　小売業
② 　飲食店業
③ 　写真業
④ 　旅行業
⑤ 　タクシー業
⑥ 　駐車場業（不特定かつ多数の者に対するものに限る。）
⑦ 　その他これらに準ずる事業で不特定かつ多数の者に資産の譲渡等を行う事業

　上記①から⑤までの事業については、「不特定かつ多数の者に対するもの」との限定がない。

　したがって、設例の会員制のレストランについては、飲食店業に該当するので、その形態に関係なく、適格簡易請求書を交付することができる。

　また、⑦のその他これらに準ずる事業で不特定かつ多数の者に資産の譲渡等を行う事業に該当するかどうかは、個々の事業の性質により判断するが、例えば、A）資産の譲渡等を行う者が資産の譲渡等を行う際に相手方の氏名または名称等を確認せず、取引条件等をあらかじめ提示して相手方を問わず広く資産の譲渡等を行うことが常態である事業、B）事業の性質上、事業者がその取引において、氏名等を確認

するものであったとしても、相手方を問わず広く一般を対象に資産の譲渡等を行っている事業（取引の相手方について資産の譲渡等を行うごとに特定することを必要とし、取引の相手方ごとに個別に行われる取引であることが常態である事業を除く。）が該当することとなるので、宿泊業や業務用を扱うクリーニング店が交付する請求書等についても、事業の性質上、事業者がその取引において、氏名等の確認は行うが、相手方を問わず広く一般を対象に資産の譲渡等を行っている事業なので、顧客名が記載されていても適格簡易請求書として交付することができる。

Q12 「●●会員様」と宛名が印刷された適格簡易請求書の交付

> **Q** 当協会は、多数の会員を有する事業者団体であり、定期的に協会に属する会員向けに講師を招いてセミナーを開催し、当日に参加者から一定の受講料を徴収している。
> 　この場合、受講料を徴収する参加者に対しては、「●●会会員様」という宛名が事前に印刷された領収書、あるいは、会員名を記載した領収書を適格簡易請求書として交付してもよいか。

A 設例のセミナーについては、一般的に貴協会が参加者に対してセミナーという役務の提供を行ったものと考えられる。
　したがって、受講料を徴収する参加者に対しては、あらかじめ「●●会会員様」との宛名を印刷した領収書を適格簡易請求書として交付することも認められる。
　また、宛名として会員名を記載した場合であっても、消費税額等ま

たは適用税率のいずれかの記載があれば問題はない。

|解説|

　適格簡易請求書の交付ができる事業は、小売業や飲食店業、写真業、旅行業、タクシー業および駐車場業（不特定かつ多数の者に対するものに限る。）の他、「これらの事業に準ずる事業で不特定かつ多数の者に資産の譲渡等を行う事業」についても対象になるが、その事業に該当するかは個々の事業の性質により判断される。

　「不特定かつ多数の者に資産の譲渡等を行うもの」には、その取引にあたり、相手方の氏名等を確認するものであったとしても、相手方を問わず広く一般を対象に資産の譲渡等を行う、ホテル・旅館等の宿泊サービスや航空サービス、レンタカー事業なども含まれる。

　他方、通常の事業者間取引や、消費者を含めた多数の者に対して行う取引であったとしても、その相手方を一意に特定した上で契約を行い、その契約に係る取引の内容に応じて個々に課税資産の譲渡等を行うようなもの（電気・ガス・水道水の供給、電話料金など）は、一般的には、適格簡易請求書の交付ができる事業にはあたらない。

　ところで、設例のセミナーについては、その参加者が貴団体の会員に限られ、一定の対象者に対して取引を行うものではあるが、相手方を一意に特定した上で開催されるものではなく、また、対象者も多数に上るものであることから、適格簡易請求書の交付を行う事業に該当することとなる。

　したがって、領収書に「書類の交付を受ける事業者の氏名または名称」の記載は不要となるので、あらかじめ「●●会会員様」との宛名を印刷した領収書を適格簡易請求書として交付することは問題ないし、仮に宛名として会員名を記載した場合であっても、適格簡易請求

書であることには変わりはないため、消費税額等または適用税率のいずれかの記載があれば認められることになる。

Q13　セミナー参加費に係る適格請求書の交付方法①

> **Q**　当協会では、協会に所属する会員向けに講師を招いてセミナーを開催している。その際の講演料はまとめて当協会が支払い、一定割合を協会で負担することとした上で、残りをセミナーの参加予定者数で按分して参加費として受領し、当協会において課税売り上げとして経理処理している（1,000円未満の端数は切上げ）。
>
> この場合、参加者に対してどのように適格請求書を交付すればよいか。

A　貴協会においては、参加者から代金を受領する際に、適格簡易請求書等の交付を行えばよいこととなる。

解説

一般的には、協会が会員（参加者）に対しセミナーという役務の提供を行ったものと解されるので、協会においては、そのセミナーの参加者から受領した金額が課税売上げ、講演料として支払った金額が課税仕入れとなり、参加者にとっては、セミナー参加にあたって負担した金額がセミナーという役務提供の対価として課税仕入れとなるものと考えられる。

したがって、参加者から代金を受領する際には、適格簡易請求書の記載事項を満たした領収書等の交付を行えばよいこととなる。

Q14　セミナー参加費に係る適格請求書の交付方法②

> **Q**　当協会では、協会に所属する会員向けに講師を招いてセミナーを開催している。その際の講演料は、まとめて当協会が立替払いをし、貴協会と会員（参加者）との間での契約により、セミナー参加にあたって負担する金額は、講演料の総額を超えない範囲で受領することとした上で、当協会においては預り金として経理処理している（1,000円未満の端数は切上げ）。
>
> この場合、参加者に対してどのように適格請求書を交付すればよいか。

A　貴協会は、講演料に係る適格請求書のコピーと立替金精算書を参加者に対して交付することとなるが、適格請求書のコピーが大量となるなどの事情によりコピーを交付することが困難なときは、貴協会が適格請求書を保存しておくことで、参加者に対しては、立替金精算書のみを交付しても差し支えない。

解説

協会と会員（参加者）との間での契約などにより、セミナー参加にあたって負担する金額が、講演料の一部負担金（立替払）であることが明らかであり、かつ、講演料の総額を超える対価を受領することがないなどの場合には、協会において預り金として処理することも認められるものと考えられる。

また、その場合、参加者が負担した金額は、講演を受けるという役務提供の対価として課税仕入れに該当し、協会から講演料に係る適格

請求書のコピーと立替金精算書の交付を受け、それを保存することにより仕入税額控除の適用を受けることができる。

また、適格請求書のコピーが大量となるなどの事情により、コピーを交付することが困難なときは、協会が適格請求書を保存しておくことで、協会から交付を受けた立替金精算書のみを参加者は保存することをもって、仕入税額控除の適用を受けることが可能となる（消基通11-6-2）。

この場合、その立替金精算書には、以下のイメージのとおり、課税仕入れを行う参加者が仕入税額控除の適用を受けるにあたっての必要な事項が記載されている必要がある。

【立替金精算書のイメージ】

設例における立替金精算書は、適格請求書の交付対象（講演料）に係るものであるため、本来は宛名（セミナー参加者の氏名または名称）や消費税額等および適用税率の記載が必要となるが、適格簡易請求書の交付が可能な事業における立替金精算書については、適格請求書が立替者（協会）において保存されることをもって、適格簡易請求書と同様、記載事項を省略する（宛名不要、消費税額等または適用税率のいずれかでよい）こととして差し支えない。

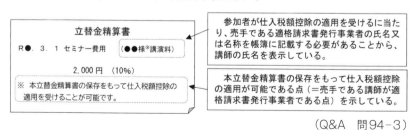

（Q&A　問94-3）

なお、上記立替金精算書による対応は、協会が適格請求書発行事業

者であるかどうかは問わないが、協会と講師の双方が適格請求書発行事業者である場合においては、媒介者交付特例を適用し、協会の名称および登録番号を記載して、適格簡易請求書を交付することも可能である。

Q15　複数年をまたぐ取引に係る適格請求書の交付

> **Q**　当社では、月極での機械メンテナンスに係る役務の提供を行っており、契約期間としては、1年を超えるのが一般的である。このように課税期間をまたぐような長期間にわたる課税資産の譲渡等について、対価の前受け時にまとめて適格請求書を交付してもよいか。

A　設例のように、貴社が適格請求書の交付対象となる期間において、継続して適格請求書発行事業者である限りは、課税期間の範囲を超える期間をまとめて適格請求書を交付することとして差し支えない。

解説

　適格請求書発行事業者である売手は、国内において課税資産の譲渡等を行った場合、取引の相手方（課税事業者に限る。）の求めに応じ、適格請求書を交付する義務が課されている。

　この適格請求書の記載事項である「課税資産の譲渡等を行った年月日」については、課税期間の範囲内で一定の期間内に行った課税資産の譲渡等につき、まとめて適格請求書を作成する場合には、その一定の期間を記載することになる。

　ただし、「課税期間の範囲内で」とあるとおり、一定の期間をまと

めて適格請求書を交付するとしても、取引の期間が売手の課税期間をまたぐ場合には、適格請求書は課税期間ごとに区分し交付することが原則となる。

　しかしながら、課税期間をまたぐ期間に係る取引をまとめて一の適格請求書に記載することも妨げられるものではなく、課税資産の譲渡等を行う前に適格請求書を交付することも可能である。

　これらのことや請求書交付実務の簡便性という観点から、例えば、毎月の保守契約のように一定期間継続して同一の課税資産の譲渡等を行うものについては、売手である事業者が適格請求書の交付対象となる期間、継続して適格請求書発行事業者である限りにおいて、課税期間の範囲を超える期間をまとめて適格請求書を交付することとして差し支えないと考えられる。

【実務における留意ポイント】
1　課税期間とは、原則として、個人事業者であればその年の1月1日から12月31日までの期間、法人であれば事業年度とされ、その期間は最長1年となる。課税期間の範囲を超える期間をまとめて適格請求書を交付した場合において、当期の課税期間に係る消費税額等の記載が明確に区分されていない場合には、売上税額の積上げ計算を行うことはできない。
2　課税期間の範囲を超える期間をまとめて適格請求書を交付した後に、交付した適格請求書の記載事項に変更が生じることとなった場合には、修正した適格請求書を交付する必要があり、また、その期間の中途で適格請求書発行事業者でなくなった場合には、既に交付した適格請求書について、適格請求書発行事業者でなくなった期間部分を区分して区分記載請求書等として再交付するなどの対応が必

要となる。

【イメージ】

○ 役務の提供に係る適格請求書を交付する場合の例（3月決算法人）

（多く寄せられる質問⑥）

Q16　売手が負担する振込手数料相当額に係る適格返還請求書

> **Q** 当社では食料品を販売しており、取引はすべて軽減税率（8％）対象となっている。銀行振込みで代金請求する際は、取引当事者の合意の下で、買手が振込手数料相当額を請求金額

から差し引いて支払うこととしており、売手は、代金請求の際に、既に適格請求書を交付している。売手である当社としては、振込手数料相当額を売上げに係る対価の返還等として経理処理することとしているが、この場合、当社は適格返還請求書を交付する必要があるか。

A 一般的には、こうした振込手数料相当額は1万円未満であると考えられ、その場合は、適格返還請求書の交付義務が免除されるので、取引の相手方から適格返還請求書の交付を求められたとしても交付する義務はない。

|解説|

売手が負担する振込手数料相当額に係る経理処理については、その振込手数料相当額を売上げに係る対価の返還等として処理する場合、原則として、買手に対して適格返還請求書を交付する必要があるが、一般的には、こうした振込手数料相当額は1万円未満であると考えられるので、その場合は適格返還請求書の交付義務が免除されることとなる。

したがって、取引の相手方から適格返還請求書の交付を求められたとしても、交付する義務はない。

なお、売手が買手に対して売上げに係る対価の返還等を行った場合の適用税率は、売上げに係る対価の返還等の基となる課税資産の譲渡等の適用税率に従うこととなるので、軽減税率（8％）対象の課税資産の譲渡等を対象とした振込手数料相当額の売上値引きには、軽減税率（8％）が適用される。

第1編　適格請求書等保存方式（インボイス制度）

《売手が負担する振込手数料相当額の取扱い》

```
                    ┌─────┐   ③適格返還請求書の交付（不要）
                    │適格返│          ▲440円
                    │還請求│
                    │書    │
課税売上げ　10,000円 └─────┘                    課税仕入れ　10,000円
売上対価の返還▲440円  ┌──────┐                 仕入対価の返還▲440円
                     │適格請求書│
         ┌──┐ ①10,000円請求 └──────┘      ┌──┐
         │売手│◀─────────────────────────│買手│
         └──┘                                 └──┘
              ②9,560円振込
                              ②振込手数料
                                  440円
         ┌──────┐
         │金融機関│
         └──────┘
```

（Q&A　問29）

Q17　公共交通機関特例の対象

Q　公共交通機関特例の対象となる公共交通機関の行う旅客の運送とは、具体的にはどのようなものか。

A　適格請求書の交付義務が免除される公共交通機関特例の対象となるのは、3万円未満の公共交通機関による旅客の運送で、次のものをいう（消令70の9②一）。

① 船舶による旅客の運送

　一般旅客定期航路事業（海上運送法2⑤）、人の運送をする貨物定期航路事業（同法19の6の2）、人の運送をする不定期航路事業（同法20②（乗合旅客の運送をするものに限る。））として行う旅客の運送（対外航路のものを除く。）

② バスによる旅客の運送

　一般乗合旅客自動車運送事業（道路運送法3一イ）として行う旅客の運送

47

(注) 路線不定期運行（空港アクセスバス等）および区域運行（旅客の予約等による乗合運行）も対象となる。
③ 鉄道および軌道による旅客の運送
〔鉄道〕
第一種鉄道事業（鉄道事業法２②）、第二種鉄道事業（同法２③）として行う旅客の運送
〔軌道（モノレール等）〕
軌道法第３条に規定する運輸事業として行う旅客の運送

Q18　公共交通機関特例の３万円未満の判定単位

Q　３万円未満の公共交通機関による旅客の運送かどうかは、どのような単位で判定するのか。

A　３万円未満の公共交通機関による旅客の運送かどうかは、１回の取引の税込価額が３万円未満かどうかで判定する（消基通１−８−12）。

したがって、１商品（切符１枚）ごとの金額や、月まとめ等の金額で判定することはできない。

【具体例】
東京−新大阪間の新幹線の大人運賃が13,000円であり、４人分の運送役務の提供を行う場合には、４人分の52,000円で判定することとなるので、公共交通機関特例の対象とはならないこととなる。

Q19　特急料金・入場料金

> **Q**　特急列車に乗車するために支払う特急料金や駅構内に入場するために支払う入場料は、公共交通機関特例の対象となるか。

A　設例の特急料金、急行料金および寝台料金は、旅客の運送に直接的に附帯する対価として、公共交通機関特例の対象となるが、入場料金や手回品料金は、旅客の運送に直接的に附帯する対価ではないので、公共交通機関特例の対象とはならない（消基通1-8-13）。

Q20　賃貸人と賃借人との間の不動産管理会社における媒介者交付特例の適用①

> **Q**　当社は、不動産の管理を行なっている適格請求書発行事業者の法人である。テナントの賃貸業を営む適格請求書発行事業者である賃貸人から、賃借人に対する家賃の請求や集金業務の委託を受けており、集金した家賃は預り金処理をし、管理手数料を差し引いて賃貸人に支払い、併せて精算書を交付しているが、当社名で適格請求書を賃借人に交付することは可能か。

A　貴社においては、自己の氏名または名称および登録番号を記載した適格請求書または適格請求書に係る電磁的記録を、賃貸人に代わって賃借人に交付することができる。

解説

適格請求書発行事業者には、課税資産の譲渡等を行った場合、課税

事業者からの求めに応じて適格請求書の交付義務が課されているが、前述したように、一定の要件を満たすことにより、媒介または取次ぎを行う者である受託者が、委託者の課税資産の譲渡等について、自己の氏名または名称および登録番号を記載した適格請求書または適格請求書に係る電磁的記録を、委託者に代わって購入者に交付し、または提供することができる媒介者交付特例が認められている。

　この媒介者交付特例については、消費税法施行令第70条の12第1項の規定において「媒介または取次ぎに係る業務を行う者を介して国内において課税資産の譲渡等を行う場合において」と定められており、「課税資産の譲渡等」とは、非課税を除く資産の譲渡等であり、「事業として対価を得て行われる資産の譲渡や役務の提供等」のことを指すので、「事業として対価を得て行われる」のであれば、物の販売などを委託し、受託者が買手に商品を販売しているような取引だけではなく、請求書の発行事務や集金事務といった商品の販売等に付随する行為のみを委託しているような場合も対象となる。

　したがって、賃貸人と賃借人との間の不動産管理会社のほか、フランチャイズ制を採る本部と顧客との間の加盟店における取引等においても適用ができる。

Q21　賃貸人と賃借人との間の不動産管理会社における媒介者交付特例の適用②

> **Q**　当社は、不動産の管理を行なっている適格請求書発行事業者の法人である。テナントの賃貸業を営む免税事業者で適格請求書発行事業者でない賃貸人から、賃借人に対する家賃の請求や集金業務の委託を受けており、集金した家賃は預り金処理をし、

管理手数料を差し引いて賃貸人に支払い、併せて精算書を交付している。
　また、当社は、賃借人からインターネット料等の収入（課税対象）も別途得ており、このようなケースにおいて、賃借人に交付する請求書はどうすればよいか。

A 賃貸人が免税事業者の場合は、媒介者交付特例が適用できないので、賃貸人の区分記載請求書とインターネット料等に係る当社名の適格請求書を賃借人に交付することとなる。

|解説|

　不動産管理会社が課税事業者で適格請求書発行事業者であっても、賃貸人が免税事業者で適格請求書発行事業者ではないので、媒介者交付特例が適用できない。
　また、賃貸人は適格請求書を発行することができないので、不動産管理会社は、賃借人から受領するインターネット料等の収入に対する不動産管理会社名義の適格請求書と家賃収入に係る賃貸人名義の区分記載請求書を賃借人に対して交付することとなる。

Q22　自動販売機に係る特例の対象とならないコインパーキング等における適格簡易請求書の交付

Q　3万円未満の自動販売機や自動サービス機による商品の販売等は、適格請求書の交付義務が免除されるが、当社が経営する小売店舗の前にコインパーキングを設置している。コインパーキングによる資産の譲渡等は、この適格請求書の交付義務が免

除される特例が適用されないと聞いたが、適格請求書の交付が機械上無理である場合は、どうしたらよいか。

A 適格簡易請求書を交付することで対応することができる。

解説

　設例のとおり、適格請求書の交付義務が免除される自販機特例の対象となる自動販売機や自動サービス機とは、代金の受領と資産の譲渡等が自動で行われる機械装置であって、その機械装置のみで、代金の受領と資産の譲渡等が完結するものをいう（消基通1-8-14）。

　したがって、小売店舗内に設置されたセルフレジを通じた販売のように、機械装置により単に精算が行われているだけのものや設例のコインパーキング等のように代金の受領と券類の発行はその装置で行われるものの、資産の譲渡等は別途に行われるようなものおよびネットバンキングのように機械装置で資産の譲渡等が行われないものは、自販機特例の対象となる自動販売機や自動サービス機による商品の販売等に含まれないこととなる。

　しかしながら、設例のコインパーキングによる資産の譲渡等は、駐車場業（不特定かつ多数の者に対するもの）に該当するので、適格請求書に代えて、記載要件を具備したレシート等を適格簡易請求書として交付することができる。

第1編 適格請求書等保存方式（インボイス制度）

Q23 国内の予約サイトで事前決済した宿泊者に対する適格請求書の再交付

> **Q** 当社は、国内のホテルを経営する法人であるが、顧客への宿泊サービスにあたり、適格請求書発行事業者が運営する国内の予約サイトを通じて予約や代金の精算を行っている。購入者は、予約サイトから媒介者交付特例を適用して、適格請求書を交付してもらっているが、顧客からチェックアウトの際に、当社に対して適格請求書の交付を求められることがある。
>
> この場合、当社は改めて適格請求書を交付しなければならないのか。

A 予約サイトを運営する媒介者等が適格請求書を交付したのであれば、その時点で適格請求書の交付義務を果たしているといえるが、貴社においても、顧客の求めに応じて、適格請求書を交付することもできる。

解説

設例のように予約サイトを通じて代金の精算等を行う場合、一定の要件を満たしていれば、その予約サイトの運営者が媒介者交付特例を適用して、委託者である事業者に代わって顧客に対し適格請求書を交付することができる。

この媒介者交付特例を適用し、媒介者等が適格請求書を交付したのであれば、その時点で適格請求書の交付義務を果たしているといえるが、設例のように、改めて委託者が適格請求書を交付することについては、消費税法上妨げられるものではないので、顧客の求めに応じて、

適格請求書を交付することもできる。

　この場合において、委託者が交付しようとする適格請求書に記載すべき課税資産の譲渡等に係る税抜価額または税込価額は、委託者である売手の認識している金額によることに注意する必要がある。

　なお、仕入税額控除は、行った課税仕入れに対して適用されるものなので、購入者において、一の課税仕入れについて複数枚の適格請求書の保存があっても、仕入税額控除の適用は一回となる。

【実務における留意ポイント】
　予約サイトの運営者が適格請求書発行事業者ではないなどの理由により、媒介者交付特例を適用できない場合に、課税事業者である顧客から適格請求書の交付を求められた際は、委託者においては、適格請求書の交付義務が生じることとなる（消法57の4①）。
（参考）
　適格請求書を再交付するにあたり、既に交付した複数枚の適格請求書をまとめて一の適格請求書として再発行する必要がある場合にはそのような対応も可能である。

　その場合、一の適格請求書に記載されたすべての課税資産の譲渡等に係る税抜価額または税込価額の合計額を基礎として再計算した消費税額等が、適格請求書の記載事項としての消費税額等となる。

　他方、売手において既に交付した適格請求書の写しを保存しているなど、再発行であることが客観的に明らかである場合には、その記載すべき消費税額等は、既に交付した適格請求書に記載された消費税額等を基に記載することとして差し支えない。

【イメージ】（記載事項は一部省略）

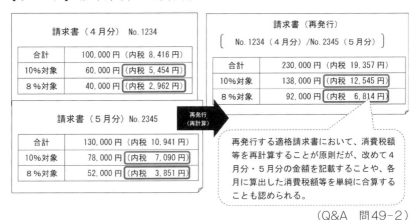

(Q&A　問49-2)

Q24　海外の予約サイトで事前決済した宿泊者に対する適格簡易請求書の交付

> **Q**　当社は、国内のホテルを経営している法人であるが、適格請求書発行事業者ではない海外の予約サイトを通じて受けた宿泊予約について、その海外の予約サイト経由で決済が行われた場合、フロントでは現金の授受等が行われないことから、インボイスの交付を行わない旨をホームページ上で公表している。
> 　ところが、チェックアウトの際に、顧客から海外の予約サイトからは適格請求書の交付を受けられないことを理由に、当社に対して適格請求書の交付を求められることがある。
> 　この場合、当社は、どのように対応すればよいか。

A　適格請求書発行事業者ではない海外の予約サイトや旅行代理店等（以下「海外予約サイト等」という。）を通じて受けた予約で、かつ、

海外予約サイト等を経由して決済が行われた場合には、領収書ではなく、宿泊明細書など適宜の様式により、記載事項を満たした適格簡易請求書を交付することとなる。

解説

　適格請求書発行事業者には、課税資産の譲渡等を行った場合、課税事業者からの求めに応じて適格請求書を交付する義務が課されており、設例におけるホテルへの宿泊は、ホテルを経営している法人が宿泊者に対して行う課税資産の譲渡等であることから、その法人に適格請求書等の交付義務が課せられることとなる。

　つまり、海外予約サイト等は、適格請求書発行事業者でない場合が多いため、令和5年10月以降、予約サイトの運営者が適格請求書発行事業者ではないなどの理由により、宿泊者が適格請求書の交付を受けることができない場合は、ホテルに対して課税事業者である顧客から適格請求書の交付を求められた際は、ホテルを経営している事業者に適格請求書の交付義務が生じることとなる（消法57の4①）。

　また、令和6年4月26日付で観光庁が一般社団法人日本ホテル協会あてに、「宿泊予約サイト等を通じて宿泊予約を受けた場合のインボイスの交付について」と題する周知依頼文書を発遣しており、「宿泊者が宿泊予約サイト等を通じて宿泊代金を事前決済しており、チェックアウト時までに宿泊代金の支払いを受けていないため、インボイスの記載事項を満たした「領収書」の交付を行っていない場合（手配旅行に該当する場合）について」は、その対応方法として、「インボイスは、課税事業者から求められれば交付する必要があり、宿泊代金を受領した書類としての「領収書」の交付を行っていないことに起因して、事業者のホームページで「インボイスを交付しない」旨の案

内をすることは、宿泊者の誤解を招き適切ではない。」とした上で、併せて、「適格請求書や適格簡易請求書は、その名称を問わず、記載事項を満たしたものであれば、必ずしも領収書や請求書である必要はありません。そのため、海外予約サイト等を通じて受けた予約で、かつ、海外予約サイト等を経由して決済が行われた場合には、領収書ではなく、宿泊明細書など適宜の様式により、インボイスを交付することが考えられる。」旨が周知されている。

したがって、設例においては、領収書ではなく、宿泊明細書などの適宜の様式により、適格簡易請求書を交付することとなる。

【実務における留意ポイント】

適格請求書の記載事項のうち、「課税資産の譲渡等の税抜価額または税込価額を税率ごとに区分して合計した金額」は、事業者が課税売上げとして認識している金額となる。そのため、海外予約サイト等との間で手数料等が差し引かれて精算される場合であっても、その手数料等差引前の金額となると考えられる。

また、海外予約サイト等が宿泊代金に併せて予約手数料を宿泊客から徴収している場合や、値引き販売を行っている場合には、適格簡易請求書に記載される金額（宿泊代金）が、宿泊客が実際に予約サイト等を通じて支払った代金の総額と異なることも考えられるが、消費税法上の問題はない。

なお、例えば、国内の予約サイト等が宿泊者の委託を受けてホテルの宿泊予約を行う場合（いわゆる手配旅行）と異なり、パックツアーなど、宿泊サービスを含めた一連の旅行サービスとして国内の予約サイト等が提供する場合（いわゆる企画旅行）、通常、予約サイト等が宿泊客に対して課税資産の譲渡等を行ったものとなるので、その国内

の予約サイト等が宿泊客に対して適格簡易請求書を交付する必要がある（この場合、事業者は、国内の予約サイト等に対して適格請求書の交付義務が生じることとなる。）。

（参考）

社員の出張等に伴う宿泊費で、社員に支給するもののうち、その旅行に通常必要であると認められる部分の金額については、一定の事項を記載した帳簿のみの保存で仕入税額控除が認められる（以下「出張旅費等特例」という。）ので、その場合には、ホテルを利用する事業者側において必ずしもホテルから適格簡易請求書を受領する必要はない。

【イメージ】

○　予約サイト等を経由して予約を受ける場合における適格請求書

取引形態	予約サイト等において	
	媒介者交付特例の適用あり	媒介者交付特例の適用なし
手配旅行	予約サイト等が交付	宿泊施設が交付
企画旅行	予約サイト等が交付※	

※　予約サイト等が適格請求書発行事業者でない場合、宿泊者は適格請求書の交付を受けることはできないが、出張旅費等特例の要件を満たすのであれば、その特例の適用を受けることは可能である。

（多く寄せられる質問　問ⓐ）

【イメージ】
○ 宿泊明細

```
                         宿泊明細
                                              ホテル○○○
                                              東京都…
                                              TEL03-****-****
                                              登録番号：T1234567890123

お名前：○○　○○　様

宿泊期間 2024/05/01 ～ 2024/05/03
部屋番号：○○○
宿泊人数：○名
```

明細	単価	数	金額
室料（消費税率10%）	10,000円	2	20,000円
		合計金額	20,000円

(注)　「税率ごとに区分した消費税額等」と「適用税率」を両方記載することも可能である。

Q25　月の中途で適格請求書発行事業者となった場合の適格請求書等の交付方法①

> **Q**　当社は、電子機器のレンタルを行う免税事業者で、契約において毎月末に使用料を受領し領収書を発行していたが、月の中途に適格請求書発行事業者の登録を受けた場合において、どのように領収書（適格請求書）を交付すべきか。

A 貴社においては、ある月の中途に適格請求書発行事業者の登録を受けた場合においても、使用料等の支払を受けるべき日が登録日以後となるのであれば、その月分の使用料等の全額につき適格請求書を交付することとなる。

|解 説|

　適格請求書発行事業者は、登録日以後の取引について、相手方（課税事業者に限る。）の求めに応じて、適格請求書を交付する義務が生じる。

　ところで、資産の賃貸借契約に基づいて支払を受ける使用料等の額（前受けに係る額を除く。）を対価とする資産の譲渡等の時期は、その契約または慣習によりその支払を受けるべき日とされている。そのため、ある月の中途に適格請求書発行事業者の登録を受けた場合においても、月末にその月分の支払を受けることとしているなど、使用料等の支払を受けるべき日が登録日以後となるのであれば、その月分の使用料等の全額につき、適格請求書を交付することとなる（消基通9－1－20）。

(注)　この場合、課税資産の譲渡等がその支払を受けるべき日に行われたこととなるため、その登録を受けた月分の使用料等については、適格請求書発行事業者の登録前の期間に係るものについて日割計算などは行わず、全額を課税売上げとして消費税の申告を行うこととなる。

【イメージ】

○ 3月15日に登録を受けた場合

《登録日以後に使用料等を受領する場合》

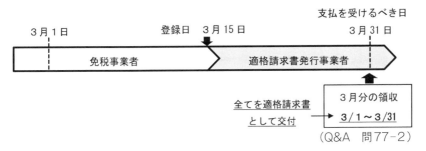

(Q&A 問77-2)

他方、前受けに係るもの(翌月分を前払で受けるようなもの)である場合には、その資産の譲渡等の時期は、原則として現実に資産の譲渡等を行った時となるため、登録日前の取引と登録日以後の取引に区分するなどの対応が必要となる(消基通9-1-27)。

この場合、適格請求書ではない領収書を交付し、登録通知を受け登録日が判明した後に、適格請求書となる部分を区分して交付するなどの方法によることとしても差し支えない。

《登録日以前に使用料等を前受けする場合》

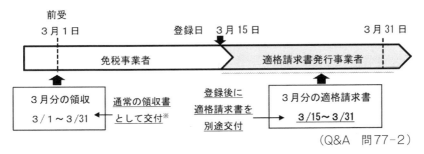

(Q&A 問77-2)

※買手においては、領収金額の総額から適格請求書として交付を受け

た金額(3月15日から31日までの分)を差し引いた金額を、3月1日から14日までの分の課税資産の譲渡等に係る対価の額として追記することにより、その金額につき区分記載請求書等と同様の記載事項が記載された請求書等の保存があるものとして、仕入税額の一定割合(80%・50%)を仕入税額とみなして控除できる経過措置の適用を受けることができる。

Q26 月の中途で適格請求書発行事業者となった場合の適格請求書等の交付方法②

> **Q** 当社は、商品の販売を行っている免税事業者で、出荷基準により売上げを計上していたが、月の中途に適格請求書発行事業者の登録を受けた場合において、どのように領収書(適格請求書)を交付すべきか。

A 貴社においては、出荷基準により継続して棚卸資産の譲渡を行ったこととしている日が、登録日以後となる取引について、適格請求書を交付することとなる。

|解説|

　棚卸資産の譲渡を行った日は、その引渡しのあった日とされており、引渡しの日がいつであるかについては、例えば、出荷した日、相手方が検収した日、相手方において使用収益ができることとなった日、検針等により販売数量を確認した日等、その棚卸資産の種類および性質、その販売に係る契約の内容等に応じてその引渡しの日として合理的であると認められる日のうち、事業者が継続して棚卸資産の譲渡等を

行ったこととしている日によるものとされている（消基通9-1-1、9-1-2）。

したがって、事業者が継続して棚卸資産の譲渡を行ったこととしている日が、登録日以後となる取引について、適格請求書を交付することとなる。

【イメージ】
○ 3月15日に登録を受けた場合

《出荷日を棚卸資産の譲渡を行った日としている例》

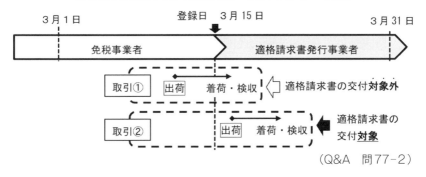

（Q&A 問77-2）

Q27　月の中途で適格請求書発行事業者となった場合の適格請求書等の交付方法③

> **Q**　当社は、機械の製造を行っている免税事業者で、受注した機械を製造し設置が完了した日に売上げを計上していたが、月の中途に適格請求書発行事業者の登録を受けた場合において、どのように領収書（適格請求書）を交付すべきか。

A　貴社においては、機械の設置が完了した日が適格請求書発行事業

者の登録を受けた日以後であるならば、その製造等の対価の全額につき適格請求書を交付することとなる。

解説

役務の提供を行った日は、原則として、その約した役務の全部の提供を完了した日となる（消基通9－1－5）。

したがって、設例の場合には、機械を製造し設置が完了した日が役務の全部の提供を完了した日となるので、その日が適格請求書発行事業者の登録を受けた日以後であるならば、その製造等の対価の全額につき適格請求書を交付することになる。

(注) 機械を製造し設置が完了した日が適格請求書発行事業者の登録を受けた日以後である場合、その機械の製造等の対価については、適格請求書発行事業者の登録前の期間に係るものについて日割計算などは行わず、全額を課税売上げとして申告を行うことになる。

【イメージ】
○ 3月15日に登録を受けた場合

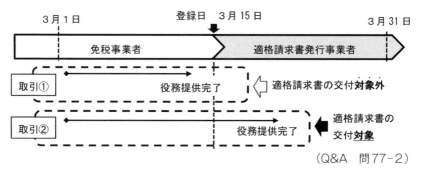

（Q&A 問77－2）

第4章 適格請求書等の記載事項

1 適格請求書

　適格請求書の様式は、法令等では定められていないので、適格請求書として必要な次の事項が記載された書類（請求書、納品書、領収書、レシート等）であれば、その名称を問わず、適格請求書に該当することとなる（消法57の4①、消基通1-8-1）。

① 　適格請求書発行事業者の氏名または名称および登録番号
② 　課税資産の譲渡等を行った年月日
③ 　課税資産の譲渡等に係る資産または役務の内容（課税資産の譲渡等が軽減対象課税資産の譲渡等である場合には、資産の内容および軽減対象課税資産の譲渡等である旨）
④ 　課税資産の譲渡等の税抜価額または税込価額を税率ごとに区分して合計した金額および適用税率
⑤ 　税率ごとに区分した消費税額等
⑥ 　書類の交付を受ける事業者の氏名または名称

【実務における留意ポイント】
1 　課税期間の範囲内で一定の期間内に行った課税資産の譲渡等につき適格請求書をまとめて作成する場合には、その一定の期間を記載することができる。
　なお、上記のとおり、適格請求書は、その記載事項を満たす限り、様式や名称を問わないので、通常、代金の支払いを受ける際に適格

請求書の記載事項を満たした領収書等を交付することとしている事業形態であっても、それとは別に適格請求書の記載事項を満たした「領収書」以外の書類（例えば、請求書や納品書、明細書など）を交付するといった対応も認められる。

2　軽減税率の適用対象となる商品がない場合、適格請求書の記載事項である「軽減対象課税資産の譲渡等である旨」の記載は不要であり、これまでと同様に、課税資産の譲渡等の対価の額（税込価格）の記載があれば、結果として「課税資産の譲渡等の税抜価額または税込価額を税率ごとに区分して合計した金額」の記載があるものとなるが、適用税率（10％）や消費税額等の記載が必要となることについては注意を要する。

2　適格簡易請求書

　適格請求書等保存方式においては、適格請求書発行事業者が、小売業など不特定かつ多数の者に課税資産の譲渡等を行う一定の事業を行う場合には、適格請求書に代えて、適格簡易請求書を交付することができる（消法57の4②、消令70の11）。

　適格簡易請求書の記載事項は、適格請求書の記載事項よりも簡易なものとされており、適格請求書の記載事項と比べると、「書類の交付を受ける事業者の氏名または名称」の記載が不要であること、「税率ごとに区分した消費税額等」または「適用税率」のいずれか一方の記載で足りることが異なる。

　なお、具体的な記載事項は、次のとおりである。

①　適格請求書発行事業者の氏名または名称および登録番号

②　課税資産の譲渡等を行った年月日

③ 課税資産の譲渡等に係る資産または役務の内容（課税資産の譲渡等が軽減対象課税資産の譲渡等である場合には、資産の内容および軽減対象課税資産の譲渡等である旨）

④ 課税資産の譲渡等の税抜価額または税込価額を税率ごとに区分して合計した金額

⑤ 税率ごとに区分した消費税額等または適用税率

※「税率ごとに区分した消費税額等」と「適用税率」は、両方記載してもよい。

(注) 上記の記載事項のうち、①の登録番号を記載しないで作成したレシートは、令和元年10月1日から令和5年9月30日（適格請求書等保存方式の開始前）までの間における区分記載請求書等に該当することとなる。

(参考) 区分記載請求書等保存方式においても仕入税額控除の要件として保存が必要な請求書等の記載事項について、小売業など不特定かつ多数の者に課税資産の譲渡等を行う一定の事業に係るものである場合には、請求書等の交付を受ける相手方の氏名または名称の記載は不要とされていた。

3　適格返還請求書

　適格請求書発行事業者には、課税事業者に返品や値引き等の売上げに係る対価の返還等を行う場合、適格返還請求書を交付する義務が課されている（消法57の4③）。

　適格返還請求書の記載事項は、次のとおりである。

① 適格請求書発行事業者の氏名または名称および登録番号

② 売上げに係る対価の返還等を行う年月日およびその売上げに係

る対価の返還等の基となった課税資産の譲渡等を行った年月日
（適格請求書を交付した売上げに係るものについては、課税期間
の範囲で一定の期間の記載で差し支えない。）
③　売上げに係る対価の返還等の基となる課税資産の譲渡等に係る
資産または役務の内容（売上げに係る対価の返還等の基となる課
税資産の譲渡等が軽減対象課税資産の譲渡等である場合には、資
産の内容および軽減対象課税資産の譲渡等である旨）
④　売上げに係る対価の返還等の税抜価額または税込価額を税率ご
とに区分して合計した金額
⑤　売上げに係る対価の返還等の金額に係る消費税額等または適用
税率
㊟　売上げに係る対価の返還等に係る税込価額が１万円未満である
場合の取扱いについては、第３章３Ⅲを参照。

4　修正した適格請求書

　適格請求書発行事業者が、適格請求書、適格簡易請求書または適格返還請求書を交付した場合（電磁的記録により提供を行った場合を含む。）において、これらの書類の記載事項に誤りがあったときには、これらの書類を交付した相手方に対して、修正した適格請求書、適格簡易請求書または適格返還請求書を交付しなければならない（消法57の4④⑤）。

　これらの交付方法は、例えば、
①　誤りがあった事項を修正し、改めて記載事項のすべてを記載し
たものを交付する方法
②　当初に交付したものとの関連性を明らかにし、修正した事項を

明示したものを交付する方法

などが考えられる。

　なお、買手である課税事業者が作成した一定事項の記載のある仕入明細書等の書類で、売手である適格請求書発行事業者の確認を受けたものについても、仕入税額控除の適用のために保存が必要な請求書等に該当するので（消法30⑨三）、買手において適格請求書の記載事項の誤りを修正した仕入明細書等を作成し、売手である適格請求書発行事業者の確認を受けた上で、その仕入明細書等を保存することも考えられる。この場合は、改めて修正した適格請求書、適格簡易請求書または適格返還請求書を交付しなくても差し支えない。

適格請求書等の記載事項　Q&A

Q28　手書きの領収書による適格簡易請求書の交付

Q　当社は、企業に懇親会で利用いただくこともある旅館を経営しており、適格請求書等保存方式が施行される前は、領収書の発行を求められた場合については、手書きで領収書を作成し交付してきたが、これを適格請求書等とするためには、宛名や税率ごとの対象金額・消費税額を明記して交付しなければならないのか。

　また、温泉に入浴した顧客から受け取る対価には入湯税など課税対象外のものも含まれているが、どのように記載したらよいか。

A　貴社は、適格請求書に代えて、適格簡易請求書を交付することが可能である。

　また、課税対象外の取引については、適格請求書等の交付義務はないが、適格請求書等に併せて記載することもできる。

解説

　適格請求書等保存方式の施行後において、適格請求書発行事業者が、小売業のほか旅館やホテル等において行う宿泊や飲食サービスについては、不特定かつ多数の者に課税資産の譲渡等を行う一定の事業を行う場合に該当するので、適格請求書に代えて、適格簡易請求書を交付することができる（消法57の4②、消令70の11）。

　また、課税対象外の取引については、適格請求書等の交付義務はな

いが、適格請求書等に併せて記載することも可能であり、その場合には、受け取った対価のうち課税対象外のものを除いた上で、税抜価額または税込価額を税率ごとに区分して合計した金額を内訳欄に記載する必要がある。

　例えば、旅館に宿泊した顧客から宿泊料16,500円の他、150円を入湯税として受け取った場合には、領収金額は実際に受け取った16,650円を記載しつつ、但書きに「入湯税」を追加するとともに、左下の金額（税抜・税込）欄に課税資産の譲渡等（宿泊費）に係る税込価額16,500円を記載することで、記載要件を満たすこととなる。

〈手書きの適格簡易請求書の記載例〉

（Q&A　問58-2）

〈課税対象外の取引がある場合の手書きの適格簡易請求書の記載例〉

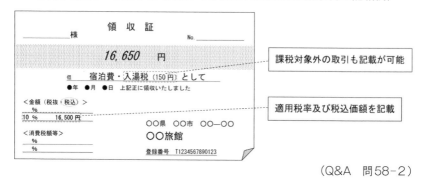

（Q&A　問58-2）

Q29　税抜価額と税込価額が混在する場合の適格簡易請求書の記載方法

> **Q**　当社は、スーパーマーケットを営んでおり、当社のレジシステムで買い物客に発行するレシートについて、一般の商品は、税抜価額を記載しているが、たばこなどの一部の商品は税込価額を記載している。この場合、適格簡易請求書に記載する「課税資産の譲渡等の税抜価額又は税込価額を税率ごとに区分して合計した額」および「税率ごとに区分した消費税額等」は、どのように算出すればよいか。

A　一の適格簡易請求書において、税抜価額を記載した商品と税込価額を記載した商品が混在するような場合、いずれかに統一して「課税資産の譲渡等の税抜価額又は税込価額を税率ごとに区分して合計した額」を記載するとともに、これに基づいて「税率ごとに区分した消費税額等」を算出して記載することとなる。

解説

　適格請求書の記載事項である消費税額等に1円未満の端数が生じる場合は、一の適格請求書につき、税率ごとに1回の端数処理を行う必要がある（消令70の10、消基通1-8-15）。

　この取扱いについては、適格簡易請求書に消費税額の記載を行う場合についても同様であり、設例のように、一の適格簡易請求書において、税抜価額を記載した商品と税込価額を記載した商品が混在するような場合、いずれかに統一して「課税資産の譲渡等の税抜価額又は税込価額を税率ごとに区分して合計した額」を記載するとともに、これに基づいて「税率ごとに区分した消費税額等」を算出して記載することとなる。

　なお、税抜価額または税込価額のいずれかに統一して「課税資産の譲渡等の税抜価額又は税込価額を税率ごとに区分して合計した額」を記載する際における1円未満の端数処理については、「税率ごとに区分した消費税額等」を算出する際の端数処理ではないので、どのように端数処理を行うかについては、事業者の任意となる。

【実務における留意ポイント】

　たばこや指定ごみ袋など、法令・条例等の規定により「税込みの小売定価」が定められている商品や再販売価格維持制度の対象となる商品と、税抜価額で記載するその他の商品を合わせて一の適格簡易請求書に記載する場合については、「税込みの小売定価」を税抜化せず、「税込みの小売定価」を合計した金額および「税率の異なるごとの税抜価額」を合計した金額を表示し、それぞれを基礎として消費税額等を算出し、算出したそれぞれの金額について端数処理して記載することとしても差し支えない。

Q30　複数の契約に係る適格請求書の交付の可否

> **Q**　当社では、複数の事業所がある顧客との間については、その事業所ごとに契約を締結し、その代金を毎月まとめて顧客に請求している。この代金請求に関しては、従来、毎月の請求額と消費税相当額の合計を記載した請求書に、その内訳として契約ごとの本体価格と消費税相当額（端数処理済）を記載したものを送付する方法で行っていた。
>
> 　適格請求書等保存方式の施行により、消費税の端数処理について「一の適格請求書につき、税率ごとに1回」とされたことを踏まえ、当社では1ヵ月分をまとめて請求するのではなく、個々の契約ごとに適格請求書を作成・交付する方法に変更するとともに、交付した適格請求書の写しとして保存すべき量が多量となることや顧客の利便性も勘案し、複数の契約に係る料金を1ヵ月分まとめて一の適格請求書で請求する方法に改めることを検討しているが問題ないか。
>
> 　また、その際に気を付けるべき点としてはどういうことがあるか。

A　事業所ごとに締結した契約に基づき課税資産の譲渡等を行っているとしても、その課税資産の譲渡等に係る対価の額を請求書内で合計し、適格請求書の記載事項（課税資産の譲渡等に係る税抜価額または税込価額）とすることは何ら問題はない。

解説

　適格請求書に記載する消費税額等は、適格請求書に記載した税率ごとに合計した課税資産の譲渡等に係る税抜価額または税込価額に、一定の割合（税抜価額の場合は100分の10（または100分の8）、税込価額の場合は110分の10（または108分の8））を乗じて算出し、その算出した消費税額等に1円未満の端数が生じた場合にその端数を処理するため、適格請求書に記載する消費税額等の端数処理は一の適格請求書につき、税率ごとに1回行うこととなる（消令70の10、消基通1-8-15）。

　したがって、設例のように、事業所ごとに締結した契約に基づき課税資産の譲渡等を行っているとしても、その課税資産の譲渡等に係る対価の額を請求書内で合計し、適格請求書の記載事項（課税資産の譲渡等に係る税抜価額または税込価額）とすることは何ら問題はない。

　また、設例の場合の適格請求書の記載例としては、以下のように課税資産の譲渡等（「利用金額」）の税込価額を合計し、その合計金額から算出した消費税額等を記載することにより、適格請求書の記載事項である消費税額等とすることができる。

　なお、契約ごとに算出した消費税額等を参考として記載することは問題ないが、法令で求められる適格請求書の記載事項としての消費税額等にはならないので注意する必要がある。

【イメージ】

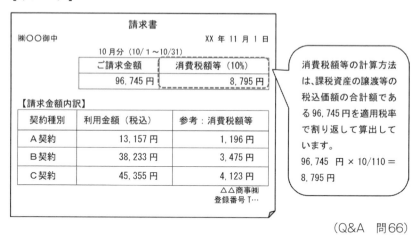

(Q&A 問66)

Q31 自販機特例または回収特例における３万円未満の判定単位

Q 帳簿の記載事項である「仕入れの相手方の住所または所在地」の記載が不要となる、自販機特例または３万円未満の課税仕入れについて回収特例が適用される取引かどうかは、どのような単位で判定するのか。

A 売手における適格請求書の交付義務が免除されている自販機特例または適格簡易請求書の記載事項（取引年月日を除く。）が記載されている３万円未満の入場券等が使用の際に回収される課税仕入れ（以下、「回収特例」という。）については、帳簿に仕入れの相手方の住所または所在地の記載は不要となる（消令49①、令和５年国税庁告示第26号）。

　これらの取引に該当するかどうかは、１回の取引の税込価額が３万

円未満かどうかで判定する。

例：① 自動販売機で飲料（１本200円）を30本（6,000円）購入する場合

　　　⇒１回の商品購入金額（１本200円）で判定

　　② ●●施設の入場券（１枚5,000円）を２枚（10,000円）購入し使用する場合

　　　⇒１回の使用金額（２枚10,000円）で判定

【帳簿の記載イメージ】

○ 会議の際に提供する飲み物として、自動販売機で飲料（１本200円）を30本（6,000円）購入した場合

総勘定元帳（会議費）			（株）○○	
XX 年		摘要	借方	貸方
月	日			
2	8	自販機　飲料※	6,000	
⋮	⋮	⋮	⋮	

※は軽減税率対象品目

○ 従業員の福利厚生目的で●●施設の入場券（１枚5,000円）を２枚（10,000円）購入し、使用した場合

総勘定元帳（福利厚生費）			（株）○○	
XX 年		摘要	借方	貸方
月	日			
2	8	●●施設入場券	10,000	
⋮	⋮	⋮	⋮	

Q32　提供した適格請求書に係る電磁的記録の保存方法

> **Q**　当社では、適格請求書の交付に代えて、適格請求書に係る電磁的記録を提供している。
>
> 　しかしながら、当社が提供した電磁的記録については、XML形式等の取引情報に関する文字の羅列となっており、この場合において、電帳法における保存要件の一つである「整然とした形式および明瞭な状態」での画面および書面への出力要件を満たすこととなるか。例えば、適格請求書の記載事項を示す文言（例えば、「取引年月日」という文言）が必要となるのか。

A　請求書等のフォーマットなどにより視覚的に確認・出力されるものについては、保存要件を満たすこととなる。

|解　説|

　適格請求書発行事業者が適格請求書の交付に代えて、適格請求書に係る電磁的記録を提供した場合において、電帳法に準じた方法により、その電磁的記録を保存することで、消費税法における適格請求書の写しの保存要件を満たすこととなる。

　設例において保存する電磁的記録は、XML形式等の取引情報に関する文字の羅列とのことだが、請求書等のフォーマットなどにより視覚的に確認・出力されるものについては、保存要件を満たすこととなる（国税庁「電帳法一問一答【電子取引関係】問34」参照）。

　具体的には、以下の出力（印刷）イメージのように適格請求書であることが視覚的に確認でき、内容が記載事項のどの項目を示しているか認識できるものであれば、消費税法上は、必ずしも、適格請求書の

記載事項を示す文言（「取引年月日」や「課税資産の譲渡等の税抜金額または税込金額を税率ごとに区分して合計した金額」という文言など）が必要となるものではない。

　なお、電帳法においては、「取引情報（取引に関して受領し、または交付する注文書、契約書、送り状、領収書、見積書その他これらに準ずる書類に通常記載される事項）に係る電磁的記録」を保存する必要があり（電帳法２五、７）、その電磁的記録をディスプレイの画面および書面に、整然とした形式および明瞭な状態で、速やかに出力することができるようにしておく必要がある(電帳規４①柱書、２②二)。

　したがって、原則としては、電磁的に授受をした内容に含まれる「通常記載される事項」はすべて出力（表示）することができる必要があるが、その記載事項（金額等）が一見して何を表しているかが明らかである場合には、その記載事項に係る項目が出力されていなくても差し支えはない。

　ただし、授受した「通常記載される事項」に係る電磁的記録については、要件を満たして保存を行う必要がある。

【イメージ】
○ 出力（印刷）

```
㈱○○　御中                XX年11月30日
                         △△商事㈱
                         登録番号 T123…
                                  54,800
  XX/11/1   ビール      課10%    30,000
  XX/11/1   缶詰       軽8%      8,000
  XX/11/9   ビール      課10%    10,000
  XX/11/9   缶詰       軽8%      2,000
  請求時消費税〈10%〉              4,000
  請求時消費税〈8%〉                 800
  課税10%　税込額                44,000
  内消費税                        4,000
  課税8%　税込額                 10,800
  内消費税                          800
```

(Q&A　問82)

第5章　適格請求書等保存方式下における仕入税額控除の要件

1　仕入税額控除の要件

　適格請求書等保存方式の下では、一定の事項が記載された帳簿および請求書等の保存が仕入税額控除の要件とされている（消法30⑦）。

I　適格請求書等の保存

　保存すべき請求書等には、適格請求書のほか、次の書類等も含まれる（消法30⑨）。
① 　適格簡易請求書
② 　適格請求書または適格簡易請求書の記載事項に係る電磁的記録
③ 　適格請求書の記載事項が記載された仕入明細書、仕入計算書その他これに類する書類（課税仕入れの相手方において課税資産の譲渡等に該当するもので、相手方の確認を受けたものに限り、その書類に記載すべき事項に係る電磁的記録を含む。）
④ 　次の取引について、媒介または取次ぎに係る業務を行う者が作成する一定の書類（その書類に記載すべき事項に係る電磁的記録を含む。）
　（ⅰ）　卸売市場において出荷者から委託を受けて卸売の業務として行われる生鮮食料品等の販売
　（ⅱ）　農業協同組合、漁業協同組合または森林組合等が生産者（組合員等）から委託を受けて行う農林水産物の販売（無条件委

託方式、かつ、共同計算方式によるものに限る。)

Ⅱ　帳簿の保存

　令和5年10月1日から開始された適格請求書等保存方式の下では、帳簿および請求書等の保存が要件とされているが、保存すべき帳簿の記載事項については次のとおりであり、区分記載請求書等保存方式の下での帳簿の記載事項と同様である（相手方の登録番号の記載は不要である。）。

① 課税仕入れの相手方の氏名または名称
② 課税仕入れを行った年月日
③ 課税仕入れに係る資産または役務の内容（課税仕入れが他の者から受けた軽減対象課税資産の譲渡等に係るものである場合には、資産の内容および軽減対象課税資産の譲渡等に係るものである旨）
④ 課税仕入れに係る支払対価の額

【実務における留意ポイント】
● 取引先コード等による表示
　帳簿に記載する課税仕入れの相手方の氏名または名称は、取引先コード等の記号・番号等による表示で差し支えない。
　また、課税仕入れに係る資産または役務の内容についても、商品コード等の記号・番号等による表示で差し支えないが、この場合、課税資産の譲渡等であるか、また、軽減対象課税資産の譲渡等に係るものであるときは、軽減対象課税資産の譲渡等に係るものであるかの判別を明らかとする必要がある（消基通11-6-1）。

第1編　適格請求書等保存方式（インボイス制度）

○　請求書等保存方式、区分記載請求書等保存方式および適格請求書等保存方式の帳簿の記載事項の比較（消法30⑧、28年改正法附則34②、旧消法30⑧）

請求書等保存方式 （令和元年9月30日まで）	区分記載請求書等保存方式 （令和元年10月1日から 令和5年9月30日までの間）	適格請求書等保存方式 （令和5年10月1日から）
①　課税仕入れの相手方の氏名または名称 ②　課税仕入れを行った年月日 ③　課税仕入れに係る資産または役務の内容 ④　課税仕入れに係る支払対価の額	①　課税仕入れの相手方の氏名または名称 ②　課税仕入れを行った年月日 ③　課税仕入れに係る資産または役務の内容（課税仕入れが他の者から受けた軽減対象資産の譲渡等に係るものである場合には、資産の内容および<u>軽減対象資産の譲渡等に係るものである旨</u>） ④　課税仕入れに係る支払対価の額	①　課税仕入れの相手方の氏名または名称 ②　課税仕入れを行った年月日 ③　課税仕入れに係る資産または役務の内容（課税仕入れが他の者から受けた軽減対象課税資産の譲渡等に係るものである場合には、資産の内容および軽減対象課税資産の譲渡等に係るものである旨） ④　課税仕入れに係る支払対価の額

(注)1　区分記載請求書等保存方式の下では、請求書等保存方式における帳簿の記載事項に下線部分が追加されている。
　　2　適格請求書等保存方式の下でも、区分記載請求書等保存方式における帳簿の記載事項と同様の記載事項である。

(Q&A　問109)

Ⅲ　帳簿のみの保存で仕入税額控除が認められる場合

　請求書等の交付を受けることが困難であるなどの理由により、次の取引については、一定の事項を記載した帳簿のみの保存で仕入税額控除が認められる（消法30⑦、消令49①、消規15の4）。

① 公共交通機関特例の対象として適格請求書の交付義務が免除される３万円未満の公共交通機関による旅客の運送
② 適格簡易請求書の記載事項（取引年月日を除く。）が記載されている入場券等が使用の際に回収される取引（①に該当するものを除く。(回収特例)）
③ 古物営業を営む者の適格請求書発行事業者でない者からの古物（古物営業を営む者の棚卸資産に該当するものに限る。）の購入
④ 質屋を営む者の適格請求書発行事業者でない者からの質物（質屋を営む者の棚卸資産に該当するものに限る。）の取得
⑤ 宅地建物取引業を営む者の適格請求書発行事業者でない者からの建物（宅地建物取引業を営む者の棚卸資産に該当するものに限る。）の購入
⑥ 適格請求書発行事業者でない者からの再生資源および再生部品（購入者の棚卸資産に該当するものに限る。）の購入
⑦ 適格請求書の交付義務が免除される３万円未満の自動販売機および自動サービス機からの商品の購入等（自販機特例）
⑧ 適格請求書の交付義務が免除される郵便切手類のみを対価とする郵便・貨物サービス（郵便ポストに差し出されたものに限る。）
⑨ 従業員等に支給する通常必要と認められる出張旅費、宿泊費、日当および通勤手当出張旅費（以下「出張旅費等」という）。

Ⅳ　仕入明細書等による仕入税額控除

　仕入税額控除の適用を受けるための請求書等に該当する仕入明細書等は、相手方の確認を受けたものに限られる（消法30⑨三、消基通11－6－6）。

この相手方の確認を受ける方法としては、例えば、
① 仕入明細書等の記載内容を、通信回線等を通じて相手方の端末機に出力し、確認の通信を受けた上で、自己の端末機から出力したもの
② 仕入明細書等に記載すべき事項に係る電磁的記録につきインターネットや電子メールなどを通じて課税仕入れの相手方へ提供し、相手方から確認の通知等を受けたもの
③ 仕入明細書等の写しを相手方に交付し、または仕入明細書等の記載内容に係る電磁的記録を相手方に提供した後、「一定期間内に誤りのある旨の連絡がない場合には記載内容のとおり確認があったものとする。」旨が記載された基本契約等を締結した場合におけるその一定期間を経たもの

がある。
なお、③については、
（ⅰ）仕入明細書等に「送付後一定期間内に誤りのある旨の連絡がない場合には記載内容のとおり確認があったものとする」旨の通知文書等を添付して相手方に送付し、または提供し、了承を得る。
（ⅱ）仕入明細書等または仕入明細書等の記載内容に係る電磁的記録に「送付後一定期間内に誤りのある旨の連絡がない場合には記載内容のとおり確認があったものとする。」といった文言を記載し、または記録し、相手方の了承を得る。

といったように、仕入明細書等の記載事項が相手方に示され、その内容が確認されている実態にあることが明らかであれば、相手方の確認を受けたものとなる。
㊟ 仕入明細書等の確認があったものとするための「一定期間」については、具体的な日数等を表示することまで求めないが、業務の内

容や取引先との関係を踏まえて、認識を合わせておく必要がある。

【実務における留意ポイント】

　区分記載請求書等保存方式においても、仕入れを行った者が作成する仕入明細書等の書類で、一定事項が記載されており、相手方の確認を受けたものについては、仕入税額控除のために保存が必要な請求書等に該当する。

　ただし、適格請求書等保存方式における仕入明細書等と区分記載請求書等保存方式における仕入明細書等の記載事項は異なるので注意する必要がある。

V　電子インボイスによる保存

　取引先から提供を受けた請求書の電子データについては、適格請求書に係る電磁的記録による提供を受けた場合であっても、電磁的記録を整然とした形式および明瞭な状態で出力した書面を保存することで、仕入税額控除の適用に係る請求書等の保存要件を満たすこととなる（消規15の5②）。

2　経過措置関係

I　適格請求書発行事業者以外の者からの課税仕入れ

　適格請求書等保存方式の下では、適格請求書発行事業者以外の者からの課税仕入れについては、仕入税額控除のために保存が必要な請求書等の交付を受けることができないことから、仕入税額控除を行うこ

とができない（消法30⑦）。

　ただし、適格請求書等保存方式開始から一定期間は、適格請求書発行事業者以外の者からの課税仕入れであっても、仕入税額相当額の一定割合を仕入税額とみなして控除できる経過措置（以下「80％・50％経過措置」という。）が設けられている（28年改正法附則52、53）。

　80％・50％経過措置を適用できる期間等は、次のとおりである。

期間	割合
令和5年10月1日から令和8年9月30日まで	仕入税額相当額の80％
令和8年10月1日から令和11年9月30日まで	仕入税額相当額の50％

㊟　令和6年度税制改正により、一の免税事業者からの80％・50％経過措置の対象となる課税仕入れの額の合計額が、その年またはその事業年度で税込み10億円を超える場合には、その超えた部分の課税仕入れについて、本経過措置は適用できないこととする見直しが行われた（この改正は、令和6年10月1日以後に開始する課税期間から適用されている。）。

　なお、80％・50％経過措置の適用を受けるためには、次の事項が記載された帳簿および請求書等の保存が要件となる。

(1)　帳簿

　区分記載請求書等保存方式の記載事項に加え、例えば、「80％控除対象」「㊝」など、経過措置の適用を受ける課税仕入れである旨の記載が必要となる。

　具体的には、次の事項となる。

　（ⅰ）課税仕入れの相手方の氏名または名称

　（ⅱ）課税仕入れを行った年月日

　（ⅲ）課税仕入れに係る資産または役務の内容（課税仕入れが他の

者から受けた軽減対象課税資産の譲渡等に係るものである場合には、資産の内容および軽減対象課税資産の譲渡等に係るものである旨）および経過措置の適用を受ける課税仕入れである旨
（ⅳ）課税仕入れに係る支払対価の額

【実務における留意ポイント】
　上記（ⅲ）の「経過措置の適用を受ける課税仕入れである旨」の記載については、個々の取引ごとに「80％控除対象」、「免税事業者からの仕入れ」などと記載する方法のほか、例えば、本経過措置の適用対象となる取引に、「※」や「☆」といった記号・番号等を表示し、かつ、これらの記号・番号等が「経過措置の適用を受ける課税仕入れである旨」を別途「※（☆）は80％控除対象」などと表示する方法も認められる。

(2) **請求書等**
　区分記載請求書等と同様の記載事項が必要となる（区分記載請求書等に記載すべき事項に係る電磁的記録を含む。）。
　具体的には、次の事項となる。
（ⅰ）書類の作成者の氏名または名称
（ⅱ）課税資産の譲渡等を行った年月日
（ⅲ）課税資産の譲渡等に係る資産または役務の内容（課税資産の譲渡等が軽減対象資産の譲渡等である場合には、資産の内容および軽減対象資産の譲渡等である旨）
（ⅳ）税率ごとに合計した課税資産の譲渡等の税込価額
（ⅴ）書類の交付を受ける当該事業者の氏名または名称

【実務における留意ポイント】

適格請求書発行事業者以外の者から受領した請求書等の内容について、上記（ⅲ）かっこ書きの「軽減対象資産の譲渡等である旨」および（ⅳ）「税率ごとに合計した課税資産の譲渡等の税込価額」の記載がない場合に限り、受領者が自ら請求書等に追記して保存することが認められる。

なお、提供された請求書等に係る電磁的記録を整然とした形式および明瞭な状態で出力した書面に追記して保存している場合も同様に認められる。

Ⅱ 一定規模以下の事業者に対する負担軽減措置（少額特例）

基準期間における課税売上高が１億円以下または特定期間における課税売上高が５千万円以下である事業者が、令和５年10月１日から令和11年９月30日までの間に国内において行う課税仕入れについて、その課税仕入れに係る支払対価の額（税込み）が１万円未満である場合には、一定の事項が記載された帳簿のみの保存により、その課税仕入れについて仕入税額控除の適用を受けることができる経過措置（以下「少額特例」という。）が設けられている（28年改正法附則53の２、改正令附則24の２①）。

※１　基準期間とは、個人事業者についてはその年の前々年、法人についてその事業年度の前々事業年度をいう（消法２①十四）。

　２　特定期間とは、個人事業者についてはその年の前年１月１日から６月30日までの期間、法人についてはその事業年度の前事業年度開始の日以後６月の期間をいう（消法９の２④）が、納税義務の判定における場合と異なり、課税売上高に代えて給

与支払額の合計額によることはできない。
3　「課税仕入れに係る支払対価の額が1万円未満」に該当するか否かについては、一回の取引の課税仕入れに係る金額（税込み）が1万円未満かどうかで判定するため、課税仕入れに係る一商品ごとの金額により判定するものではない。この考え方は、公共交通機関特例における「3万円未満の公共交通機関による旅客の運送」の判定と同様である。
4　その経過措置の適用にあたっては、帳簿に「経過措置（少額特例）の適用がある旨」を記載する必要はない。

【実務における留意ポイント】
1　新たに設立した法人における基準期間のない課税期間については、特定期間の課税売上高が5千万円超となった場合であっても、その課税期間について、本経過措置の適用を受けることができる。
2　適格請求書発行事業者以外の者からの課税仕入れであっても、課税仕入れに係る支払対価の額（税込み）が1万円未満である場合には本経過措置の対象となる。

第1編　適格請求書等保存方式（インボイス制度）

適格請求書等保存方式下における仕入税額控除の要件　Q&A

Q33　短期前払費用

Q　当社では、パソコン等事務用機器を賃借しているが、件数や金額も少額であることから、事務の簡素化を図るため、その前払費用については、法人税基本通達2-2-14《短期前払費用》の取扱いの適用を受け、相手方から交付を受けた請求書等に基づき支払を行うとともに、その支出した日の属する課税期間の課税仕入れとしている。

　適格請求書等保存方式の下においても、相手方から交付を受ける請求書等が適格請求書の記載事項を満たすものであれば、引き続き、その前払費用について、支出した日の属する課税期間の課税仕入れとして仕入税額控除の適用を受けることができるか。

A　設例のように、その前払費用に係る適格請求書等を保存している場合は、引き続き、支出した日の属する課税期間の課税仕入れとして仕入税額控除の適用を受けることができる。

解説

　法人税の計算においては、前払費用（一定の契約に基づき継続的に役務の提供を受けるために支出した費用のうち支出した事業年度終了の時においてまだ提供を受けていない役務に対応するものをいう。以下同じ。）の額でその支払った日から1年以内に提供を受ける役務に

係るものを支払った場合、その支払った額に相当する金額を継続してその支払った日の属する事業年度の損金の額に算入しているときは、その前払費用を損金の額に算入することが認められている（法基通2－2－14）（所得税についても同様。）。

消費税の計算についても、その取扱いの適用を受ける前払費用に係る課税仕入れは、その支出した日の属する課税期間において行ったものとして取り扱うこととしている（消基通11－3－8）。

このような前払費用については、適格請求書等保存方式の下においても、その支出した日の属する課税期間において行ったものとして取り扱うこととなるが、その前払費用に係る課税仕入れについて仕入税額控除の適用を受けるためには、原則として、適格請求書の保存が必要となる。

したがって、設例のようにその前払費用に係る適格請求書等を保存している場合は、引き続き、支出した日の属する課税期間の課税仕入れとして仕入税額控除の適用を受けることができる。

また、その前払費用に係る課税仕入れが適格請求書発行事業者から行われるものである場合には、その前払費用を支出した日の属する課税期間において適格請求書の交付を受けられなかったとしても、事後に交付される適格請求書を保存することを条件として、その前払費用として支出した額を基礎として仕入税額控除の適用を受けることとして差し支えない。

Q34　郵便切手類または物品切手等により課税仕入れを行った場合における課税仕入れの時期

> **Q**　当社では、購入した郵便切手や商品券のうち、自社で引換給

> 付を受けるものについては、継続的に郵便切手や商品券を購入した時に課税仕入れを計上している。適格請求書等保存方式の下においても、引き続き、郵便切手や商品券を購入した時に課税仕入れを計上しているものについては、仕入税額控除の適用を受けることができるか。

A　郵便切手類および物品切手等（適格請求書発行事業者により回収されることが明らかなものに限る。）のうち、自ら引換給付を受けるものについては、適格請求書等保存方式の下においても、引き続き、購入（対価の支払）時に課税仕入れとして計上し、一定の事項を記載した帳簿を保存することにより、仕入税額控除の適用を受けることができる。

解説

　適格請求書等保存方式が施行される以前においても、郵便切手類または物品切手等は、購入時においては原則として、課税仕入れには該当せず、役務または物品の引換給付を受けた時にその引換給付を受けた事業者の課税仕入れとなるが、郵便切手類または物品切手等を購入した事業者が、その購入した郵便切手類または物品切手等のうち、自ら引換給付を受けるものにつき、継続してその郵便切手類または物品切手等の対価を支払った日の属する課税期間の課税仕入れとすることは認められていた。
　一方、適格請求書等保存方式の下においては、仕入税額控除の適用を受けるためには、原則として、適格請求書等の保存が必要となるが、郵便切手類のみを対価とする郵便ポスト等への投函による郵便サービスは、適格請求書の交付義務が免除されており、買手においては、一

定の事項を記載した帳簿の保存のみで仕入税額控除の適用を受けることができる（消令49①一ニ、消規15の4一）。

　また、物品切手等で適格簡易請求書の記載事項（取引年月日を除く。）が記載されているものが、引換給付を受ける際に適格請求書発行事業者により回収される場合、その物品切手等により役務または物品の引換給付を受ける買手は、一定の事項を記載した帳簿の保存のみで仕入税額控除の適用を受けることができる（消令49①一ロ）。

　したがって、設例のように購入した郵便切手や商品券（適格請求書発行事業者により回収されることが明らかなものに限る。）のうち、自ら引換給付を受けるものについては、適格請求書等保存方式においても、引き続き、購入（対価の支払）時に課税仕入れとして計上し、一定の事項を記載した帳簿を保存することにより、仕入税額控除の適用を受けることができる（消基通11-3-7）。

【実務における留意ポイント】
　一定の事項を記載した帳簿の保存のみで仕入税額控除の適用を受けることができるもの以外の物品切手等に係る課税仕入れは、購入（対価の支払）時ではなく、適格請求書等の交付を受けることとなるその引換給付を受けた時に課税仕入れを計上し、仕入税額控除の適用を受けることとなる。

Q35　返信用封筒に貼付した郵便切手に係る仕入税額控除の適用

　Q　当社では、取引先から、送付した書類の控えを返信用封筒で送り返してもらうのですが、この際、同封する返信用封筒に郵便切手をあらかじめ貼付している。この場合、返信用封筒に貼

付した郵便切手についても仕入税額控除を行ってよいか。

A 返信用封筒に貼付された郵便切手類(自らが購入した郵便切手類)により返送を受けるのであれば、郵便切手類のみを対価とする郵便ポスト等への投函による郵便サービスを受けたものとして、帳簿のみの保存で仕入税額控除を行うこととして差し支えない。

解説

適格請求書等保存方式下において、仕入税額控除の適用を受けるためには、原則として適格請求書等の保存が必要となるが、郵便切手類のみを対価とする郵便ポスト等への投函による郵便サービスは、適格請求書の交付義務が免除されており、買手においては、一定の事項を記載した帳簿のみの保存で仕入税額控除の適用を受けることができる(消基通11-3-7)。

したがって、設例のように返信用封筒に貼付された郵便切手類(自らが購入した郵便切手類)により返送を受けるのであれば、郵便切手類のみを対価とする郵便ポスト等への投函による郵便サービスを受けたものとして、帳簿のみの保存で仕入税額控除を行うこととして差し支えない。

【実務における留意ポイント】

設例においては、その郵便切手類の購入時に仕入税額控除を行うことも可能だが、その後、返送を受けないことが明らかとなった場合には、その明らかとなった課税期間において、仕入控除税額を調整することとして差し支えない。

Q36　適格請求書が交付されない経費の立替え

> **Q** 当社では、取引先のＡ社に経費である電車代（2,000円程度）を立て替えてもらう場合がある。
>
> 　この場合、電車代の支払先であるＢ社からは適格請求書が交付されないが、当社では一定の事項を記載した帳簿を保存しておけば、仕入税額控除の要件を満たすこととなるか。

A 貴社は、一定の事項（例えば、「３万円未満の鉄道料金」）を記載した帳簿を保存することにより仕入税額控除を行うことができる。この場合、適格請求書および立替金精算書等の保存は不要となる。

解説

　設例のケースにおいては、立替払の内容が請求書等の交付を受けることが困難である「適格請求書の交付義務が免除される３万円未満の公共交通機関による旅客の運送」に該当するので、一定の事項を記載した帳簿のみの保存で仕入税額控除が認められることとなる。

　したがって、事業者は、一定の事項（例えば、「３万円未満の鉄道料金」）と記載した帳簿を保存することにより仕入税額控除を行うことができることとなり、適格請求書および立替金精算書等の保存も不要となる。

　なお、立替払を行うＡ社が適格請求書発行事業者以外の事業者であっても、Ｂ社が適格請求書発行事業者であれば、仕入税額控除を行うことができる。

Q37　従業員が立替払をした際に受領した適格簡易請求書での仕入税額控除

> **Q**　当社では、業務上必要な消耗品等は従業員が自ら購入し、その際に受領した適格簡易請求書と引き換えに、従業員に消耗品費を支払っている。この場合、その適格簡易請求書の宛名には「従業員名」が記載されているが、これを保存することで仕入税額控除を行ってもよいか。

A　従業員が貴社に所属していることが明らかとなる名簿やその名簿の記載事項に係る電磁的記録（以下「従業員名簿等」という。）の保存が併せて行われているのであれば、宛名に従業員名が記載された適格請求書とその従業員名簿等の保存をもって、仕入税額控除を行うことができる。

|解説|

　従業員が業務上必要なものとして購入した消耗品等の代金を事業者が負担することは、事業者が負担すべき費用を従業員から立替払を受けたことになる。

　原則として、本来宛名の記載を求められない適格簡易請求書であったとしても、書類の交付を受ける事業者の氏名または名称として仕入税額控除を行う事業者以外の者の氏名または名称が記載されている場合には、その適格簡易請求書をそのまま受領し保存しても、仕入税額控除を行うことはできない。

　しかしながら、従業員名簿等の保存が併せて行われているのであれば、宛名に従業員名が記載された適格請求書と、その従業員名簿等の

保存をもって、事業者はその消耗品費に係る請求書等の保存要件を満たすものとして、仕入税額控除を行って差し支えない。

なお、従業員名簿等がなく、立替払を行う者である従業員を特定できない場合には、宛名に従業員名が記載された適格簡易請求書と従業員が作成した立替金精算書の交付を受けて、それを保存することで仕入税額控除を行うことができる。

Q38　派遣社員等へ支払った出張旅費等の仕入税額控除

> **Q**　当社では、自社で雇用している従業員だけでなく、派遣社員や出向社員が出張した際にも、旅費規程に基づき派遣元企業や出向元企業に出張旅費を支払っている。
> 　この場合、仕入税額控除の要件としては、派遣元企業や出向元企業から請求書等の交付を受けて保存する必要があるか。

A　派遣社員や出向社員（以下「派遣社員等」という。問39において同じ。）の出張旅費を派遣元企業や出向元企業（以下「派遣元企業等」という。）に支払う場合は、派遣先企業や出向先企業（以下「派遣先企業等」という。）においては、人材派遣等の役務の提供に係る対価として、仕入税額控除にあたり派遣元企業等から受領した適格請求書の保存が必要となる。

|解説|

派遣社員等に対して支払われる出張旅費等については、それぞれ次のとおり取り扱うこととなる。

(1)　派遣元企業等に支払うもの

その出張旅費等が直接的に派遣社員等へ支払われるものではなく、派遣元企業等に支払われる場合、派遣先企業等においては、人材派遣等の役務の提供に係る対価として、仕入税額控除にあたり派遣元企業等から受領した適格請求書の保存が必要となる。

(2) 派遣元企業等を通じて派遣社員等に支払うもの

派遣元企業等がその出張旅費等を預かり、そのまま派遣社員等に支払われることが派遣契約や出向契約等において明らかにされている場合には、派遣先企業等において、出張旅費等特例の対象として差し支えない。この場合、その出張旅費等に相当する金額について、派遣元企業等においては立替払を行ったものとして課税仕入れには該当せず、仕入税額控除を行うことはできない。

Q39 内定者等へ支払った出張旅費等の仕入税額控除

> **Q** 当社では、自社で雇用している従業員だけでなく、内定者や採用面接者に対しても、内定者説明会会場や面接会場までの交通費等を支給しているが、この場合の取扱いはどうなるのか。

A 企業との間で労働契約が成立していると認められる内定者に対して支給する交通費等については、一定の金額について出張旅費等特例の対象として差し支えないが、採用面接者に支給する交通費等については、出張旅費等特例の対象とはならない。

|解説|

内定者のうち、企業との間で労働契約が成立していると認められる者に対して支給する交通費等については、通常必要であると認められ

る部分の金額について出張旅費等特例の対象として差し支えない。

しかしながら、採用面接者は、通常、従業員等に該当しないので、支給する交通費等について出張旅費等特例の対象とはならない。

※ 労働契約が成立していると認められるか否かは、例えば、企業から採用内定通知を受け、入社誓約書等を提出している等の状況を踏まえて判断されることとなる。

【実務における留意ポイント】

1 出張旅費等特例の対象となる出張旅費等や交通費等(以下「旅費交通費等」という。)には、概算払によるもののほか、実費精算されるものも含まれる。

 なお、出張旅費等特例の対象とならない場合の派遣社員等、内定者または採用面接者(以下「派遣社員・内定者等」という。)に対して支払われる旅費交通費等については、事業者がその旅費交通費等を派遣社員・内定者等を通じて公共交通機関(船舶、バス、鉄道または軌道)に直接支払っているものと同視し得る場合には、3万円未満の支払について、一定の事項を記載した帳簿のみの保存により仕入税額控除が認められる(公共交通機関特例)。

2 海外出張のために支給する出張旅費等については、原則として課税仕入れには該当しない。

3 上記の出張旅費等特例や公共交通機関特例の対象にはならない旅費交通費等について仕入税額控除の適用を受けるには、派遣社員・内定者等が交付を受けた旅費交通費等に係る適格請求書または適格簡易請求書の提出を受け、それを保存する必要がある(宛名として派遣社員・内定者等の氏名が記載されている場合には、原則として、立替金精算書の保存も必要となる。)。

Q40 社員食堂での会社負担分に係る仕入税額控除

> **Q** 当社では、他の事業者が経営する飲食店を社員用の食堂として従業員に利用させている。例えば、従業員が1,000円分の飲食を行った場合、当社はその7割（700円）を従業員から徴収し、差額300円を負担する形で飲食店を経営する他の事業者に対して支払を行っている。適格請求書には、課税資産の譲渡等に係る税込価額として支払を行った飲食代金の全額が記載されているが、当社はどのように仕入税額控除を行うことになるのか。
>
> なお、従業員から徴収した代金は預り金として処理している。

A 飲食に係る代金の全額が記載されている適格請求書を保存していたとしても、貴社は300円を基礎として、仕入税額控除の適用を受けることとなる。

解説

事業者が他の事業者が経営する飲食店を社員用の食堂として従業員に利用させるという契約をその他の事業者との間で締結し、その従業員の食事代の全部または一部を支払っているときは、給与として課税されるかどうかにかかわらず、その金額は課税仕入れに該当し、他の事業者から受領した適格請求書および一定の記載をした帳簿の保存により仕入税額控除を行うことが可能である。

ただし、従業員から一部の代金を徴収し、預り金として処理している場合には、事業者が実際に負担した部分の金額のみが課税仕入れの対象となることから、設例の場合であれば、飲食に係る代金の全額が

記載されている適格請求書を保存していたとしても、設例においては300円を基礎として、仕入税額控除の適用を受けることとなる。

なお、仕入控除税額の計算にあたっては、積上げ計算を行う場合、受領した一の適格請求書に記載された課税資産の譲渡等に係る消費税額等のうち、課税仕入れに係る部分の金額として算出した金額に1円未満の端数が生じる場合は、受領した一の適格請求書につき、税率ごとに1回の端数処理を行う必要があるが、その方法については切上げ、切捨て、四捨五入など、任意の方法とすることができる。

〈一部を従業員負担にしている場合の適格請求書に係る仕入控除税額の計算例〉

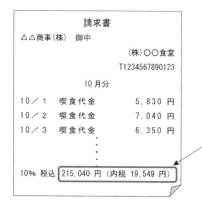

7割を従業員負担としている場合、
215,040円 × 30% = 64,512円が課税仕入れの対象となる。
(差額の150,528円は預り金として処理)

また、仕入税額控除の対象となる消費税額等のうち課税仕入れに係る部分の金額は、
19,549円 × 30% = 5,864.7円
→ 5,864円 又は 5,865円となる。

(Q&A 問94-4)

Q41　買手による適格請求書の修正

Q 取引先から受領した適格請求書の記載事項に誤りがあり、取引先から修正した適格請求書の交付を受けなければならないと思うが、例えば、取引先に電話等で修正事項を伝え、取引先が

保存している適格請求書の写しに同様の修正を行ってもらえば、自ら修正を行った適格請求書の保存で仕入税額控除を行ってもよいか。

A 受領した適格請求書に買手が自ら修正を加えたものであったとしても、その修正した事項について売手に確認を受けることで、その書類は適格請求書であると同時に修正した事項を明示した仕入明細書等にも該当することから、その書類を保存することで、仕入税額控除の適用を受けることとして差し支えない。

|解説|

売手である適格請求書発行事業者は、交付した適格請求書、適格簡易請求書または適格返還請求書（電磁的記録により提供を行ったものも含む。）の記載事項に誤りがあったときは、買手である課税事業者に対して、修正した適格請求書、適格簡易請求書または適格返還請求書を交付しなければならないこととされており、買手においては、追記や修正を行うことは認められていない（消法57の4④⑤）。

しかしながら、買手が作成した一定事項の記載のある仕入明細書等の書類で、売手である適格請求書発行事業者の確認を受けたものについても、仕入税額控除の適用のために保存が必要な請求書等に該当する（消法30⑨三）ので、例えば、買手において受領した適格請求書との関連性を明確にした別の書類として、適格請求書の記載事項の誤りを修正した仕入明細書等を作成することで、その修正事項について売手の確認を受けたものとして保存することも認められる。

したがって、設例のように、受領した適格請求書に買手が自ら修正を加えたものであったとしても、その修正した事項について売手に確

認を受けることで、その書類は適格請求書であると同時に修正した事項を明示した仕入明細書等にも該当するので、その書類を保存することで、仕入税額控除の適用を受けることとして差し支えないとされている。

なお、これらの対応を行った場合でも、売手においては、当初交付した適格請求書の写しを保存しなければならない（消法57の4⑥）し、売上税額の積上げ計算を行う場合には、これらの対応により確認を行った仕入明細書等を適格請求書等の写しと同様の期間・方法により保存する必要がある。

〈適格請求書を修正し、適格請求書および仕入明細書等とする例〉

請求書
(株)○○御中
　　　　　　　　　　　△△商事(株)
　　　　　　　　　　　T1234567890123

10／1　オレンジジュース　　108,000円
10／2　キッチンペーパー　　113,000円
10／2　リンゴジュース　　　158,000円

10%　税抜　1,980,000円　税 198,000円
8%　税抜　1,539,000円　税 123,120円

「軽減税率対象品目である旨」の記載がない

→

請求書
(株)○○御中
　　　　　　　　　　　△△商事(株)
　　　　　　　　　　　T1234567890123

10／1　オレンジジュース ※　108,000円
10／2　キッチンペーパー　　113,000円
10／2　リンゴジュース ※　　158,000円

10%　税抜　1,980,000円　税 198,000円
8%　税抜　1,539,000円　税 123,120円
※は軽減税率対象
訂正事項につき11月1日先方確認済み

「軽減税率対象品目である旨」を買手自ら補完しつつ、補完した旨を売手である△△商事(株)へ確認を受けることで、適格請求書及び修正事項を明示した仕入明細書等となる。

(Q&A　問92)

Q42　実費精算の出張旅費等

> **Q**　当社では、社員が出張した場合、旅費規程等に基づき出張旅費や日当を実費精算しており、社員からは、支払の際に受け取った適格請求書等を徴求することとしている。
>
> 　この場合、この実費に係る金額については、帳簿のみの保存（従業員等に支給する通常必要と認められる出張旅費等）により仕入税額控除を行ってもよいか。

A　貴社において社員に支給する出張旅費等であり、実費精算に係るものであっても、その旅行に通常必要であると認められる部分の金額については、帳簿のみの保存で仕入税額控除を行うことができる。

解説

　社員に支給する出張旅費、宿泊費、日当等のうち、その旅行に通常必要であると認められる部分の金額については、課税仕入れに係る支払対価の額に該当するものとして取り扱われるので、一定の事項を記載した帳簿のみの保存で仕入税額控除が認められており、社員に対する支給には、概算払によるもののほか、実費精算されるものも含まれる（消法30⑦、消令49①一、二、消規15の4二、消規通11－6－4）。

　また、実費精算が事業者により用務先へ直接対価を支払っているものと同視し得る場合には、通常必要と認められる範囲か否かにかかわらず、他の課税仕入れと同様、一定の事項を記載した帳簿および社員の方から徴求した適格請求書等の保存により仕入税額控除を行うことができる。

　その際、3万円未満の公共交通機関による旅客の運送など、一定の

課税仕入れに該当するのであれば、その帳簿のみの保存で仕入税額控除が認められる（消法30⑦、消令49①一イ、70の9②一）。

【実務における留意ポイント】
　帳簿のみの保存で仕入税額控除が認められる「その旅行に通常必要であると認められる部分」については、所得税基本通達9-3に基づき判定するので、所得税が非課税となる範囲内で、帳簿のみの保存により仕入税額控除が認められることになる。

Q43　適格請求書の記載事項に係る電磁的記録の保存方法

> **Q**　継続的な役務提供に係る課税仕入れについては、仕入先からは書面での適格請求書は交付されず、取引先が指定したホームページ上の「マイページ」等にログインし、契約ごとに電磁的記録をダウンロードすることとなっている。当社が仕入税額控除を行うには、これらの電磁的記録を毎月ダウンロードして保存する必要があるのか。
>
> 　なお、この電磁的記録は、7年間いつでもダウンロードして確認することが可能である。

A　「マイページ」等にログインすることで、適格請求書に係る電磁的記録の確認が随時可能な状態である場合には、その保存があるものとして、仕入税額控除の適用を受けることとして差し支えない。

解説
　売手である適格請求書発行事業者から適格請求書に代えて、適格請

求書に係る電磁的記録による提供を受けた場合、仕入税額控除の適用を受けるためには、その電磁的記録を保存する必要がある。

その際、提供を受けた電磁的記録をそのまま保存しようとするときには、電帳法に準じた方法により保存することとされている（消令50①、消規15の5）。

電帳法においては、ECサイト（インターネット上に開設された商品などを販売するウェブサイトをいう。）で物品を購入したとき、ECサイト上の購入者の購入情報を管理するページ内において、領収書等データをダウンロードすることができる場合に、そのECサイト上でその領収書等データの確認が随時可能な状態である場合には、必ずしも、その領収書等データをダウンロードして保存していなくても差し支えないこととされている。

こうした取扱いは、そのECサイト提供事業者が、物品の購入者において満たすべき真実性の確保および検索機能の確保の要件を満たしている場合に認められるものであり、また、その領収書等データは各税法に定められた保存期間が満了するまで確認が随時可能である必要がある。

これは、適格請求書に係る電磁的記録の保存においても同様であり、設例のように取引先が指定したホームページ上の「マイページ」等にログインすることで、上記要件を満たした形で適格請求書に係る電磁的記録の確認が随時可能な状態である場合には、必ずしもその電磁的記録をダウンロードしなくても、その保存があるものとして、仕入税額控除の適用を受けることとして差し支えない。

Q44　電気通信利用役務の提供と適格請求書の保存

> **Q** 当社では、国外事業者との間でリバースチャージ方式の対象となる取引（インターネット広告の配信等）や消費者向け電気通信利用役務の提供に該当する取引（電子書籍の購入）を行っているが、仕入税額控除を行うために適格請求書の保存は必要か。

A リバースチャージ方式の対象となる取引については、適格請求書の保存は必要なく、一定の事項が記載された帳簿のみの保存で仕入税額控除ができる。

　また、国外事業者が行ういわゆる消費者向け電気通信利用役務の提供については、仕入税額控除の適用を受けるために、売手である国外事業者から交付を受けた適格請求書の保存が必要となる。

解説

　国外事業者が行う「電気通信利用役務の提供」のうち、「事業者向け電気通信利用役務の提供」（例：「インターネット広告の配信」等）については、特定課税仕入れとして、その役務の提供を受けた国内事業者に申告納税義務が課される（リバースチャージ方式）（消法5②、28②、45①）。

　そして、そのリバースチャージ方式により申告・納税を行う消費税額については、仕入税額控除の対象となるが、その適用要件として適格請求書の保存は必要なく、一定の事項が記載された帳簿のみの保存で仕入税額控除ができる（消法30⑦）。

　これに対し、国外事業者が行う事業者向け電気通信利用役務の提供

以外の電気通信利用役務の提供（いわゆる消費者向け電気通信利用役務の提供）（例：「電子書籍・音楽の配信」等）について、仕入税額控除の適用を受けるためには、売手である国外事業者から交付を受けた適格請求書（その適格請求書の記載事項に係る電磁的記録を含む。）の保存が必要となる。

　また、国外事業者が行う消費者向け電気通信利用役務について、適格請求書の保存がない場合に、適格請求書発行事業者以外の者が行った課税仕入れについては80％・50％経過措置の適用を受けることはできないが、少額特例の適用を受けることはできる（28年改正法附則53の２、改正令附則24、24の２②）。

【実務における留意ポイント】
　令和５年９月１日時点で登録国外事業者（適格請求書等保存方式の開始前において、消費者向け電気通信利用役務の提供を行うため、国税庁長官の登録を受けた国外事業者をいう。）であり、かつ、同日において「登録国外事業者の登録の取消しを求める旨の届出書」を提出していない事業者は、令和５年10月１日に適格請求書発行事業者の登録を受けたものとみなされ、登録番号（Ｔ＋13桁の数字）が付番されている。

　また、そうした国外事業者においては、令和６年３月31日までは登録国外事業者として付番されている番号（00001等の５桁の番号）を登録番号として適格請求書に記載することができることとされている。

Q 45　金融機関の入出金手数料や振込手数料に係る適格請求書の保存方法

> **Q**　金融機関の窓口またはオンラインで決済を行った際の金融機関の入出金手数料や振込手数料については、何を保存すれば仕入税額控除の適用を受けることができるか。

A　金融機関ごとに発行を受けた通帳や入出金明細等と、その金融機関における任意の一取引に係る適格簡易請求書を併せて保存することで、仕入税額控除を行っても差し支えない。

|解説|

　入出金手数料や振込手数料について仕入税額控除の適用を受けるには、原則として適格簡易請求書および一定の事項が記載された帳簿の保存が必要となる（消法30⑦）。

　他方、金融機関における入出金や振込みが多頻度にわたるなどの事情により、すべての入出金手数料および振込手数料に係る適格簡易請求書の保存が困難なときは、金融機関ごとに発行を受けた通帳や入出金明細等（個々の課税資産の譲渡等（入出金サービス・振込サービス）に係る取引年月日や対価の額が判明するものに限る。）と、その金融機関における任意の一取引（一の入出金または振込み）に係る適格簡易請求書を併せて保存することで仕入税額控除を行っても差し支えない。

　また、基準期間における課税売上高が1億円以下であるなど一定規模以下の事業者については、令和5年10月1日から令和11年9月30日までの間に国内において行う課税仕入れについて、少額特例が設け

られているので、上記のような対応は必要ないこととなる。

【実務における留意ポイント】
1　一般的に、金融機関の入出金サービスや振込サービスについては、不特定かつ多数の者に課税資産の譲渡等を行う事業に該当し、適格簡易請求書の交付対象になると考えられる。
　　また、金融機関のATMによるものである場合、3万円未満のものであれば、自動サービス機により行われる取引として、一定の事項が記載された帳簿のみの保存により仕入税額控除を行うことができる。
2　インターネットバンキングなど、オンラインで振込みを行った際の手数料等について、電磁的記録により適格簡易請求書が提供される場合には、その電磁的記録をダウンロードする必要がある。
　　ただし、同種の手数料等を繰り返し支払っているような場合においては、その手数料等の適格簡易請求書に係る電磁的記録が、インターネットバンキング上で随時確認可能な状態であるなど一定の要件を満たすのであれば、必ずしもその適格簡易請求書に係る電磁的記録をダウンロードしなくても、仕入税額控除の適用を受けることが可能である。
3　金融機関が適格請求書発行事業者の登録を取りやめないことを前提に、適格簡易請求書については1回のみの取得・保存で差し支えないが、金融機関から各種手数料に係るお知らせ（適格請求書発行者の氏名または名称および登録番号、適用税率、取引の内容が記載されたものに限る。）を受領した場合には、その一のお知らせを保存することで、適格簡易請求書の保存に代えることも可能である。

Q46 クレジットカードにより決済されるタクシーチケットに係る回収特例の適用

> **Q** 当社では、クレジットカード会社が発行しているタクシーチケットを利用しているが、タクシー事業者等が発行しているものとは異なり、クレジットカード利用明細書しか送付されてこない。
>
> また、タクシーチケット自体、取引先等に手交することも多いことから、タクシーを利用した際に交付を受ける適格簡易請求書の保存をすることもできないのが現状である。この場合、当社は、どのようにしたら仕入税額控除の適用を受けることができるか。

A 設例のような場合は、利用されたタクシー事業者が適格請求書発行事業者であることが確認できるのであれば、帳簿のみの保存により仕入税額控除の適用を受けることとして差し支えない。

解説

クレジットカード会社が発行しているタクシーチケットにつき、その使用された金額について仕入税額控除の適用を受けるためには、原則として、その使用にあたってタクシー事業者（そのタクシー事業者に係る事業者団体など、個々の契約等によりそのタクシー利用に係る課税売上げを計上すべきこととされている者を含む。以下同じ。）から受領した適格簡易請求書の保存が必要となる。

しかしながら、設例のようにタクシーチケットは、取引先等に手交されることも多いことを踏まえれば、適格簡易請求書の保存が困難と

いった事情があると考えられる。そのため、受領したクレジットカードの利用明細書および以下のホームページ等に記載された内容等に基づき、利用されたタクシー事業者が適格請求書発行事業者であることが確認できる場合には、適格簡易請求書の記載事項（取引年月日を除く。）が記載されている証票が使用の際に回収される取引として、帳簿のみの保存により仕入税額控除の適用を受けることとして差し支えない（回収特例）。

・利用されたタクシー事業者のホームページ
・クレジットカード会社のホームページ等に掲載されている利用可能タクシー一覧

なお、適格請求書発行事業者以外のタクシー事業者の利用であったことが確認された場合には、そのタクシー利用時に受領した領収書（未収書等）や別途そのタクシー事業者から発行を受けた書類など、区分記載請求書の記載事項を満たした書類および一定の事項を記載した帳簿の保存があれば80％・50％経過措置の適用を受けることができる（28年改正法附則52、53）。

Q47 物品切手等を割引・割増価格により購入した場合の仕入控除税額の計算

> Q 当社では、コンサートのチケット（物品切手等）を購入し、福利厚生の一環として従業員に配付しており、実際に従業員がコンサートを観覧した時（引換給付の際）に交付を受けた適格請求書等を受領し、それを保存することで仕入税額控除を適用している。
> しかしながら、物品切手等を割引・割増価格により購入した

場合は、その適格請求書等に記載された金額と物品切手等を購入した金額に差額が生じることがあるが、どのように仕入控除税額を計算すればよいか。

A 貴社において、コンサートのチケットを割引価格にて購入した場合は、受領した適格請求書等に記載された金額により仕入税控除税額を計算し、実際に支払った金額との差額を雑収入等（消費税課税対象外の売上げ）として計上してもよいし、実際に支払った金額により、仕入控除税額を算出することとしても差し支えない。

また、割増価格にて購入した場合には、受領した適格請求書に記載された金額を上限として仕入控除税額を算出することとなる。

|解 説|

物品切手等による引換給付として課税仕入れを行った場合は、その物品切手等に適格簡易請求書の記載事項（取引年月日を除く。）が記載されているものが、引換給付を受ける際に適格請求書発行事業者により回収されるもののうち、自ら引換給付を受けるものについては、物品切手等の購入（対価の支払）時に課税仕入れとして計上した上で、一定の事項を記載した帳簿のみの保存により、仕入税額控除の適用を受けることができる。

しかしながら、それ以外の物品切手等に係る課税仕入れは、購入（対価の支払）時ではなく、適格請求書等の交付を受けることとなる引換給付を受ける時に計上し、仕入税額控除の適用を受けることとなる（一定の事項を記載した帳簿およびその適格請求書等の保存が必要である。）。

また、その際の課税仕入れについては、物品切手等の取得（購入）

に要した金額の如何にかかわらず、引換給付時に受領した適格請求書等に記載された金額を基礎として、仕入税額控除の適用を受けることとなる。

　設例の場合において、例えば、以下のイメージのとおり、コンサートのチケットを割引価格にて購入した場合は、受領した適格請求書等に記載された金額により仕入税控除税額を計算し、実際に支払った金額との差額を雑収入等（消費税課税対象外の売上げ）として計上することとなるが、実際に支払った金額により、仕入控除税額を算出することとして差し支えはない。

　また、割増価格にて購入した場合には、受領した適格請求書に記載された金額を上限として仕入控除税額を算出することとなる。

〈イメージ〉

○チケットを割引価格で購入し、福利厚生目的で従業員に利用させた場合
（購入金額11,000円、適格請求書等に記載された金額13,200円）

貯蔵品	11,000円	現金	11,000円
福利厚生費 仮払消費税等	12,000円 1,200円	貯蔵品 雑収入（課税対象外）	11,000円 2,200円

⇒　仕入控除税額1,200円（適格請求書等に記載された消費税額等）

又は

貯蔵品	11,000円	現金	11,000円
福利厚生費 仮払消費税等	10,000円 1,000円	貯蔵品	11,000円

⇒　仕入控除税額1,000円（購入金額×10／110で算出）

○チケットを割増価格で購入し、福利厚生目的で従業員に利用させた場合
（購入金額13,200円、適格請求書等に記載された金額11,000円）

貯蔵品	13,200円	現金	13,200円
福利厚生費 福利厚生費（控除対象外） 仮払消費税等	10,000円 2,200円 1,000円	貯蔵品	13,200円

⇒　仕入控除税額　1,000円（適格請求書等に記載された消費税額等）

(多く寄せられる質問　問ⓑ)

Q48　古物商の者がフリマアプリ等により商品を仕入れた場合の仕入税額控除

Q　私は古物営業法上の許可を受けて古物営業を営んでいる個人事業者である。フリーマーケットアプリやインターネットオークション（以下「フリマアプリ等」という。）を通じて1万円未満の商品を仕入れることもあるが、その際、取引の相手方が匿名の場合がある。この場合、どのようにしたら、仕入税額控除の適用を受けることができるか。

A　古物営業法上、原則として、対価の総額が1万円未満であれば、古物台帳に相手方の住所、氏名、職業および年齢の記載は不要であるため、匿名で取引が行われていたとしても、一定の事項が記載された帳簿のみの保存により仕入税額控除の適用を受けることができる。

解説

　適格請求書等保存方式において、古物営業法上の許可を受けて古物営業を営む古物商が、適格請求書発行事業者以外の者から棚卸資産と

して古物（古物営業と同等の取引方法により買い受ける古物に準ずるもの（以下「準古物」という。）を含む。）を買い受けた場合には、帳簿に一定の事項を記載し保存することで仕入税額控除の適用を受けることができる（以下「古物商等特例」という。）。

古物商が、いわゆるフリマアプリ等により商品の仕入れを行った場合、その仕入先が適格請求書発行事業者であれば、その仕入先から適格簡易請求書を受領し保存する必要があるが、適格請求書発行事業者以外の者であれば、前述のとおり、古物商等特例の適用を受けることが可能である。

その際、対価の総額が1万円未満であれば、古物台帳に相手方の住所、氏名、職業および年齢の記載は不要であるため、匿名で取引が行われていたとしても古物商等特例の適用は可能であるが、1万円以上の場合、それらの記載が必要となるため、古物業法に規定された方法により相手方の確認を行う必要がある。

【実務における留意ポイント】

1　フリマアプリ等による物品の譲渡を行う事業は、不特定かつ多数の者に対して課税資産の譲渡等を行うものとして適格簡易請求書の交付対象となるものと考えられる。

　　また、出品者とフリマアプリ等を運営する事業者（以下「運営事業者」という。）が共に適格請求書発行事業者であるなど一定の要件を満たす場合には、運営事業者が出品者に代わって媒介者交付特例により適格簡易請求書の交付を行うことも認められる。

2　「適格請求書発行事業者以外の者」については、適格請求書発行事業者以外の事業者や消費者が該当しますが、例えば、適格請求書発行事業者である個人事業者であったとしても、消費者として譲渡

する場合には、適格請求書発行事業者以外の者と取り扱って差し支えない。

　また、メッセージ機能等により「適格請求書発行事業者としての譲渡である場合は登録番号を教えてください。連絡がない場合には、消費者としての譲渡したものとさせていただきます。」と確認を行った上で、何らの連絡がない場合には、仕入先を適格請求書発行事業者以外の者と取り扱って差し支えない。

3　自動二輪車、家庭用コンピュータゲーム、CD・DVD、書籍の買い受けなど、1万円未満であっても、古物営業法上、相手方の本人確認や帳簿への記帳義務が生じる場合があるので留意する必要がある。

Q49　古物商以外の者がフリマアプリ等により商品を仕入れた場合の経過措置

> **Q**　私は古物営業法上の許可を受けていない個人事業者である。フリマアプリ等を通じて、商品を仕入れた場合に、適格請求書発行事業者以外の者からの課税仕入れについて一定の事項を記載した帳簿および区分記載請求書等と同様の記載事項を満たした請求書等（区分記載請求書等に記載すべき事項に係る電磁的記録を含む。）の保存があれば、80％・50％経過措置の適用はできるか。

A　古物商以外の者がフリマアプリ等で仕入れた場合（古物営業に該当しないものに限る。）において、適格請求書発行事業者以外の者からの課税仕入れについては、80％・50％経過措置の適用を受けるこ

とはできる。

解説

　古物商が仕入れた古物については、対価の総額が1万円以上の場合、また1万円未満でも一定の場合、古物営業法上、本人確認や古物台帳への記帳義務が生じることから、結果として、そうした物については仕入先の住所、氏名、職業および年齢の確認ができないような場面は生じ得ない。

　したがって、こうした古物商が仕入れた古物で、対価の総額が1万円以上の準古物の仕入れでメッセージ機能等を用いて確認を行ったとしても、仕入先の住所、氏名、職業および年齢の確認ができないような場合や古物商以外の者がフリマアプリ等で仕入れた場合（古物営業に該当しないものに限る。）には、80％・50％経過措置の適用を受けることは可能である。

　また、この場合において、80％・50％経過措置の適用を受けるにあたり保存する必要がある区分記載請求書等に記載すべき「書類の作成者の氏名または名称」および帳簿に記載すべき「課税仕入れの相手方の氏名または名称」については、「フリマアプリ等の名称およびそのフリマアプリ等におけるアカウント名」として差し支えない。

　なお、フリマアプリ等の取引画面を区分記載請求書等に記載すべき事項に係る電磁的記録として保存する場合には、電帳法に準じた方法による必要があるので留意が必要である。

(注) 準古物については、古物営業法の対象外であることから、対価の総額が1万円以上である場合でも同法上は本人確認や古物台帳への記帳は求められない。

【古物商等特例および80％・50％経過措置の適用関係】

		古物商による仕入れ※1				古物商以外の事業者による仕入れ（古物営業外）
		古物		準古物		
		1万円以上	1万円未満※2	1万円以上	1万円未満	
本人確認	住所・氏名職業・年齢把握可能	古物商等特例適用可能	古物商等特例適用可能	古物商等特例適用可能	古物商等特例適用可能	80％・50％経過措置
	住所・氏名職業・年齢把握不能	※3	古物商等特例適用可能	80％・50％経過措置	古物商等特例適用可能	80％・50％経過措置

※1　適格請求書発行事業者以外の者から行った棚卸資産としての仕入れに限る。

※2　自動二輪車、家庭用コンピュータゲーム、CD・DVD、書籍の買い受けなど、1万円未満であっても、古物営業法上、相手方の本人確認や帳簿への記帳義務が生じる物以外の物に限る。

※3　古物営業法上、古物台帳に住所、氏名、職業及び年齢を記載する義務が生じることから、それらの情報が把握できない場合は想定されない。

（多く寄せられる質問　問ⓓ）

Q50　適格請求書発行事業者以外の者からの課税仕入れについて80％・50％経過措置の適用を受ける場合の請求書等

> **Q**　当社の取引先には、適格請求書発行事業者以外の方がいるが、80％・50％経過措置を受けるためには、どのような請求書や電磁的記録を保存すればよいか。
> 　また、受け取った請求書等に「軽減対象資産の譲渡等である旨」等の記載がなかった場合、当社で追記することはできるか。

A　設例のように、この経過措置の適用を受けるためには、その経過

措置の適用を受ける課税仕入れである旨の記載をした帳簿および区分記載請求書等と同様の事項が記載された請求書等の保存が必要となる。

なお、「軽減対象資産の譲渡等である旨」および「税率ごとに合計した課税資産の譲渡等の税込価額」については、受領者が自ら請求書等に追記して保存することが認められる。

解説

適格請求書発行事業者以外の者からの課税仕入れであっても、80％・50％経過措置が設けられている（28年改正法附則52、53）。

設例のように、この経過措置の適用を受けるためには、例えば、「80％控除対象」、「免」など、その経過措置の適用を受ける課税仕入れである旨の記載をした帳簿および区分記載請求書等と同様の事項が記載された請求書等（区分記載請求書等に記載すべき事項に係る電磁的記録を含む。）の保存が必要となる。

なお、設例における「軽減対象資産の譲渡等である旨」および「税率ごとに合計した課税資産の譲渡等の税込価額」については、適格請求書発行事業者以外の者からの課税仕入れなので、受領者が自ら請求書等に追記して保存することが認められるし、提供された請求書等に記載すべき事項に係る電磁的記録を整然とした形式および明瞭な状態で出力した書面に追記して保存している場合も同様に認められる。

〈区分記載請求書等の記載例〉

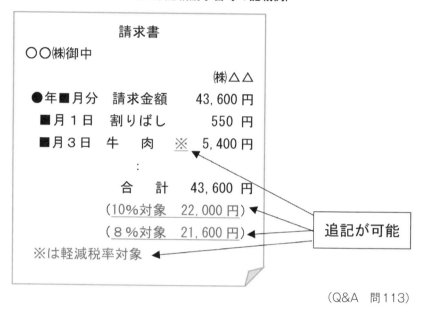

(Q&A 問113)

Q51 適格請求書発行事業者からの課税仕入れに係る経過措置の適用等

Q 当社では、多数の仕入先があり、登録番号の記載のない請求書の交付を受けることも多くある。この場合、適格請求書発行事業者から交付を受けた登録番号の記載のない請求書等を含め、登録番号の記載のない請求書等については、一律に、80%・50%経過措置の適用を受けてもよいか。

A 例えば、適格請求書発行事業者から交付を受けた登録番号のない請求書等を含め、区分記載請求書等の記載事項を満たしたものの保存がある場合には、一律に、80%・50%経過措置の適用を受けること

となる。

|解説|

　適格請求書発行事業者以外の者からの課税仕入れであっても、適格請求書等保存方式開始から一定期間は、80％・50％経過措置が設けられている（28年改正法附則52、53）。

　ただし、経過措置の適用は、取引の相手方が適格請求書発行事業者以外の者である場合に限らないので、例えば、適格請求書発行事業者から交付を受けた登録番号のない請求書等を含め、区分記載請求書等の記載事項を満たしたものの保存がある場合には、一律に、その経過措置の適用を受けることとなる。

Q52　偽りの記載をした適格請求書等の交付を受けた場合の仕入税額控除の適用

Q　売手が適格請求書発行事業者以外の者であるにもかかわらず、登録番号と誤認されるような英数字が記載されている場合には、その請求書等は適格請求書等に該当しないことになると伺っている。

　適格請求書発行事業者以外の者からそうした適格請求書または適格簡易請求書であると誤認されるおそれのある表示をした書類の交付を受けた場合、あるいは適格請求書発行事業者から偽りの記載をした適格請求書または適格簡易請求書の交付を受けた場合は、仕入税額控除の適用を受けられないこととなるか。

A　設例のように、罰則（１年以下の懲役または50万円以下の罰金）

の適用対象となる適格請求書または適格簡易請求書（あるいは、適格請求書等に該当しない請求書等）の交付を受けた場合であっても、そうした書類や電磁的記録を受領した事業者において、災害その他やむを得ない事情により、請求書等の保存をすることができなかったことを証明した場合には、帳簿や請求書等の保存がなくとも仕入税額控除の適用を受けることが可能である（消法30⑦ただし書）。

第6章 適格請求書等保存方式下における税額計算

1 制度の概要

軽減税率制度の実施後は、消費税率が軽減税率と標準税率の複数となることから、売上げと仕入れを税率ごとに区分して税額計算を行う必要があるが、売上税額から仕入税額を控除するといった消費税額の計算方法は、適格請求書等保存方式においてもこれまでと変わらない。

具体的な売上税額と仕入税額の計算方法は、次のとおりとなる。

Ⅰ 売上税額

(1) 原則（割戻し計算）

税率ごとに区分した課税期間中の課税資産の譲渡等の税込価額の合計額に、108分の100または110分の100を掛けて税率ごとの課税標準額を算出し、それぞれの税率（6.24％または7.8％）を掛けて売上税額を算出する（消法45）。

① 軽減税率の対象となる売上税額

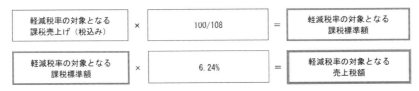

② 標準税率の対象となる売上税額

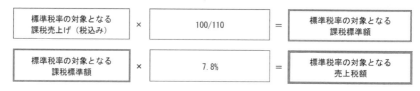

③ 売上税額の合計額

(2) **特例（積上げ計算）**

相手方に交付した適格請求書等の写しを保存している場合（適格請求書等に係る電磁的記録を保存している場合を含む。）には、これらの書類に記載した消費税額等の合計額に100分の78を掛けて算出した金額を売上税額とすることができる（消法45⑤、消令62①）。

※売上税額を積上げ計算した場合、仕入税額も積上げ計算しなければならない。

Ⅱ 仕入税額

(1) **原則（積上げ計算）**

相手方から交付を受けた適格請求書などの請求書等（提供を受けた電磁的記録を含む。）に記載されている消費税額等のうち課税仕入れに係る部分の金額の合計額に100分の78を掛けて仕入税額を算出する（消法30①、消令46①②）。

| 請求書等に記載された消費税額等のうち課税仕入れに係る部分の金額の合計額 | × | 78/100 | = | 仕入税額の合計額 |

(2) 特例（割戻し計算）

　税率ごとに区分した課税期間中の課税仕入れに係る支払対価の額の合計額に、108分の6.24または110分の7.8を掛けて算出した金額を仕入税額とすることができる（消令46③）。

※割戻し計算により仕入税額を計算できるのは、売上税額を割戻し計算している場合に限られる。

① 軽減税率の対象となる仕入税額

| 軽減税率の対象となる課税仕入れ（税込み） | × | 6.24/108 | = | 軽減税率の対象となる仕入税額 |

② 標準税率の対象となる仕入税額

| 標準税率の対象となる課税仕入れ（税込み） | × | 7.8/110 | = | 標準税率の対象となる仕入税額 |

③ 仕入税額の合計額

| 軽減税率の対象となる仕入税額 | + | 標準税率の対象となる仕入税額 | = | 仕入税額の合計額 |

(参考) 売上税額と仕入税額の計算方法

売上税額	仕入税額
【割戻し計算】（原則） 売上税額は、税率の異なるごとに区分した課税標準である金額の合計額にそれぞれ税率を掛けて計算する。 ⑽　この方法を採用する場合、仕入税額は積上げ計算（原則）または割戻し計算（特例）のいずれかを選択することができる。	【積上げ計算】（原則） 仕入税額は、原則として適格請求書等に記載された消費税額等を積み上げて計算する。
	【割戻し計算】（特例） 課税期間中に国内において行った課税仕入れに係る支払対価の額を税率の異なるごとに区分した金額の合計額にそれぞれの税率に基づき割り戻し、仕入税額を計算することもできる。
【積上げ計算】（特例） 相手方に交付した適格請求書等の写しを保存している場合（適格請求書に係る電磁的記録を保存している場合を含む。）には、これらの書類に記載した消費税額等を積み上げて売上税額を計算することができる。	【積上げ計算】（原則） 仕入税額は、原則として適格請求書等に記載された消費税額等を積み上げて計算する。 ⑽　売上税額の計算において「積上げ計算」を選択した場合、仕入税額の計算では「割戻し計算」を適用することはできない。

※売上税額の計算方法において、「割戻し計算」と「積上げ計算」を併用することは認められているが、仕入税額の計算方法において、「積上げ計算」と「割戻し計算」を併用することはできない。

2　売上税額の計算方法

　適格請求書等保存方式における売上税額については、原則として、課税期間中の課税資産の譲渡等の税込金額の合計額に110分の100（軽減税率の対象となる場合は108分の100）を掛けて計算した課税標準額に7.8％（軽減税率の対象となる場合は6.24％）を掛けて算出する（割戻し計算）。

また、これ以外の方法として、交付した適格請求書等の写し（電磁的記録により提供したものも含む。）を保存している場合に、そこに記載された税率ごとの消費税額等の合計額に100分の78を乗じて計算した金額とすることもできる（積上げ計算）（消法45⑤、消令62）。

【実務における留意ポイント】
　適格簡易請求書の記載事項は、「適用税率または税率ごとに区分した消費税額等」であるため、「適用税率」のみを記載して交付する場合、税率ごとの消費税額等の記載がないため、積上げ計算を行うことはできない。
　また、売上税額の計算は、取引先ごとに割戻し計算と積上げ計算を分けて適用するなど、併用することも認められるが、併用した場合であっても売上税額の計算につき積上げ計算を適用した場合にあたるため、仕入税額の計算方法に割戻し計算を適用することはできない（消基通15−2−1の2）。

3　仕入税額の計算方法

　適格請求書等保存方式における仕入税額の計算方法は、次のとおりである。

I　積上げ計算

　原則として、交付された適格請求書などの請求書等に記載された消費税額等のうち課税仕入れに係る部分の金額の合計額に100分の78を掛けて算出する（請求書等積上げ計算）（消法30①、消令46①）。

また、これ以外の方法として、課税仕入れの都度、課税仕入れに係る支払対価の額に110分の10（軽減税率の対象となる場合は108分の8）を乗じて算出した金額（1円未満の端数が生じたときは、端数を切捨てまたは四捨五入する。）を仮払消費税額等などとし、帳簿に記載している場合は、その金額の合計額に100分の78を掛けて算出する方法も認められる（帳簿積上げ計算）（消令46②）。

　なお、仕入税額の計算にあたり、請求書等積上げ計算と帳簿積上げ計算を併用することも認められるが、これらの方法と割戻し計算を併用することは認められない（消基通11-1-9）。

【実務における留意ポイント】

1　帳簿積上げ方式には、例えば、課税仕入れに係る適格請求書の交付を受けた際に、その適格請求書を単位として帳簿に仮払消費税額等として計上している場合のほか、課税期間の範囲内で一定の期間内に行った課税仕入れにつきまとめて交付を受けた適格請求書を単位として帳簿に仮払消費税額等として計上している場合が含まれる（消基通11-1-10）。

　なお、帳簿積上げ計算において計上する仮払消費税額等については、受領した適格請求書ではない納品書または請求書を単位として計上することや継続的に買手の支払基準といった合理的な基準による単位により計上することでも差し支えない。

2　課税仕入れに係る支払対価の額には消費税額等を含むので、帳簿に記載する仮払消費税額等は、一般的に、適格請求書等の請求書等に記載された課税仕入れに係る支払対価の額に110分の10（軽減税率の対象となる場合は108分の8）を乗じて算出するものと考えられるが、例えば、課税仕入れに係る税抜対価の額が記載された

納品書を基礎として帳簿に仮払消費税額等を記載する場合において、その税抜対価の額に100分の10（軽減税率の対象となる場合は100分の8）を乗じて算出する方法も認められる。

Ⅱ 割戻し計算

　課税期間中の課税仕入れに係る支払対価の額を税率ごとに合計した金額に110分の7.8（軽減税率の対象となる部分については108分の6.24）を掛けて算出することができる（消法30①、消令46③）。
※仕入税額を割戻し計算することができるのは、売上税額を割戻し計算する場合に限る。

4　小規模事業者に係る税額控除

Ⅰ　2割特例の適用

　令和5年10月1日から令和8年9月30日までの日の属する各課税期間において、免税事業者（免税事業者が「課税選択届出書」の提出により課税事業者となった場合を含む。）が適格請求書発行事業者となる場合には、納付税額の計算において控除する金額を、その課税期間における課税標準である金額の合計額に対する消費税額から売上げに係る対価の返還等の金額に係る消費税額の合計額を控除した残額に8割を乗じた額とすることができる経過措置（以下「2割特例」という。）が設けられている（28年改正法附則51の2①②）。

【実務における留意ポイント】

課税事業者が適格請求書発行事業者となった場合であっても、その適格請求書発行事業者となった課税期間の翌課税期間以後の課税期間について、基準期間の課税売上高が1千万円以下である場合には、原則として、2割特例の適用を受けることができる。
　また、2割特例は、簡易課税制度のように事前の届出や継続して適用しなければならないという制限はなく、申告書に2割特例の適用を受ける旨を付記することにより、適用を受けることができる（28年改正法附則51の2③）。

〈2割特例を適用した場合の納付税額の計算イメージ〉
　納付税額＝売上税額－売上税額の8割
　　　　　⇒売上税額の2割

〈適用可能期間〉
　（例）個人事業者（12月決算の法人）の場合
　　　（本来免税事業者である事業者が適格請求書発行事業者となる場合）

(Q&A　問114)

Ⅱ　2割特例の適用ができない課税期間

(1)　**課税選択届出書の提出により納税義務の免除が制限されている場合**

2割特例は、令和5年10月1日から令和8年9月30日までの日の属する各課税期間において、免税事業者（「課税選択届出書」の提出により課税事業者となった免税事業者を含む。）が適格請求書発行事業者となる場合に適用することができる（28年改正法附則51の2①）。

　一方で、令和5年10月1日より前から「課税選択届出書」の提出により引き続き課税事業者となる同日を含む課税期間、つまり、適格請求書等保存方式の開始前である令和5年9月30日以前の期間を含む課税期間の申告については、2割特例の適用を受けることはできない（28年改正法附則51の2①一）。

　適格請求書発行事業者の登録申請書を提出した事業者であって、「課税選択届出書」の提出により令和5年10月1日を含む課税期間の初日から課税事業者となる事業者については、その課税期間中に「消費税課税事業者選択不適用届出書」を提出することにより、「課税選択届出書」を失効させることができる（28年改正法附則51の2⑤）。

　この場合、その登録申請書の提出により、適格請求書発行事業者となった場合においては、登録日から課税事業者となり、その課税事業者となった課税期間から2割特例を適用することができることとなる。

　なお、「消費税課税事業者選択不適用届出書」を提出しない場合であっても、令和5年10月1日を含む課税期間の翌課税期間以後については、基準期間の課税売上高が1千万円以下である場合には、次の(2)から(6)に掲げる2割特例の適用ができない課税期間に該当しない限り、2割特例を適用することができる。

【実務における留意ポイント】
　上記の「「課税選択届出書」の提出により令和5年10月1日を含

む課税期間の初日から課税事業者となる事業者」とは、その課税期間から初めて課税事業者となる事業者をいうのであり、「課税選択届出書」の提出により令和5年10月1日を含む課税期間より前の課税期間から課税事業者となっていた事業者は該当しない。

そのため、対象外となる事業者においては、令和5年10月1日を含む課税期間中に「消費税課税事業者選択不適用届出書」を提出したとしても、その課税期間につき「消費税課税事業者選択届出書」を失効させることはできないので、結果としてその課税期間においては、2割特例を適用できないこととなる。

≪消費税課税事業者選択不適用届出書の提出に係る特例≫

令和4年分	令和5年分		令和6年分
		登録日 (令和5年10月1日)	
免税事業者	課税事業者 ⇒ 免税事業者	適格請求書 発行事業者 (課税事業者)	適格請求書発行事業者 (課税事業者)

登録申請書

課税事業者選択届出書 ← 遡って届出書を失効 ← 課税事業者選択不適用届出書

※令和5年12月31日までに提出

2割特例適用不可
⇒ 2割特例適用可

(Q&A　問116)

(2) 恒久的施設を有しない場合

2割特例の適用を受けようとする課税期間の初日において恒久的施設(所得税法または法人税法に規定する「恒久的施設」をいう。)を有しない国外事業者が令和6年10月1日以後に開始する課税期間(28年改正法附則51の2①)

(3) 過去の売上が一定金額以上ある場合
　（ⅰ）基準期間の課税売上高が1千万円を超える課税期間（消法9①）
　（ⅱ）特定期間における課税売上高による納税義務の免除の特例により事業者免税点制度の適用が制限される課税期間（消法9の2①）
　（ⅲ）相続・合併・分割があった場合の納税義務の免除の特例により事業者免税点制度の適用が制限される課税期間（消法10、11、12）

【実務における留意ポイント】
　相続のあった課税期間について、その相続により事業者免税点制度の適用が制限される場合であっても、適格請求書発行事業者の登録が相続日以前であり、他の2割特例の適用が制限される課税期間でなければ、2割特例の適用を受けることができる（28年改正法附則51の2①三）。

(4) 新たに設立された法人が一定規模以上の法人である場合
　新設法人・特定新規設立法人の納税義務の免除の特例により事業者免税点制度の適用が制限される課税期間（消法12の2①、12の3①）

(5) 高額な資産を仕入れた場合
　（ⅰ）「課税選択届出書」を提出して課税事業者となった後2年以内に一般課税で調整対象固定資産の仕入れ等を行った場合において、「消費税課税事業者選択不適用届出書」の提出ができないことにより事業者免税点制度の適用が制限される課税期間（消法9⑦）

※ 調整対象固定資産とは、一の取引単位につき、課税仕入れ等に係る支払対価の額（税抜き）が100万円以上の棚卸資産以外の資産をいう（消法2①十六、消令5）。

【実務における留意ポイント】
　免税事業者に係る登録の経過措置（28年改正法附則44④）の適用を受けて適格請求書発行事業者となった者は、「課税選択届出書」の提出をして課税事業者となっていないので、これに該当することはない。

（ⅱ）新設法人および特定新規設立法人の特例の適用を受けた課税期間中に、一般課税で調整対象固定資産の仕入れ等を行ったことにより事業者免税点制度の適用が制限される課税期間（消法12の2②、12の3③）

（ⅲ）一般課税で高額特定資産の仕入れ等を行った場合（棚卸資産の調整の適用を受けた場合）において事業者免税点制度の適用が制限される課税期間（消法12の4①②④）

　※ 高額特定資産とは、一の取引単位につき、課税仕入れ等に係る支払対価の額（税抜き）が1千万円以上の棚卸資産または調整対象固定資産をいう（消法12の4①、消令25の5①）。

（ⅳ）一般課税で金または白金の地金等を仕入れた金額の合計額（税抜き）が200万円以上である場合において事業者免税点制度の適用が制限される課税期間（消法12の4③④、消令25の5④）

(6) **課税期間を短縮している場合**
　課税期間の特例の適用を受ける課税期間

※　課税期間の特例の適用を受ける課税期間とは、「消費税課税期間特例選択届出書」の提出により、課税期間を一月または三月に短縮している課税期間であり、その届出書の提出により一の課税期間とみなされる課税期間も含む（消法19）。

適格請求書等保存方式下における税額計算　Q&A

Q53　２割特例を適用した課税期間後の簡易課税制度の選択

> **Q**　令和８年分まで小規模事業者に係る税額控除に関する経過措置（２割特例）の適用を受ける予定でいる個人事業者である。ところが、翌課税期間から２割特例が適用できなくなるので、簡易課税制度の適用を受けたいと考えているが、いつまでに「消費税簡易課税制度選択届出書」を提出すればよいか。

A　令和９年中に「消費税簡易課税制度選択届出書（令和９年分から簡易課税制度の適用を受ける旨を記載したもの）」を提出すれば、令和９年分から、簡易課税制度の適用を受けることができる。

解説

　簡易課税制度を適用して申告する場合には、原則として、その適用を受けようとする課税期間の初日の前日までに「消費税簡易課税制度選択届出書」を提出する必要がある。

　２割特例の適用を受けた事業者が、その適用を受けた課税期間の翌課税期間中に納税地を所轄する税務署長にその課税期間から簡易課税制度の適用を受ける旨を記載した「消費税簡易課税制度選択届出書」を提出した場合には、その課税期間の初日の前日に「消費税簡易課税制度選択届出書」を提出したものとみなされる（28年改正法附則51の２⑥）。

　したがって、設例のように、令和８年分まで２割特例により申告を行った個人事業者が翌年分から簡易課税制度の適用を受けようとする

第1編　適格請求書等保存方式（インボイス制度）

場合には、令和9年中に「消費税簡易課税制度選択届出書（令和9年分から簡易課税制度の適用を受ける旨を記載したもの）」を提出すれば、令和9年分から、簡易課税制度の適用を受けることができる。

(注) 簡易課税制度を適用して申告する場合には、2割特例と異なり、申告時の選択ではないため、事前の届出が必要となるので、留意する必要がある。

《消費税簡易課税制度選択届出書の提出に係る特例》

・個人事業者が2割特例の適用を受けた課税期間の翌課税期間において簡易課税制度の適用を受けるとき

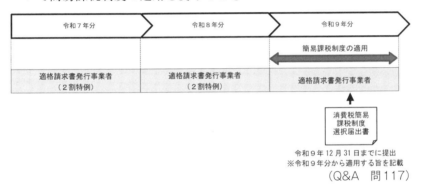

(Q&A　問117)

Q54　2割特例を適用するよりも簡易課税制度を適用した方が有利な場合

> Q　当社は、生活雑貨を仕入れ、小売店に販売する事業を営んでいる12月末決算の法人である。令和5年12月期まで免税事業者であったが、令和6年1月1日から適格請求書発行事業者となり、令和6年12月期について初めて消費税の確定申告を行うこととしている。

このような場合、消費税の納付税額を軽減できる２割特例や簡易課税制度も適用できると思うが、どのような方法により消費税の申告を行えばよいか。

A　貴社の行っている事業は、「卸売業」に該当し、簡易課税制度を適用して申告する場合、90％のみなし仕入率が適用されることになる。
　したがって、２割特例を適用するよりも、課税期間の末日（令和６年12月31日）までに「消費税簡易課税制度選択届出書」を提出した上で確定申告をした方が有利である。

解説

　消費税の申告方法は、仕入控除税額について実額で計算する「一般課税」、業種ごとに決められたみなし仕入率を適用し仕入控除税額を計算する「簡易課税制度」、そして、適格請求書等保存方式の施行を機に免税事業者から適格請求書発行事業者となった方を対象に、売上税額の２割を納税額として計算する「２割特例」による方法がある。
　設例における事業は、「卸売業」に該当し、簡易課税制度を適用して申告する場合、90％のみなし仕入率が適用されることになるので、２割特例を適用するよりも、消費税の納付金額が少なくなると考えられる。
　２割特例については、適用を受ける旨を確定申告書に付記することで適用できるが、簡易課税制度は、原則として、適用を受けようとする課税期間の初日の前日までに、「消費税簡易課税制度選択届出書」を提出する必要がある（その課税期間の基準期間における課税売上高が5,000万円以下である場合に限る。）。

しかし、免税事業者が登録日から課税事業者となる経過措置の適用を受ける場合には、その登録日の属する課税期間から簡易課税制度の適用を受ける旨を記載した届出書をその課税期間中に提出すれば、その課税期間から、簡易課税制度の適用を受けることができることとされている。

　したがって、設例のような前提のもと、令和6年12月期の申告について簡易課税制度の適用を選択する場合には、課税期間の末日（令和6年12月31日）までに「消費税簡易課税制度選択届出書」を提出すればよいこととなる。

　なお、多額の設備投資などがあり、課税仕入れ等に係る消費税額が課税売上げに係る消費税額を上回る場合、一般課税であれば還付税額が生じるが、簡易課税制度や2割特例を適用している場合には、通常、還付税額が生じることはないので、その点も踏まえて申告方法を検討する必要がある。

(注)　課税期間の末日が日曜日、国民の祝日に関する法律に規定する休日その他一般の休日、土曜日または12月29日、同月30日もしくは同月31日であったとしても、これらの日の翌日とはならないので、留意する必要がある。

〈簡易課税制度における事業区分〉

事業区分	みなし仕入率	該当する事業
第1種事業	90%	卸売業（他の者から購入した商品をその性質、形状を変更しないで他の事業者に対して販売する事業）をいう。
第2種事業	80%	小売業（他の者から購入した商品をその性質、形状を変更しないで販売する事業で第1種事業以外のもの）、農業・林業・漁業（飲食料品の譲渡に係る事業）をいう。

第3種事業	70%	農業・林業・漁業（飲食料品の譲渡に係る事業を除く）、鉱業、建設業、製造業（製造小売業を含む。）、電気業、ガス業、熱供給業および水道業をいい、第1種事業、第2種事業に該当するものおよび加工賃その他これに類する料金を対価とする役務の提供を除く。
第4種事業	60%	第1種事業、第2種事業、第3種事業、第5種事業および第6種事業以外の事業をいい、具体的には、飲食店業などである。なお、第3種事業から除かれる加工賃その他これに類する料金を対価とする役務の提供を行う事業も第4種事業となる。
第5種事業	50%	運輸通信業、金融・保険業、サービス業（飲食店業に該当する事業を除く。）をいい、第1種事業から第3種事業までの事業に該当する事業を除く。
第6種事業	40%	不動産業

Q55　見積額が記載された適格請求書による仕入税額控除

> **Q**　当社では、見積書の受領から請求書の受領までに一定期間を要する取引先があり、課税仕入れを行なった課税期間の末日までに支払対価の金額が確定しない場合がある。
> 　この場合、取引先に見積額が記載された適格請求書の交付を依頼し保存することで、仕入税額控除を行うことができるか。

A　取引の相手方から見積額が記載された適格請求書の交付を受ける場合は、これを保存することで見積額による仕入税額控除が認められる。

解説

　設例のように、課税期間の末日までにその支払対価が確定せず、見積額で仕入税額控除を行う場合の取扱いについては、取引の相手方か

ら見積額が記載された適格請求書の交付を受けた場合であれば、その適格請求書を保存することで見積額による仕入税額控除が認められる。

　また、その後確定した対価の額が見積額と異なった場合には、確定した対価の額に基づく課税仕入れに係る消費税額と見積額に基づく課税仕入れに係る消費税額との差額を、その確定した日の属する課税期間における課税仕入れに係る消費税額に加算または減算することとなる（仕入税額の計算方法として、割戻し計算による場合、確定した対価の額と見積額との差額をその確定した日の属する課税期間の課税仕入れに係る支払対価の額に加算し、または当該課税仕入れに係る支払対価の額から控除することとなる。）。

Q56　見積額が記載された適格請求書の交付を受けられない場合の仕入税額控除

> **Q**　前問と同様に、課税仕入れを行なった課税期間の末日までに支払対価の金額が確定しない場合に、取引の相手先から見積額が記載された適格請求書の交付を受けられなかった場合はどうすればよいか。

A　買手側である貴社において見積額を記載した仕入明細書を作成し、相手方の確認を受けて、これを保存することで見積額による仕入税額控除が認められる。

|解説|

取引の相手先から見積額が記載された適格請求書の交付を受けられ

なかった場合については、仕入明細書等の考え方を利用して、買手側において、見積額を記載した仕入明細書等を作成して、それを相手方に交付し確認を受けた上で、これを保存することにより、見積額による仕入税額控除の適用が受けることができる。

　また、電気・ガス・水道水の供給のような適格請求書発行事業者から継続して行われる取引については、見積額が記載された適格請求書の保存がない場合であっても、その後、金額が確定したときに交付される適格請求書の保存を条件として、買手側において、課税期間の末日の現況により適正に見積もった金額で、仕入税額控除を行って差し支えないこととなっている（消基通11-6-8）。

　なお、確定額が見積額と異なる場合の取扱いについては、前問と同様である。

【実務における留意ポイント】
　電気・ガス・水道水の供給のような適格請求書発行事業者から継続して行われる取引については、例えば、機械等の保守点検、弁護士の顧問契約のように、契約等に基づき継続的に課税資産の譲渡等が行われ、金額が確定した際に適格請求書の交付を受ける蓋然性の高い取引がこれに該当する。

Q57　法人税基本通達2-6-1を適用して法人税等の申告をしている場合

> Q　当社では、法人税基本通達2-6-1（決算締切日）により、決算の締切日を毎年3月20日としているが、消費税における資産の譲渡等の時期や課税仕入れの時期については、どうなるか。

A 消費税における資産の譲渡等の時期や課税仕入れの時期についても、法人税等と同様の取扱いが認められている（消基通9-6-2）。

解説

設例のように、法人税基本通達2-6-1により決算締切日を継続して3月20日としているような場合においては、消費税の資産の譲渡等の時期や課税仕入れの時期についても、同様とすることが認められている（消基通9-6-2、11-3-1）。

したがって、このように決算締切日により、法人税および消費税の申告をしている場合には、売上税額や仕入税額の積上げ計算のための課税期間ごとの区分の対応は不要となる。

（参考）

　○法人税基本通達2-6-1（決算締切日）

　　法人が、商慣習その他相当の理由により、各事業年度に係る収入及び支出の計算の基礎となる決算締切日を継続してその事業年度終了の日以前おおむね10日以内の一定の日としている場合には、これを認める。

　㊟　（省略）

Q58　課税期間をまたぐ取引をまとめて一の適格請求書とする場合の売上税額の積上げ計算の適否

Q 当社は、3月決算の法人で、売上げの請求書については、毎月20日締めとしている。3月21日から4月20日までの期間に係る適格請求書には、同期間に係る消費税額を記載している

> が、これを基に売上税額について、積上げ計算することができるか。

A 設例のような適格請求書を交付した場合は、翌課税期間（4月1日から4月20日まで）の消費税額も合計して記載されていることになるので、これを基に売上税額の積上げ計算をすることはできない。

解説

売上税額の計算については、交付した適格請求書および適格簡易請求書の写し（電磁的記録により提供したものを含む。）を保存している場合に、そこに記載された税率ごとの消費税額等の合計額に100分の78を乗じて計算した金額とすることができる（積上げ計算）（消法45⑤、消令62）。

しかしながら、設例のような適格請求書を交付した場合は、翌課税期間（4月1日から4月20日まで）の消費税額も合計して記載されていることになるので、これを基に売上税額の積上げ計算をすることはできないこととなる。

なお、売上税額の計算は、割戻し計算と積上げ計算を併用することが認められている。

したがって、設例のような期間（3月21日から3月31日まで（期末を含む請求書の期間）および4月1日から4月20日まで（期首を含む請求書の期間））の取引については割戻し計算とし、それ以外の期間（4月21日から翌年3月20日）の取引については積上げ計算とすることは可能である。

また、課税期間をまたぐ期間（3月21日から3月31日および4月1日から4月20日）に係る取引をまとめて一の適格請求書とする場合、

その適格請求書において、課税期間の範囲に応じて適格請求書の記載事項をそれぞれ区分して記載していれば、その課税期間で区分した税率ごとに合計した課税資産の譲渡等に係る税込対価（税抜対価）の額から算出した消費税額等をその適格請求書に係る消費税額等としても差し支えない。

【実務における留意ポイント】
　課税期間をまたがない期間について一の適格請求書を交付する場合においては、その期間内で任意に区分した期間に応じた税率ごとに合計した課税資産の譲渡等に係る税込対価（税抜対価）の額から算出した消費税額等を記載したとしても、その消費税額等は、適格請求書の記載事項としての消費税額等とはならない。

Q59　課税期間をまたぐ取引をまとめた一の適格請求書による仕入税額の積上げ計算の適否

> **Q**　当社は、3月決算の法人であり、取引先から、3月21日から4月20日までの期間をまとめた消費税額が記載されている適格請求書の交付を受けたが、これを基に仕入税額について積上げ計算することができるか。

A　仕入税額の請求書等積上げ計算をする場合は、当課税期間に係る消費税額と翌課税期間に係る消費税額について、それぞれの期間の取引に係る消費税額を算出し、それぞれの期間が含まれる課税期間においてそれぞれ積上げ計算をする方法と当課税期間に行った課税仕入れにつき、帳簿積上げ計算する方法により、仕入控除税額を計算するこ

とが認められている。

|解説|

　仕入税額の積上げ計算については、交付された適格請求書などの請求書等に記載された消費税額等のうち課税仕入れに係る部分の金額の合計額に100分の78を掛けて算出する（請求書等積上げ計算）（消法30①、消令46①）。

　設例のような適格請求書の交付を受けた場合については、当課税期間（3月21日から3月31日まで）の消費税額等と翌課税期間（4月1日から4月20日まで）の消費税額等が合計して記載されていることになるため、これを基に仕入税額の請求書等積上げ計算をする場合は、当課税期間に係る消費税額と翌課税期間に係る消費税額について、それぞれの期間の取引に係る消費税額を算出し、それぞれの期間が含まれる課税期間においてそれぞれ積上げ計算をする必要がある。

　また、仕入税額の積上げ計算は、課税仕入れの都度、課税仕入れに係る支払対価の額に110分の10（軽減税率の対象となる場合は108分の8）を乗じて算出した金額（1円未満の端数が生じたときは、端数を切捨てまたは四捨五入する。）を仮払消費税額等などとし、帳簿に記載（計上）している場合は、その金額の合計額に100分の78を掛けて算出する方法も認められる（帳簿積上げ計算）（消令46②）。

　したがって、設例のような適格請求書の交付を受けた場合については、当課税期間に行った課税仕入れにつき、帳簿積上げ計算することもできる。

【実務における留意ポイント】

　売上税額の計算方法においては、「割戻し計算」と「積上げ計算」

を併用することは認められているが、仕入税額の計算方法については、「請求書等積上げ計算」と「帳簿積上げ計算」を併用することも認められるが、これらの方法と「割戻し計算」を併用することは認められない（消基通11－1－9）。

Q60　調査において適格請求書等の保存がない場合等における仕入税額控除の適用

> **Q**　適格請求書等保存方式下における税務調査においては、適格請求書等の保存がない場合や適格請求書等の保存等仕入税額控除の適用要件を具備していない場合には、すべて仕入税額控除の適用が認められないのか。

A　国税庁は、令和5年8月25日付で「インボイス制度の周知広報の取組方針等について」と題する資料において、以下のとおり公表している。

インボイス制度後の税務調査の運用について
○　これまでも、保存書類の軽微な記載不備を目的とした調査は実施していない。
・　従来から、大口・悪質な不正計算が想定されるなど、調査必要度の高い納税者を対象に重点的に実施。
○　仮に、調査等の過程で、インボイスの記載事項の不足等の軽微なミスを把握しても
・　インボイスに必要な記載事項を他の書類等（※）で確認する、
　　※　相互に関連が明確な複数の書類を合わせて一のインボイスと

することが可能。
・　修正インボイスを交付することにより事業者間でその不足等を改める、といった対応を行う。
○　まずは制度の定着を図ることが重要であり、柔軟に対応していく。
　　（出典：内閣府ホームページ「適格請求書等保存方式の円滑な導入等に係る関係府省庁会議」資料）

第2編

電子帳簿保存法

第1章　電子帳簿保存法の基礎

1　電子帳簿保存法とは

　電子帳簿保存法の正式名称は、「電子計算機を使用して作成する国税関係帳簿書類の保存方法等の特例に関する法律」（以下「電子帳簿保存法」という。）といい、その名のとおり、各税法が定める帳簿書類の保存方法等に関して、電子でも保存することができる「特例」を定めたものである。したがって、その保存対象となる帳簿書類や保存する場合の保存要件を定め、要件どおり保存されているものについては、各税法で定める紙での帳簿や書類の保存に代えることができる、つまり、電子で保存されているものについて、帳簿や書類として扱うというものである。

　具体的には、保存要件にしたがって備付けおよび保存が行われている国税関係帳簿または保存が行われている国税関係書類に係る電磁的記録に対する各税法の適用については、その電磁的記録をその国税関係帳簿または国税関係書類とみなすこととされている。

　一方で、電子取引の取引情報に係る電磁的記録については、電子帳簿保存法で創設的に保存義務を課したものであり、各税法に基づいて保存義務が課されたものではないため、国税関係書類以外の書類とみなすこととされ、申告内容を確認するための書類として位置付けられる。

　この法律は平成10年度の税制改正で創設された。その後、平成16年末にスキャナ保存制度の創設、平成27年度改正でスキャナ保存制

度の対象拡大・要件の見直し、平成28年度改正でスキャナ保存制度の要件緩和、令和元年度改正でスキャナ保存制度の対象拡大とスキャナ保存制度の利用者の利便性向上を図る改正が続き、令和２年度改正で電子取引の保存要件緩和が行われた。そして、令和３年度税制改正では、制度の根幹であった事前承認制度の廃止、各種保存要件の緩和、加算税制度を活用したインセンティブ措置、適正な保存を確保するための重加算税の加重措置など、電子帳簿等保存制度全体にわたる抜本的な見直しが行われた。その後も、令和４年度、５年度改正で保存要件の緩和措置の拡充が行われるなど、累次にわたる改正が行われ、デジタル化社会にふさわしい制度となるよう、常々検討が行われ、改善が図られている。

2 制度創設の考え方とその後の改正

Ⅰ 電子帳簿保存法創設時の考え方

(1) **背景**

平成時代に入ってから、さまざまな書類のペーパーレス化が進み、会計処理の分野でもコンピュータ処理が進展し、コンピュータを使用した帳簿書類の作成が普及してきた。そのような環境の中で、経済界をはじめとする国内外の関係各界等から、帳簿書類の電磁的記録いわゆる電子データおよびマイクロフィルムによる保存を認めてほしいという強い要望が寄せられていた。

政府でも、このような経済界等の要望を受けて、規制緩和推進計画等の決定、緊急経済対策、市場開放問題苦情処理対策本部決定等において、わが国全体として帳簿書類の電子データによる保存措置を平成

9年度末までに講ずることを決定していた。

平成9年2月10日に閣議決定された「申請負担軽減対策」においては、「法令に基づき民間事業者に保存を義務づけている書類について、原則として平成9年度（1997年度）末までに電子媒体による保存が可能となるようにする。」と閣議決定されていた。

このような関係各界からの要望や政府全体としての取組を踏まえ、平成10年度税制改正の一環として、適正公平な課税を確保しつつ納税者等の帳簿保存に係る負担軽減を図る等の観点から、国税関係帳簿書類の電磁的記録等による保存制度等の創設等が行われたものである。

(2) 政府税制調査会における議論

政府税制調査会の「平成10年度の税制改正に関する答申（平成9年12月16日）」においては、次のような記述がなされた。

「新しい時代の流れに対応し、納税者の帳簿書類の保存の負担軽減を図るために、記録段階からコンピュータ処理によっている帳簿書類については、電子データ等により保存することを認めることが必要であると考えます。

その際には、コンピュータ処理は、痕跡を残さず記録の遡及訂正をすることが容易である、肉眼でみるためには出力装置が必要であるなどの特性を有することから、適正公平な課税の確保に必要な条件整備を行うことが不可欠です。

また、電子データ等による保存を容認するための環境整備として、EDI取引（取引情報のやり取りを電子データの交換により行う取引）に係る電子データの保存を義務づけることが望ましいと考えます。」

この税制改正の答申を踏まえて、国税関係帳簿書類の電磁的記録等

による保存制度等が創設された。

保存制度で措置すべき内容としては、次の二点があげられる。
① 電子データ処理は痕跡を残さず記録の遡及訂正が容易、視認可能な出力装置が必要など、電子的に帳簿書類を保存するにあたっては、適正公平な課税の確保に必要な保存要件を整備する必要がある。
② 取引関係書類については各税法で保存義務が課されているが、電子で取引を行った場合には、その取引情報に係る電子データの保存制度が設けられていない。

平成10年度税制改正において、これらの内容を措置した電子帳簿保存法（「電子計算機を使用して作成する国税関係帳簿書類の保存方法等の特例に関する法律（平成10年法律第25号）」）が立案、審議され、可決成立し、平成10年7月1日から施行された。

Ⅱ　スキャナ保存制度創設の考え方
　（平成16年度税制改正）

(1) 背景

　法令により義務付けられている紙での保存が、民間の経営活動や業務運営の効率化の阻害要因となっており、日本経団連をはじめとする民間企業等から政府に対して、法令により義務付けられている紙での保存について早期に電子保存が可能となるよう数度にわたり強い要望がなされた。また、技術的にも情報通信技術の進展により、紙での保存に代えて、電子的に保存することが基本的に可能となっていた。

　紙での保存が経営活動や業務運営の効率化の阻害要因となっている一方で、情報通信技術の進展により、紙の保存に代えて電子で保存す

ることが可能な時代となっている。そこで、書面の保存等に要する負担軽減を通じて国民の利便性の向上、国民生活の向上および国民経済の健全な発展に寄与するため、民間事業者等に対して書面の保存が法令上義務付けられている場合について、税務関係書類を含めた原則としてすべての書類に係る電磁的記録による保存等を行うことを可能とするため、IT戦略本部を中心に検討が進められた。

(2) e-文書通則法等の制定と電子帳簿保存法の改正

検討の結果、民間の文書保存に係る負担の軽減を図るため、紙での保存を義務付けている多数の法令について、統一的な方針の下に電子保存を容認する措置を講ずることとされ、高度情報通信ネットワーク社会形成基本法に基づき作成された「e-Japan重点計画―2004」(平成16年6月15日IT戦略本部決定)において、民間における文書・帳票の電子的な保存を原則として容認する統一的な法律の制定を行うものとされたことを受けて、関係法律案が平成16年10月12日に国会へ提出され可決成立し、「民間事業者等が行う書面の保存等における情報通信の技術の利用に関する法律(平成16年法律第149号)」(以下「e-文書通則法」という。)と「民間事業者等が行う書面の保存等における情報通信の技術の利用に関する法律の施行に伴う関係法律の整備等に関する法律(平成16年法律第150号)」(以下「e-文書整備法」という。)が、平成16年12月1日に公布された。

e-文書通則法は、民間事業者等が電磁的記録による保存等をできるようにするための共通事項を定めたものであり、通則法形式の採用により、約250本の法律による保存義務について、法改正せずに電子保存ができることとなった。また、e-文書整備法は、文書の性質上一定の要件を満たすことを担保するために行政庁の承認等特別の手続

きが必要である旨の規定等、e-文書通則法のみでは手当てが完全でないもの等について、約70本の個別法の一部改正により、所要の規定を整備している。

税務関係書類については、適正公平な課税の確保のため、税務署長の事前承認を要件としており、国税独自の法律事項を定める必要があったため、e-文書通則法の対象とせず、e-文書整備法において電子帳簿保存法を改正してスキャナ保存制度が創設された。

対象書類としては、適正公平な課税確保のために特に重要な文書である決算関係書類や帳簿、一部の契約書・領収書を除き、すべての書類を対象とし、真実性・可視性を確保できる要件の下で、スキャナを利用して作成された電磁的記録による保存を認めることとされた。

Ⅲ 平成27年度以降の改正

(1) 平成27年度税制改正

スキャナ保存制度について、3万円以上の領収書等も対象に追加することによりすべての契約書、領収書等を対象にするなどの以下の改正が行われた。

① 対象となる国税関係書類の範囲の拡充

スキャナ保存制度の対象となる国税関係書類について、すべての契約書・領収書等を対象とすることとされた。

② スキャナ保存制度の保存要件の緩和

（ⅰ）業務処理サイクル方式（国税関係書類に係る記録事項の入力を業務の処理に係る通常の期間経過後、速やかに行う方法をいう。）により行う場合に必要とされる国税関係帳簿に係る「電磁的記録等による保存制度の承認要件」を廃止することとされ

た。

(ⅱ) 国税関係書類をスキャナで読み取る際の電子署名が不要とされ、これに代え、国税関係書類に係る記録事項の入力を行う者またはこの者を直接監督する者に関する情報を確認できるようにしておくことが要件とされた。

(ⅲ) 国税関係書類の作成または受領からスキャナでの読み取りまでの各事務について、その適正な実施を確保するために必要なものとして次に掲げる事項に関する規程を定めるとともに、これに基づき処理すること（適正事務処理要件）が要件に加えられた。

　ア　相互に関連する各事務について、それぞれ別の者が行う体制

　イ　当該各事務に係る処理の内容を確認するための定期的な検査を行う体制および手続

　ウ　当該各事務に係る処理に不備があると認められた場合において、その報告、原因究明および改善のための方策の検討を行う体制

③　スキャナ保存制度の適時入力方式に係る要件の緩和

(ⅰ) 電子計算機処理システムについて、一般書類（資金や物の流れに直結・連動しない書類）をスキャナで読み取った際に必要とされる書類の大きさに関する情報の保存を不要とするとともに、カラー階調を必要とする要件につきグレースケール（いわゆる「白黒」）による読み取りも認めることとされた。

(ⅱ) 国税関係書類をスキャナで読み取る際の電子署名が不要とされたことを踏まえ、タイムスタンプを付すとともに、国税関係書類に係る記録事項の入力を行う者またはこの者を直接監督

する者に関する情報を確認できるようにしておくことが要件とされた。
④　電子取引の取引情報に係る電磁的記録の保存制度における電子署名要件の廃止

　　電磁的記録の記録事項に行う電子署名が不要とされ、これに代え、電磁的記録の保存を行う者またはその者を直接監督する者に関する情報を確認できるようにしておくことが要件とされた。

(2) **平成28年度税制改正**

　画質性能の高いカメラを搭載したスマートフォンやクラウドサービス等が発達してきていることから、データによる経理処理を行えるよう、スマートフォン等を使用して社外において経理処理前に国税関係書類の読み取りを行う仕組みの整備が課題とされていた。このような課題に対応し、適切な改ざん防止措置を講じた上で、利用者のさらなる利便性の向上を図る観点から、社外における手続きも可能とするなどの見直しが行われた。

　具体的には、スキャナ保存制度について、スキャナ装置の機能等が進化したこと等を踏まえ、「原稿台と一体となったもの」に限定していたスキャナ装置の要件が廃止され、スマホ等による社外における読取りを可能とする等のスキャナ保存の要件緩和等の以下の改正が行われた。

①　国税関係書類の読み取りを行う装置に係る要件の緩和

　　国税関係書類の読み取りを行う装置について、「原稿台と一体となったもの」に限定する要件を廃止することとされた。

②　受領者等が読み取りを行う場合の手続きの整備

（ⅰ）国税関係書類の受領者等が読み取りを行う場合には、その

国税関係書類に署名した上で、その受領等後、特に速やかにタイムスタンプを付さなければならないこととされた。
（ⅱ）国税関係書類の受領者等が読み取りを行う場合には、その書類の大きさがA4以下である場合に限り、大きさに関する情報の保存を要しないこととされた。
（ⅲ）国税関係書類の受領者等が読み取りを行う場合における相互けん制要件については、受領等事務と読み取り事務をそれぞれ別の者が行うこととする要件が不要とされ、これに代え、受領者等以外の別の者により国税関係書類に係る記録事項の確認を行うことが要件とされた。
③　相互けん制要件に係る小規模企業者の特例
小規模企業者に該当する保存義務者にあっては、定期的な検査を税務代理人が行うこととしている場合には、相互けん制要件を不要とすることとされた。

(3) 令和元年度税制改正

電子帳簿・スキャナ保存制度の申請手続の簡素化・柔軟化として、認証を受けたソフトウェアの利用者の承認申請書の記載省略、新規に業務を開始した個人開業者の申請期限の特例の創設が行われ、スキャナ対象書類の範囲の拡充として、一定の要件の下、書類ごとに一回限り、過去の重要書類のスキャナ保存を可能化する改正等の以下の改正が行われた。

①　新たに業務を開始した個人の承認申請期限の特例の整備
新たに業務を開始した個人が国税関係帳簿書類の電磁的記録等による保存等の承認を受けようとする場合において、その承認を受けようとする国税関係帳簿書類の全部または一部が、業務の開

始の日から同日以後5月を経過する日までに保存等開始日が到来するものであるときは、その業務の開始の日以後2月を経過する日までに承認申請書を提出することができることとされた。

② 過去分重要書類のスキャナ保存の整備

　スキャナ保存の承認を受けている保存義務者は、国税関係書類の電磁的記録の保存をもってその国税関係書類の保存に代える日（基準日）前に作成・受領をした重要書類について、あらかじめ、その書類の種類等を記載した適用届出書を税務署長等に提出した場合には、電磁的記録の保存に併せて、その電磁的記録の作成・保存に関する事務の手続きを明らかにした書類の備付けを行った上で、一定の要件の下、スキャナ保存を行うことができることとされた。

③ 一定のソフトウェアを使用する保存義務者の承認申請手続の簡素化

　運用上の対応として、市販のソフトウェアのうち公益社団法人日本文書情報マネジメント協会（JIIMA）において電子帳簿保存またはスキャナ保存の要件適合性に係る認証を行ったソフトウェアを使用する保存義務者について、記載事項を簡素化した承認申請書を用いることができるほか、そのソフトウェアに係る書類の添付を省略することができる取扱いとされた。

(4) **令和2年度税制改正**

　企業等の生産性向上を促すため、電子取引の要件緩和として、書面の受領者が自由にデータを改変できないシステム等を利用している場合には電子取引に係るタイムスタンプを不要化する等の以下の改正が行われた。

電子取引を行った場合の電磁的記録の保存について、真実性の確保の要件を満たす措置の範囲に、次の措置が追加された。
① その電磁的記録の記録事項にタイムスタンプが付された後、その取引情報の授受を行うこと。
② 保存義務者が自由にデータを改変できないシステムとして、次の要件のいずれかを満たす電子計算機処理システムを使用して、その取引情報の授受およびその電磁的記録の保存を行うこと。
 (ⅰ) その電磁的記録の記録事項について訂正または削除を行った場合には、これらの事実および内容を確認することができること。
 (ⅱ) その電磁的記録の記録事項について訂正または削除を行うことができないこと。

(5) 令和3年度税制改正

電子帳簿保存法の抜本的な見直しとして、以下の改正が行われた。
① 国税関係帳簿の電磁的記録による保存等

国税関係帳簿について、納税地の所轄税務署長等の承認を受けた場合には、その承認を受けた国税関係帳簿に係る電磁的記録の備付け及び保存をもって当該承認を受けた国税関係帳簿の備付けおよび保存に代えることができるとされていたが、承認制度が廃止されたことから、自己が最初の記録段階から一貫して電子計算機を使用して作成する場合には、財務省令で定めるところにより、当該国税関係帳簿に係る電磁的記録の備付けおよび保存をもって当該国税関係帳簿の備付けおよび保存に代えることができることとされた。

また、この国税関係帳簿については、正規の簿記の原則に従っ

て記録されるものに限定された。
② 国税関係書類の電磁的記録による保存
　国税関係書類について、所轄税務署長等の承認を受けた場合には、その承認を受けた国税関係書類に係る電磁的記録の保存をもって当該承認を受けた国税関係書類の保存に代えることができるとされていたが、承認制度が廃止されたことから、自己が一貫して電子計算機を使用して作成する場合には、財務省令で定めるところにより、当該国税関係書類に係る電磁的記録の保存をもって当該国税関係書類の保存に代えることができることとされた。
③ 国税関係書類のスキャナによる電磁的記録の保存
　スキャナ保存制度についても事前承認制度が廃止されたことから、国税関係書類に記載されている事項を財務省令で定める装置により電磁的記録に記録する場合には、財務省令で定めるところにより、当該国税関係書類に係る電磁的記録の保存をもって当該国税関係書類の保存に代えることができることとされた。
　また、スキャナ保存が保存要件に従って保存されていないときは、その保存義務者は、その電磁的記録を保存すべき期間その他の財務省令で定める要件を満たしてその電磁的記録を保存しなければならないこととされた。ただし、書面でその国税関係書類の保存が行われている場合は、原本が保存されていることから、電磁的記録の保存義務の対象から外している。
④ 電子取引の取引情報に係る電磁的記録の保存
　電子取引の取引情報に係る電磁的記録の保存については、電子取引に係る取引情報について、その電磁的記録を出力することにより作成した書面等を保存する場合には、電子取引の取引情報に係る電磁的記録の保存を要しないとされていたが、例外なくその

電磁的記録を保存しなければならないこととされた。つまり、出力した書面で保存していても、その出力の元となった電磁的記録を一定の要件の下で保存しておかなければならなくなった。

⑤ 電子保存された国税関係帳簿書類の他の国税に関する法律の規定の適用

　電子帳簿保存法以外の各税法の規定の適用については、保存要件にしたがって備付けおよび保存が行われている国税関係帳簿または保存が行われている国税関係書類に係る電磁的記録等に対する各税法の規定の適用については、その電磁的記録等をその国税関係帳簿またはその国税関係書類とみなすこととされた。つまり、保存要件にしたがって備付け、保存が行われていない国税関係帳簿や書類については、保存義務が課されている国税関係帳簿または国税関係書類とはみなされないので、各税法で帳簿や書類とは位置付けられず、単なる電磁的記録になる。改正前は、所轄税務署長等の承認を受けていればみなされていたが、改正後は、保存要件に従って保存しているものについてみなされることになった。

⑥ 電子保存された電子取引の取引情報の他の国税に関する法律の規定の適用

　電子取引の取引情報に係る電磁的記録について、保存要件に従って保存が行われている場合には、これを国税関係書類以外の書類とみなすこととされた。つまり、保存要件にしたがって保存が行われていない電子取引の取引情報に係る電磁的記録については、国税関係書類以外の書類とはみなされないので、保存書類とはみなされず、単なる電磁的記録になる。したがって、保存要件に従って保存が行われていないものについては、追加的な説明や

⑦　優良な電子帳簿に係る過少申告加算税の軽減措置

　優良な電子帳簿について、あらかじめその旨の届出書を提出した一定の国税関係帳簿（所得税・法人税の青色申告者、消費税事業者の備え付ける帳簿）の保存を行う者については過少申告加算税を５％軽減することが新たに措置された。

⑧　スキャナ保存・電子取引情報保存制度の重加算税の加重措置

　スキャナ保存・電子取引情報保存制度の適正な保存を担保するための措置として、保存された電子データに関し申告漏れ等により重加算税が課される場合には10％加算することが新たに措置された。

(6) 令和４年度税制改正

　令和４年度税制改正では、電子取引を行った場合の電子データ保存義務化について２年間の宥恕措置が設けられ、準備期間が設けられた。

　具体的には、令和４年度税制改正において、令和３年度税制改正における電帳規の改正附則の経過措置に以下の内容の宥恕規定が措置された（令和３年12月27日財務省令80号）。

```
令和4年度税制改正大綱による電子取引の取引情報に関する改正
```
```
電子取引の取引情報に係る電磁的記録の保存への円滑な移行のための宥恕措置(経過措置)
```
```
令和4年1月1日から令和5年12月31日までの間に行う電子取引
```
```
につき
```
```
税務署長が保存要件に従って保存することができなかったことについてやむを得ない事情があると認め
```
```
かつ
```
```
書面に出力して提示又は提出の求めに応じることができるようにしている場合には
```
```
その保存要件にかかわらず、その電子データの保存をすることができることとする
```

　さらに令和４年度税制改正の大綱（令和３年12月24日閣議決定）

では、以下の運用上の配慮がなされることになった。

> 【運用上の取扱い】
> 上記の場合の措置の適用については、その電子データの保存要件への対応が困難な事業者の実情に配慮し、引き続き保存義務者から納税地等の所轄税務署長への手続を要せずその出力書面等による保存を可能とするよう、運用上、適切に配慮することとする。
> ⇒運用上は、2年間は税務署長の事前承認を得ることなく、紙での保存を可能とする。

したがって、令和4年1月1日以後に行う電子取引の取引情報から、その電磁的記録を保存要件により電子データで保存しなければならないこととなるが、対応が困難なやむを得ない事情がある場合には、令和5年12月31日までは電子データではなく書面等に出力して保存することができることとなった。このやむを得ない事情については、税務調査があった場合には、その対応状況や今後の見通し等を答えられるようにしておく必要がある。

(7) **令和5年度税制改正**

令和5年度税制改正では、経済社会のデジタル化を踏まえ、経理の電子化による生産性の向上、テレワークの推進、税務情報のデジタル化、優良な電子帳簿の普及・一般化に資する観点から、電子取引データや所得税、法人税、消費税等の帳簿書類を電子的に保存するための手続きについて、電子取引のデータ保存制度、スキャナ保存制度および優良電子帳簿の範囲について、以下の改正が行われた。

① 電子取引のデータ保存制度

（ⅰ）システム対応が間に合わなかった事業者等への対応（新たな猶予措置）

令和4年度改正で措置された宥恕措置は、適用期限（令和5年12月31日）の到来をもって廃止された。

令和5年度改正では、保存要件にしたがって電子取引データ

の保存ができなかったことについて相当の理由があると認める場合（事前手続不要）には、従前行われていた出力書面の提示・提出の求めに応じることに加え、電子取引データのダウンロードの求めに応じることができるようにしておけば、保存要件を不要としてその電子取引データの保存を可能とする、新たな猶予措置が整備された。

(ⅱ) 検索機能の確保の要件不要の場合の改正

　イ　電子取引データのダウンロードの求めに応じることを前提に、すべての検索機能の確保の要件が不要となる売上高基準が「1千万円以下」から「5千万円以下」に引き上げられた。

　ロ　電子取引データを出力することにより作成した書面（整然とした形式および明瞭な状態で出力され、取引年月日その他の日付および取引先ごとに整理されたものに限る。）の提示・提出の求めおよびその電子取引データのダウンロードの求めに応じることができるようにしているときは、検索機能の確保の要件を満たしているものとされた。

② スキャナ保存制度の見直し

　スキャナ保存制度の保存要件について、①入力（読み取り）を行った者等の情報（電子取引の場合を含む。）②スキャナで読み取った際の情報（解像度・階調・大きさ）の保存を不要とし、③帳簿の記録事項との間に、相互にその関連性を確認することができるよう求める書類が重要書類に限定された。

③ 優良電子帳簿の範囲の見直し

　優良な電子帳簿に係る過少申告加算税の軽減措置の対象帳簿（所得税・法人税）の範囲について、課税所得に直接結びつきやすい経理誤り全体を是正しやすくするかどうかといった観点から

合理化・明確化が行われた。

(8) 令和7年度税制改正（案）

　令和7年度税制改正の大綱（令和6年12月27日閣議決定）では、電子取引データ保存制度に係る重加算税の加重措置について、国税庁長官の定める基準に適合したシステムを使用して一定の要件の下、データの授受・保存を行う場合には、この加重措置の適用除外とする改正が行われることとされている。この改正に伴い、所得税の青色申告特別控除65万円の適用条件についても所要の改正が行われることとされている。

3　電子帳簿保存法の今後の検討事項

　令和5年12月14日、自由民主党、公明党により「令和6年度税制改正大綱」（以下「与党大綱」という。）が決定された。この与党大綱では、検討事項7に電子帳簿保存法の今後の検討事項が記載されている。

「7　帳簿等の税務関係書類の電子化を推進しつつ、納税者自らによる記帳が適切に行われる環境を整備することは、申告納税制度の下における適正・公平な課税の実現のみならず、経営状態の可視化による経営力の強化、バックオフィスの生産性の向上のためにも重要である。これに鑑み、記帳水準の向上、トレーサビリティの確保を含む帳簿の事後検証可能性の確立の観点から、納税者側での対応可能性や事務負担、必要なコストの低減状況も考慮しつつ、税務上の透明性確保と恩典適用とのバランスも含めて、複式簿記による記帳や優良な電子帳簿の普及・一般化のための措置、記帳義務の適正な履行を担保する

ためのデジタル社会にふさわしい諸制度のあり方やその工程等について更なる検討を早急に行い、結論を得る。その際、取引に係るやり取りから会計・税務までデジタルデータで処理することで、**納税者側の事務負担の軽減等及び適正・公平な課税・徴収の実現を図る観点を踏まえることとする。**」

この検討事項からは、次のことが読み取れると考えられる。

近年は、安価で使い勝手が良くなったクラウド会計ソフトなどの活用により、納税者が自分で複式簿記による適正な帳簿を作成することができることとなった。

適正な帳簿を作成するということは、適正な申告につながるものであり、適正・公平な課税の実現はもとより、経営状態の見える化により経営の弱点や強化すべき点も洗い出されて経営力の強化にもつながる。

このためには、帳簿の事後検証可能性を確立する必要があり、その前提として、納税者が対応可能な制度といえるのか、事務負担の増加につながらないか、どの程度のコスト低減になるのかを考慮する必要がある。

会計ソフトの活用による複式簿記による記帳や事後検証性の高い優良な電子帳簿の普及・一般化に誘導するための措置としてどのようなことが必要か検討する必要がある。

また、デジタル社会が進展する中、社会の流れに沿った諸制度はどうあるべきか、そのロードマップとしてどのような段取りで進めていくか、検討を早急に行い、結論を得る必要がある。

その際には、会計から税務まで一貫してデジタルデータで処理することが、納税者自身の事務負担の軽減や単純誤り防止による正確性の向上が適正・公平な課税・徴収の実現につながることを踏まえて検討

すべきだという今後の方向性が位置付けられている。

4 帳簿書類と各保存制度の使い方

　電子帳簿保存法における保存制度は、電子的に授受した取引情報をデータで保存しなければならない「電子取引」以外の、電子的に作成した帳簿・書類をデータのまま保存する「電子帳簿等保存」や紙で受領・作成した書類を画像データで保存する「スキャナ保存」については、紙で保存するか、電子で保存するかは選択適用であり、しかも、その全部または一部について制度を利用できることとなっていることから、紙で保存している帳簿や書類について、大量に保存しているなど、保存コストが高いものについて、電子帳簿保存法における保存制度を活用して、保存コストを低減し、納税者の利便に資するというものであった。

　ところが、最近では、経済取引そのもののデジタル化を進め、その関連する業務もデジタル化を図ることが目指されている。

　これにより、各事業者が日々行う日頃の事務処理の一貫したデジタル処理が可能となる。各税法で保存義務が課されている帳簿書類に限らず、経理処理全体のデジタル化を進める一つのツールとして、この電子帳簿保存法の各保存制度を活用し、デジタル化のメリットである転記ミスや計算ミス等の単純誤りの防止による正確性の向上や事務の効率化が進むことによる生産性の向上などのメリットが享受できることとなる。

　このようなことから、制度創設当初の保存コストの削減に留まらず、電子帳簿等保存制度は、経理のデジタル化を通じた生産性の向上等につながるものであり、税務手続の電子化を進める上でも、その基盤を

成す重要な制度として位置付けられることとなった。

　さらには、電子帳簿保存法の保存要件にしたがった電子データによる保存により、正確な記録やトレーサビリティーが確保された会計帳簿や書類の保存は、会計監査や税務調査における事後検証可能性の観点から有用性が高いことに加え、内部統制や取引金融機関や取引先も含め信頼性確保の観点からも有用性がある。

　電子帳簿等保存制度は、従来はどちらかというと帳簿書類の保存コストが高い大企業中心に、納税者のニーズに応じて利用する制度というイメージであったが、これからは、国税庁はじめ政府としても、優良な電子帳簿の普及・一般化をはじめ、デジタルインボイスや電子帳簿等保存制度の利用促進・定着を推進しており、デジタル化の基盤を支える電子帳簿保存法と位置付けられるであろう。

　各保存制度の使い方については、それぞれの時代に即して、制度の利用によるメリットを最大限活かした利用により、この制度が新しい時代の担い手となっていくものと考えられる。

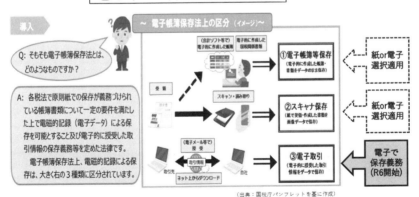

第2章 国税関係帳簿の電磁的記録による保存制度

1 制度の概要

　各税法で保存義務が課されている帳簿について電子で保存する場合には、原則、最低限の要件を満たす電子帳簿により保存することとなる。

　このうち、所得税法、法人税法および消費税法の規定により青色申告者、青色申告法人や消費税の事業者が保存しなければならない帳簿については、トレーサビリティの確保や帳簿間の相互関連性の確保、検索機能の確保などの保存要件を付加することにより、信頼性の高い帳簿として、国税の納税義務の適正な履行に資するものに位置付け、過少申告加算税の軽減措置というインセンティブを設けて、この信頼性の高い帳簿を記帳するように政策的に誘導している。この帳簿を「優良な電子帳簿」という。

2 最低限の要件を満たす電子帳簿

　保存義務者が、国税関係帳簿の全部または一部について、自己が最初の記録段階から一貫して電子計算機を使用して作成する場合であって、その国税関係帳簿に係る電磁的記録の備付けおよび保存をもって、各税法で保存が義務付けられている紙の国税関係帳簿の「備付け」および「保存」に代えることができる（電帳法4①）。

　ここでいう「国税関係帳簿」とは、「国税に関する法律」の規定に

より備付けおよび保存をしなければならないこととされている帳簿をいう（電帳法2二）。

(注)　「国税に関する法律」とは、国税（国が課する税のうち関税、とん税及び特別とん税以外のものをいう（国税通則法2条1号）。）に関する法律であり、国税の確定、納付、徴収および還付等に関する事項を規定した法律をいう。具体的には、国税通則法のほか、所得税法、法人税法、消費税法、酒税法などの課税実体法やその特例である租税特別措置法等のさまざまな法律が含まれる（出典：国税通則法精解（令和4年版）170頁（大蔵財務協会）より作成）。

Ⅰ　「最低限の要件を満たす電子帳簿」の対象帳簿

　この国税関係帳簿は、各税法により保存等しなければならない帳簿のうち、所得税法または法人税法による帳簿については、正規の簿記の原則（一般的には複式簿記）にしたがって記録される帳簿に限られる（電帳規2①）。

　この規定による電子的に保存する帳簿は、パソコンのモニター、説明書の備付け等の簡易な設備により電子で帳簿の保存ができるものであり、「最低限の要件を満たす電子帳簿」あるいは、「一般の帳簿」「その他の帳簿」等の名称で呼ばれている。

Ⅱ　「最低限の要件を満たす電子帳簿」の保存要件

　「最低限の要件を満たす電子帳簿」の保存義務者は、財務省令で定めるところにより、国税関係帳簿の備付けおよび保存に代えることができるとされており（電帳法4①）、電子帳簿保存法施行規則2条2

項一号から三号までに保存要件が規定されている。

　自己が最初の記録段階から一貫して電子計算機を使用して国税関係帳簿を作成する場合には、財務省令で定めるところにより、当該国税関係帳簿に係る電磁的記録の備付けおよび保存をもって当該国税関係帳簿の備付けおよび保存に代えることができるが（電帳法4①）、この財務省令で定める保存要件として、以下のものが定められている（電帳規2②）。

(1) 電子計算機処理システムの開発関係書類等の備付け（電帳規2②一イロハニ）

　国税関係帳簿に係る電磁的記録の備付けおよび保存に併せて、次に掲げる書類の備付けを行うことが要件となる。

　ただし、国税関係帳簿に係る電子計算機処理に保存義務者が開発したプログラム（電子計算機に対する指令であって、一の結果を得ることができるように組み合わされているものをいう。）以外のプログラムを使用する場合、いわゆる市販のプログラムなどを使用する場合には、次の①および②に掲げる書類は除かれ、③の操作説明書と④の事務手続を明らかにした書類のみとなる。

　また、国税関係帳簿に係る電子計算機処理を他の者（当該電子計算機処理に当該保存義務者が開発したプログラムを使用する者を除く。）に委託している場合、いわゆる記帳代行を依頼している場合には③の操作説明書は除かれる。

① 当該国税関係帳簿に係る電子計算機処理システムの概要を記載した書類

　　具体的な書類の範囲…システム全体の構成および各システム間のデータの流れなど、電子計算機による国税関係帳簿書類の作成

に係る処理過程を総括的に記載した、例えば、システム基本設計書、システム概要書、フロー図、システム変更履歴書などの書類
② 当該国税関係帳簿に係る電子計算機処理システムの開発に際して作成した書類

　具体的な書類の範囲…システムの開発に際して作成した（システムおよびプログラムごとの目的および処理内容などを記載した）、例えば、システム仕様書、システム設計書、ファイル定義書、プログラム仕様書、プログラムリストなどの書類
③ 当該国税関係帳簿に係る電子計算機処理システムの操作説明書
　具体的な書類の範囲…入出力要領などの具体的な操作方法を記載した、例えば、操作マニュアル、運用マニュアルなどの書類
④ 当該国税関係帳簿に係る電子計算機処理ならびに当該国税関係帳簿に係る電磁的記録の備付けおよび保存に関する事務手続を明らかにした書類（当該電子計算機処理を他の者に委託している場合には、その委託に係る契約書ならびに当該国税関係帳簿に係る電磁的記録の備付けおよび保存に関する事務手続を明らかにした書類）

　具体的な書類の範囲…入出力処理（記録事項の訂正または削除および追加をするための入出力処理を含む。）の手順、日程および担当部署ならびに電磁的記録の保存等の手順および担当部署などを明らかにした書類

(2) **見読可能装置の備付け等（電帳規２②二）**

　国税関係帳簿に係る電磁的記録の備付けおよび保存をする場所にその電磁的記録の電子計算機処理の用に供することができる電子計算機、プログラム、ディスプレイおよびプリンタならびにこれらの操作

説明書を備え付け、その電磁的記録をディスプレイの画面および書面に、整然とした形式および明瞭な状態で、速やかに出力することができるようにしておくことが要件となる。つまりは、書類と同様な状態でモニター画面上で視認でき、紙に出力できるようにしておく必要がある。

(3) **税務調査でダウンロードの求めに応じる要件（電帳規2②三）**

国税に関する法律の規定よる国税関係帳簿に係る電磁的記録の提示または提出の要求に応じることができるようにしておくことが要件となる。ただし、保存義務者が「優良な電子帳簿」の要件（電帳規5⑤一に定める要件）にしたがってその電磁的記録の備付けおよび保存を行っている場合には、このダウンロードの求めに応じる要件は除かれる（電帳規2②かっこ書き）。

3　優良な電子帳簿

I　優良な電子帳簿の概要

優良な電子帳簿の対象となる国税関係帳簿に係る電磁的記録の備付けおよび保存【またはその電磁的記録の備付けおよび電子計算機出力マイクロフィルムの保存】が、国税の納税義務の適正な履行に資するものとして一定の要件を満たしている場合におけるその電磁的記録【または電子計算機出力マイクロフィルム】（課税期間の初日以後引き続きその要件を満たして備付けおよび保存が行われているものに限る。）に記録された事項に関し修正申告等があった場合の過少申告加算税の額については、通常課される過少申告加算税の金額からその修

正申告等に係る過少申告加算税の額の計算の基礎となるべき税額の5％に相当する金額を控除した金額とされている（電帳法8④、電帳令2、3、電帳規5①～⑤）。

この措置の適用がある場合には、過少申告加算税に係る「賦課決定通知書」にその旨が付記される（電帳規5⑧）。

上記の「税額」の計算の基礎となるべき事実でその修正申告等の基因となるその電磁的記録【または電子計算機出力マイクロフィルム】に記録された事項に係るもの以外のものがあるときは、その電磁的記録等に記録された事項に係るもの以外の事実に基づく税額を控除した税額となる。

この措置は、「優良な電子帳簿」を促進するためのインセンティブ措置であるため、その税額の計算の基礎となるべき事実で隠蔽し、又は仮装されたものがあるときは、適用しないこととされている（電帳法8④ただし書）。

優良な電子帳簿に係る過少申告加算税の軽減措置

優良な電子帳簿について、**あらかじめその旨の届出書を提出**した一定の国税関係帳簿（個人・法人の青色申告者、消費税事業者の備付ける帳簿）の保存を行う者については、**過少申告加算税を5％軽減**することが新たに規定された（電帳法8④）。

「**最低限の要件を満たす電子帳簿**」として備付け及び保存に代えている国税関係帳簿（電帳法8④）

であって、

修正申告等の起因となる事項に係る**所得税、法人税及び消費税**に関する帳簿（電帳規5①）

のうち

あらかじめ、これらの帳簿に係る電磁的記録に記録された事項に関し修正申告等があった場合には電帳法8④の**適用を受ける旨の届出書を提出**している場合におけるその帳簿（電帳規①）

上記の帳簿に係る電磁的記録の備付け及び保存が、

国税の納税義務の適正な履行に資するものとして、①訂正・削除・追加履歴の確保、②帳簿間の相互関連性確保、③検索機能の確保の**保存要件を満たしている場合**で(電帳規5⑤一)

課税期間の初日以後（政令2）引き続き**要件を満たして保存**が行われているものに修正申告等があった場合　⇒　**過少申告加算税が5％軽減**

Ⅱ　優良な電子帳簿に係る過少申告加算税の軽減措置の導入理由

　電子帳簿については、利用するにあたってのハードルが高く、なかなか利用に結びつかなかったところである。

　このため、令和3年度税制改正において、電子帳簿として保存するにあたって求められていた要件を大幅に緩和し、誰もが利用し易い電子帳簿保存制度、いわゆる「最低限の要件を満たす電子帳簿」の創設によって、制度を利用するハードルを大きく下げ、電子で帳簿を保存する電子帳簿の利用者が増加することを見込んだものである。

　一方で、記帳水準の向上に資するという観点からは、事後検証可能性の高い改正前の電子帳簿保存法の要件を満たす電子帳簿については、いわば経理誤りを是正しやすい環境を自ら整えているものといえるため、最低限の要件を満たす電子帳簿との差別化を図り、その普及を進めていく必要があると考えられた。

　このため、令和3年度改正前の電子帳簿保存法の要件に相当する要件を満たした電子帳簿については、「優良な電子帳簿」と位置付けて、事前承認制を廃止するとともに、その電子帳簿に記録された事項に関して修正申告書の提出または更正（以下「修正申告等」という。）があった場合には、その申告漏れについて課される過少申告加算税の額を軽減するインセンティブ措置が設けられ、優良な電子帳簿を利用しやすいよう優遇措置が講じられている。

〔参考〕

「国税関係帳簿の電磁的記録等による保存等に係る過少申告加算税の特例の適用を受ける旨の届出書」の提出件数

	令和5年6月末時点	令和6年6月末時点	増加件数
個人	24,337件	30,278件	5,941件
法人	5,176件	8,201件	3,025件
合計	29,513件	38,479件	8,966件

(注) 1　「国税関係帳簿の電磁的記録等による保存等に係る過少申告加算税の特例の適用を受ける旨の届出書」とは、いわゆる優良な電子帳簿に係る過少申告加算税の軽減措置の適用を受ける旨の届出書をいう。
　　 2　提出件数は、法令の施行日（令和4年1月1日）以降、上記各時点までに提出された累計を示す。

Ⅲ　優良な電子帳簿の対象帳簿

「優良な電子帳簿」は、過少申告加算税の軽減措置（電帳法8④）の対象となる国税関係帳簿である。具体的には下記1、2の「最低限の要件を満たす電子帳簿」であって（電帳法8④）、修正申告等の起因となる以下のイからハに掲げる帳簿を「優良な電子帳簿」の保存要件にしたがって保存しているものが対象となる（電帳規5①）。

1　電子帳簿保存法第4条第1項の規定により国税関係帳簿に係る電磁的記録の備付けおよび保存をもって、その国税関係帳簿の備付けおよび保存に代えている保存義務者の当該国税関係帳簿
2　電子帳簿保存法第5条1項または3項の規定により国税関係帳簿に係る電磁的記録の備付けおよび当該電磁的記録の電子計算機出力

マイクロフィルムによる保存をもって、その国税関係帳簿の備付けおよび保存に代えている保存義務者の当該国税関係帳簿

イ　所得税　所得税法上の青色申告者が保存しなければならないこととされる仕訳帳、総勘定元帳「その他必要な帳簿」（所規58①、63①）

　　上記の「その他必要な帳簿」については、令和6年1月1日以後の法定申告期限等が到来するものについては、所得税に係る帳簿の種類に応じて、財務大臣の定める取引に関する事項である以下の表に記載する事項の記載に係る帳簿をいう（令和5年3月31日財務省告示93号）。

帳簿の種類	財務大臣の定める取引に関する事項
A　事業所得（Cを除く。）を生ずべき業務につき備え付ける帳簿	①　手形上の債権債務に関する事項 ②　売掛金（未収加工料その他売掛金と同様の性質を有するものを含む。）に関する事項 ③　買掛金（未払加工料その他買掛金と同様の性質を有するものを含む。）に関する事項 ④　上記①～③以外の債権債務に関する事項（当座預金の預入れおよび引出しに関する事項を除く。） ⑤　減価償却資産等に関する事項 ⑥　売上げ（加工その他の役務の給付その他売上げと同様の性質を有するものおよび家事消費その他これに類するものを含む。）その他収入に関する事項 ⑦　仕入れその他費用に関する事項
B　不動産所得を生ずべき業務につき備え付ける帳簿	①　手形（融通手形を除く。以下、本表において同じ。）上の債権債務に関する事項 ②　上記①以外の債権債務に関する事項（当座預金の預入れおよび引出しに関する事項を除く。） ③　所得税法第2条第1項第19号に規定する減価償却資産および同項第20号に規定する繰延資産（以下、本表において「減価償却資産等」という。）に関する事項 ④　収入に関する事項 ⑤　費用に関する事項

C　事業所得（農業から生ずる所得に限る。）を生ずべき業務につき備え付ける帳簿	①　債権債務に関する事項（当座預金の預入れおよび引出しに関する事項を除く。） ②　減価償却資産等に関する事項 ③　収入に関する事項 ④　費用に関する事項
D　山林所得を生ずべき業務につき備え付ける帳簿	①　債権債務に関する事項（当座預金の預入れおよび引出しに関する事項を除く。） ②　減価償却資産等に関する事項 ③　山林の伐採・譲渡・家事消費その他これに類するものの収入に関する事項 ④　費用に関する事項

ロ　法人税　法人税法上の青色申告法人が保存しなければならないこととされる仕訳帳、総勘定元帳「その他必要な帳簿」（法規54、59①）

上記の「その他必要な帳簿」については、令和6年1月1日以後の法定申告期限等が到来するものについては、次の記載事項の区分に応じ、例えば次の帳簿が該当する（電帳規5①、電帳通8-2）。

①　手形（融通手形を除く。）上の債権債務に関する事項＝受取手形記入帳、支払手形記入帳

②　売掛金（未収加工料その他売掛金と同様の性質を有するものを含む。）＝売掛帳

③　その他債権に関する事項（当座預金の預入れおよび引出しに関する事項を除く。）＝貸付帳、未決済項目に係る帳簿

④　買掛金（未払加工料その他買掛金と同様の性質を有するものを含む。）＝買掛帳

⑤　その他債務に関する事項＝借入帳、未決済項目に係る帳簿

⑥　法人税法2条21号（定義）に規定する有価証券（商品であるものを除く。)に関する事項＝有価証券受払い簿（法人税のみ）

⑦ 法人税法2条23号に規定する減価償却資産に関する事項＝固定資産台帳

⑧ 法人税法2条24号に規定する繰延資産に関する事項＝繰延資産台帳

⑨ 売上げ（加工その他の役務の給付その他売上げと同様の性質を有するものを含む。）その他収入に関する事項＝売上帳

⑩ 仕入れその他経費（法人税においては、賃金、給料手当、法定福利費および厚生費を除く。）に関する事項＝仕入帳、経費帳、賃金台帳（所得税のみ）

ハ　消費税　消費税法上の事業者が保存しなければならないこととされる次の帳簿

① 課税仕入れの税額の控除に係る帳簿（消法30⑦⑧一）

② 特定課税仕入れの税額の控除に係る帳簿（消法30⑦⑧二）

③ 課税貨物の引取りの税額の控除に係る帳簿（消法30⑦⑧三）

④ 売上対価の返還等に係る帳簿（消法38②）

⑤ 特定課税仕入れの対価の返還等に係る帳簿（消法38の2②）

⑥ 資産の譲渡等または課税仕入れもしくは課税貨物の保税地域からの引取りに関する事項に係る帳簿（消法58）

㊟　課税貨物の保税地域からの引取りを行う事業者については、上記③および⑥（課税貨物の保税地域からの引取りに関する事項に係るものに限られる。）が対象帳簿となる。また、資産の譲渡等または課税仕入れを行う事業者は、それ以外の帳簿が対象となる。

これらの個人・法人の青色申告者および消費税事業者の備え付ける帳簿を「特例国税関係帳簿」という。

過少申告加算税の軽減措置（電帳法8④）の適用を受けようとする場合には、適用を受けようとする税目に係るすべての「特例国税関係

帳簿」を電子帳簿保存法施行規則5条第5項の要件にしたがって保存し、あらかじめこの措置の適用を受ける旨等を記載した届出書を提出する必要がある。

したがって、保存義務者が作成している特例国税関係帳簿の一部の帳簿が優良な電子帳簿である場合には、過少申告加算税の軽減措置を受けられることを前提としているものではないため、すべての「特例国税関係帳簿」が保存要件にしたがった保存が行われていないこととなり、過少申告加算税の軽減措置の適用はない。

なお、総勘定元帳や仕訳帳以外の帳簿は納税者が行う事業の業種や規模によって異なり、保存義務者によって作成している帳簿はまちまちであるが、例えば、売上帳、経費帳、固定資産台帳、売掛帳、買掛帳の帳簿を作成している場合には、各帳簿について電子帳簿保存法施行規則5条第5項の要件にしたがって保存する必要がある。
（出所：国税庁　電子帳簿保存法一問一答（電子計算機を使用して作成する帳簿書類関係）問39）

Ⅳ　「優良な電子帳簿」の保存要件

「優良な電子帳簿」の保存要件は、電子帳簿保存法8条4項に定める過少申告加算税の軽減措置の対象となる国税関係帳簿の保存要件として、電子帳簿保存法施行規則5条5項一号イロハに定められている。具体的には、「最低限の要件を満たす電子帳簿」の要件により保存を行っている国税関係帳簿で、(1)訂正・削除・追加履歴の確保、(2)帳簿間の相互関連制の確保、(3)検索機能の確保の保存要件を定めている。これらの保存要件は、「国税の納税義務の適正な履行に資するもの」として位置付けられ、以下に掲げる財務省令で定める要件を満たして

いる場合とされている。

(1) **電磁的記録の訂正・削除・追加の履歴の確保（電帳規5⑤―イ(1)(2)）**
　国税関係帳簿に係る電子計算機処理に、次に掲げる要件を満たす電子計算機処理システム（電子計算機処理に関するシステムをいう。以下同じ。）を使用すること。
　① 国税関係帳簿に係る電磁的記録の記録事項について訂正または削除を行った場合には、これらの事実および内容を確認することができること。
　② 国税関係帳簿に係る記録事項の入力をその業務の処理に係る通常の期間を経過した後に行った場合には、その事実を確認することができること。

(2) **各帳簿間での記録事項の相互関連性の確保（電帳規5①―ロ）**
　国税関係帳簿に係る電磁的記録の記録事項とその国税関係帳簿に関連する国税関係帳簿（「関連国税関係帳簿」という。）の記録事項との間において、相互にその関連性を確認することができるようにしておくこと。
　なお、その関連国税関係帳簿が、
　イ　電子帳簿保存法4条1項の規定によりその関連国税関係帳簿に係る電磁的記録の備付けおよび保存をもってその関連国税関係帳簿の備付けおよび保存に代えられているもの
　ロ　電子帳簿保存法5条1項または3項の規定によりその電磁的記録の備付けおよびその電磁的記録の電子計算機マイクロフィルムの保存をもって、その関連国税関係帳簿の備付けおよび保存に代えられているものである場合には、その電磁的記録または電子計

算機マイクロフィルムの記録事項との間において、相互にその関連性を確認することができるようにしておくことが必要となる。

(3) 検索機能の確保（電帳規5⑤一ハ）

　国税関係帳簿に係る電磁的記録の記録事項の検索をすることができる、次に掲げる要件を満たす機能を確保しておくことが要件となる。
　① 取引年月日、取引金額および取引先（「記録項目」という。）を検索の条件として設定することができること。
　② 日付または金額に係る記録項目については、その範囲を指定して条件を設定することができること。
　③ 二以上の任意の記録項目を組み合わせて条件を設定することができること。
　なお、保存義務者が国税に関する法律の規定による国税関係帳簿に係る電磁的記録の提示または提出の要求に応じること、つまりダウンロードの求めに応じることができるようにしている場合には、上記の②および③の要件は保存要件から除かれる（電帳規5⑤一柱書）。

4　法人事業概況説明書の様式改訂（電子帳簿・スキャナ保存）

　事業者においてデジタルの更なる活用を進めている国税庁では、デジタル化により単純誤り防止による正確性の向上が図られ、簡単・便利に、効率的で誤りのない申告を実現できる環境を目指している。
　また、税務当局にとっては、今後のICTやAIを活用した税務調査に移行していくため、電子帳簿保存法の適用状況は、その重要な手がかりとなるものである。電子帳簿保存法への対応が確実に行われてい

るか確認しておく必要がある。

　国税庁では、事業者のデジタル化の状況を含めた法人の経理状況などを把握するため、以下の法人事業概況書の様式を改訂した。改訂内容と改訂により税務調査の際に考えられる影響は以下のとおりと考えられる。

I　電子帳簿

　法人事業概況説明書のパソコンの利用状況に「(7)電帳法適用状況」欄が設けられ、帳簿を電子データで保存している場合に、「優良な電子帳簿」の適用要件を満たして、加算税の軽減措置の対象となる優良な電子帳簿の保存等を行っているときは「優良」欄に○印を、それ以外のときは「一般」欄に○印を付すこととされた。

　帳簿の保存について、優良にも一般にも○印が付いてなければ、紙で帳簿を保存していることになることから、税務調査の際には、書面での帳簿の提示等を求められると考えられる。そこで、帳簿を書面に出力して提示できるようにしていなければ、会計ソフトで帳簿を作成していれば一般の電子帳簿として保存していることになる。「一般」に○印が付されている場合も同様であるが、保存要件としてダウンロードの求めに応じなければ、帳簿の保存がないことになる。

　これまでは、税務調査時に帳簿を書面に出力して提示等し、帳簿データのダウンロードを求められた場合には、協力要請として応じることとしていたものが、今後はダウンロードが保存要件として求められることになるので、これに応じなければ帳簿自体の保存がないこととなる。

　ダウンロードしたデータは税務当局のシステムにより必要なデータ

の検索等を行い、税務調査に役立てることになるので、これからは保存要件としてのダウンロードの求めに応じることが求められることが多くなると考えられる。
(令和6年3月1日以後終了事業年度分の法人事業概況説明書から適用。)

Ⅱ　スキャナ保存・電子取引

　紙で受領した請求書等や取引相手に交付した請求書等の紙の控え等をスキャナ保存により電子保存している場合には、「スキャナ」欄に○印を付すこととされた。
　スキャナ保存制度には、ヴァージョン管理や検索機能の確保などの要件が付されているので、「スキャナ」欄に○印が付いていれば、調査の際には、スキャナ保存を行っているものについては保存要件の機能を活用した税務調査を実施していくことになると思われる。
　電子取引によるデータ保存については、電子データによる保存が義務化されていることから、電帳法適用状況に記載するまでもなく、当然、保存要件にしたがった電子データの保存を行っているものとして、税務調査時に確認が行われるものと思われる。
(令和6年3月1日以後終了事業年度分の法人事業概況説明書から適用。)

(7)電帳法適用状況	○ 優良	○ 一般	○ スキャナ

Ⅲ　優良な電子帳簿

　「15　帳簿類の備付け状況」欄について、優良な電子帳簿の要件を満たして保存等を行っている帳簿がある場合には、個々の帳簿ごとに

その欄の末尾に「○」を記載することとされている。
(令和5年3月1日以後に提出する法人事業概況説明書から適用)。

　優良な電子帳簿の対象帳簿のすべてが要件を満たして軽減措置の適用を受けていなくても、個々の帳簿ごとに要件を満たしているものを列挙することで、どれだけ信頼性の高い帳簿を備え付けているか、この概況書により分かるようになる。

15 帳簿類の備付状況	帳簿書類の名称		
	総勘定元帳	○	
	仕訳帳	○	
	固定資産台帳	○	
	経費帳	○	
	売掛帳	○	
	買掛帳	○	

最低限の要件を満たす電子帳簿　Q&A

Q61　オンラインマニュアル等の操作説明書の備付けとしての取扱い

> **Q**　いわゆるオンラインマニュアルやオンラインヘルプ機能に操作説明書と同等の内容が組み込まれている場合、操作説明書が備え付けられているものと考えてもよいか。

A　システム関係書類等については、書面以外の方法により備え付けることもできることとされているので（電帳通4-6本文なお書）、いわゆるオンラインマニュアルやオンラインヘルプ機能に操作説明書と同等の内容が組み込まれている場合には、それが整然とした形式および明瞭な状態で画面および書面に、速やかに出力することができるものであれば、操作説明書が備え付けられているものとして取り扱って差し支えない。

（出所：国税庁　電子帳簿保存法一問一答（電子計算機を使用して作成する帳簿書類関係）問8）

Q62　事務手続を明らかにした書類

> **Q**　備え付けておくべき「国税関係帳簿に係る電子計算機処理に関する事務手続を明らかにした書類」とは、具体的にどのような内容を記載したものが必要となるか。

A　備付けを要する事務手続関係書類（電帳規2②一ニ）については、

電帳通4-6でこれに記載すべき事項が示されているが、この備付けを要する事務手続関係書類に記載すべき事項のうち、入出力処理（記録事項の訂正または削除および追加をするための入出力処理を含む。）の手順、日程および担当部署などについて概要を示すと、例えば、次のような内容を記載したものが必要となる。また、電子計算機処理を他の者に委託している場合には、これらの書類に代えて委託契約書等を備え付けておく必要がある。

解説

事務手続を明らかにした書類の概要は以下のとおりとなる。
〈国税関係帳簿に係る電子計算機処理に関する事務手続を明らかにした書類（概要）〉
（入力担当者）
1　仕訳データ入出力は、所定の手続を経て承認された証票書類に基づき、入力担当者が行う。
（仕訳データの入出力処理の手順）
2　入力担当者は、次の期日までに仕訳データの入力を行う。
　(1)　現金、預金、手形に関するもの：取引日の翌日（営業日）
　(2)　売掛金に関するもの：請求書の発行日の翌日（営業日）
　(3)　仕入、外注費に関するもの：検収日の翌日（営業日）
　(4)　その他の勘定科目に関するもの：取引に関する書類を確認してから1週間以内
（仕訳データの入力内容の確認）
3　入力担当者は、仕訳データを入力した日に入力内容の確認を行い、入力誤りがある場合は、これを速やかに訂正する。
（管理責任者の確認）

4 入力担当者は、業務終了時に入力データに関するデータをサーバに転送する。管理責任者はこのデータの確認を速やかに行う。

(管理責任者の確認後の訂正または削除の処理)

5 管理責任者の確認後、仕訳データに誤り等を発見した場合には、入力担当者は、管理責任者の承認を得た上でその訂正または削除の処理を行う。

(訂正または削除記録の保存)

6 5の場合は、管理責任者は訂正または削除の処理を承認した旨の記録を残す。

(出所:国税庁　電子帳簿保存法一問一答（電子計算機を使用して作成する帳簿書類関係）問9)

Q63 見読可能装置の備付け等

> **Q** 整然とした形式および明瞭な状態とはどのような状態なのか。

A 「整然とした形式および明瞭な状態」とは、書面により作成される場合の帳簿書類に準じた規則性を有する形式で出力され、かつ、出力される文字を容易に識別することができる状態をいう（電帳通4-8）。

Q64 クラウドサービス等を利用した場合の保存すべき場所

> **Q** クラウドサービスの利用や海外サーバでの保存は、保存すべき場所に保存したことになるのか。

A 電子帳簿保存法施行規則2条2項2号に規定する保存をする場所（以下「保存場所」という。）に備え付けられている電子計算機とサーバとが通信回線で接続されているなどにより、保存場所において電磁的記録をディスプレイの画面および書面に、同号に規定する「整然とした形式および明瞭な状態で、速やかに出力することができる」ときは、クラウドサービスを利用する場合や、サーバを海外に置いている場合であっても、当該電磁的記録は保存場所に保存等がされているものとして取り扱われる。

|解 説|

　近年、コンピュータのネットワーク化が進展する中、通信回線のデータ送信の高速化も進み、コンピュータ間でデータの送受信が瞬時にできる状況となっているが、電子帳簿保存法創設の趣旨（電帳法1「情報化社会に対応し、国税の納税義務の適正な履行を確保しつつ納税者等の国税関係帳簿書類の保存に係る負担を軽減する等」）を踏まえ、保存場所に備え付けられている電子計算機と国税関係帳簿書類の作成に使用する電子計算機とが通信回線で接続されていることなどにより、保存場所において電磁的記録をディスプレイの画面および書面に、それぞれの要件にしたがって、速やかに出力することができるときは、当該電磁的記録は保存場所に保存等がされているものとして取り扱われている（電帳通4-7注書き）。

（出所：国税庁　電子帳簿保存法一問一答（電子計算機を使用して作成する帳簿書類関係）問13）

Q65　ダウンロードの求め

Q 税務調査でダウンロードの求めに応じるのは、具体的にどのようにして応じる必要があるのか。

A 下記【解説】を参照のこと。

【解説】

① ダウンロードが求められる場面

「国税に関する法律の規定による当該国税関係帳簿に係る電磁的記録の提示または提出の要求に応じることができるようにしておくこと。」とは、法の定めるところにより備付けおよび保存が行われている国税関係帳簿または保存が行われている国税関係書類もしくは電子取引の取引情報に係る電磁的記録について、税務職員から提示または提出の要求（いわゆる「ダウンロードの求め」）があった場合に、そのダウンロードの求めに応じられる状態で電磁的記録の保存等を行い、かつ、実際にそのダウンロード（その電磁的記録を複製した写しとしての電磁的記録を提出すること）の求めがあった場合には、その求めに応じることをいう。この規定の解釈は、「最低限の要件を満たす電子帳簿」（電帳規2②三）を始め「スキャナ保存」（電帳規2⑥）、「電子取引の取引情報の保存」（電帳規4①）および（「優良な電子帳簿」（電帳規5⑤）でも適用される。

② ダウンロードの求めのすべてに応じる必要

「その要求に応じること」とは、当該職員の求めのすべてに応じた場合をいうのであって、その求めに一部でも応じない場合はこれらの規定の適用（電子帳簿等保存制度の適用・検索機能の確保の要件の緩

和）は受けられないことになる。

　したがって、その求めに一部でも応じず、かつ、電子帳簿保存法施行規則２条６項五号に掲げる要件（検索機能の確保に関する要件のすべて）または電子帳簿保存法施行規則５条５項に定める要件（優良な電子帳簿に関する要件。なお、国税関係書類については、これに相当する要件）が備わっていなかった場合には、電子帳簿保存法規則２条２項、３項、６項、３条、４条１項の各規定の適用にあたって、要件にしたがって保存等が行われていないこととなることから、その保存等がされている電磁的記録は国税関係帳簿または国税関係書類（電子取引の取引情報に係る電磁的記録については国税関係書類以外の書類）とはみなされないこととなる。

③　ダウンロードの対象範囲・提供形態

　ダウンロードの求めの対象については、法の定めるところにより備付けおよび保存が行われている国税関係帳簿または保存が行われている国税関係書類もしくは電子取引の取引情報に係る電磁的記録が対象となり、ダウンロードの求めに応じて行われる当該電磁的記録の提出については、税務職員の求めた状態で提出される必要がある（電帳通４−14）。

　このダウンロードの求めについては、その対象は、当該電磁的記録が対象となることから、例えば、当該電磁的記録に関する履歴データ等のほか、当該電磁的記録を補完するための取引先コード表等も含まれる。またその提供形態については、その電磁的記録において通常出力が可能な範囲で、求めに応じた方法（例えば出力形式の指定等）により提供される必要があるため、例えば、CSV出力が可能であって、税務職員がCSV出力形式でダウンロードを求めたにもかかわらず、検索性等に劣るそれ以外の形式で提出された場合は、当該ダウンロー

ドの求めに応じたことにはならない。

④　出力した書面や画面の提示等

　ダウンロードの求めに関する要件は、保存義務者において検索機能の確保の要件等に対応することが困難な場合であっても、保存すべき電磁的記録を複製した写しとしての電磁的記録が税務当局に提出されれば、税務当局の設備等を用いて検索等を行うことができることを踏まえて設けられたものである。そのため、このダウンロードの求めは、あくまで電磁的記録を複製した写しとしての電磁的記録の提出を求めるものであり、保存している電磁的記録を出力した書面を提示または提出したり、電磁的記録を出力したディスプレイの画面を提示したりしたとしても、ここでいうダウンロードの求めに応じたことにはならない。

⑤　税務調査における国税関係帳簿書類以外の電磁的記録の提示等の要求

　ダウンロードの求めに応じる場合の検索機能の確保の要件の緩和の要件の対象とはならないが、税務調査においては、質問検査権の規定に基づき、税務職員が、当該国税関係帳簿書類以外の電磁的記録、例えば、その他パソコンに存在する取引に関するメールやメモデータといった電磁的記録についても提示または提出を求める対象となる（電帳通4-14）。

Q66　ダウンロードの際のデータ形式や並び順

> **Q**　ダウンロードの求めに応じる場合に、その提出の際のデータ形式や並び順について決まりはあるのか。また記憶媒体自体は提示・提出する必要はあるのか。

A 税務職員が確認可能な状態で提供されれば形式や並び順は問わないが、通常出力できるであろうファイル形式等（CSV形式等）で提供される必要がある。

　出力可能な形式でダウンロードを求めたにもかかわらず、検索性等の劣るそれ以外の形式で提供された場合には保存要件を満たさないこととなる。

　また、ダウンロードの求めに応じることには記憶媒体の提示・提出に応じることまで含まれていないが、その記憶媒体についても、質問検査権に基づいて確認を求められる場合がある。

（出所：国税庁　電子帳簿保存法一問一答（電子計算機を使用して作成する帳簿書類関係）問21）

Q67　最低限の要件を満たす電子帳簿のダウンロード方法

Q「最低限の要件を満たす電子帳簿」のダウンロードの求めに応じることができるようにしておく保存要件について、その帳簿データを画像ファイルやPDF形式に変換して保存することは可能か。

A　一般的には検索性等が劣るデータの提供となり、保存要件を満たしていないこととなる。

|解説|

　帳簿については、画像ファイルやPDF形式に変換して保存したものを提供する場合、検索性等が劣ることとなることから、別途、検索

性等を備えたデータ（CSV形式等）も併せて保存しているなどの特段の事情がない限り、その画像ファイルやPDF形式に変換して保存されている帳簿データを提示・提出できるようにしている場合であっても、ダウンロードの求めに応じることができるようにしておく保存要件を満たして保存していることにはならない。

ダウンロードの求めに応じることを保存要件としているのは、ダウンロードにより税務当局にデータが提供されることにより、税務当局では、必要なデータの検索や訂正・削除・追加の有無等を確認することが可能となり、税務調査の適正性・効率性を一定程度確保することができるからである。検索性等の面で劣る画像ファイルやPDF形式に変換して保存していたとしても、この要件を満たして保存していることにならない。

なお、例えば、記帳代行業者が会計ソフトにより電子帳簿を作成している場合について、PDF形式に変換したデータを納税者に提供することが禁止されているわけではなく、検索性等を備えたCSV形式に出力したデータも併せて納税者に提供しておき、そのデータについてもダウンロードの求めに応じることができるようにしておくといった対応は可能である。

（出所：国税庁　電子帳簿保存法一問一答（電子計算機を使用して作成する帳簿書類関係）問22）

Q68　ダウンロードを求める根拠規定

> **Q**　税務調査でのダウンロードの求めは、国税通則法以外の規定による質問検査権の行使でも行われるのか。

A 一般的な税務調査で行われる国税通則法74条の2から74条の6までの規定による質問検査権の行使に基づく提示または提出の要求のほか、以下のものが対象となる。

① 国税通則法の規定を準用する租税特別措置法、東日本大震災からの復興のための施策を実施するために必要な財源の確保に関する特別措置法（復興特別所得税・復興特別法人税）及び一般会計における債務の承継等に伴い必要な財源の確保に係る特別措置に関する法律（たばこ特別税）の規定による質問検査権の行使に基づくもの（措法87の6⑪等、復興財確法32①、62①、財源確保法19①）

② 非居住者の内部取引に係る課税の特例、国外所得金額の計算の特例等に係る同種の事業を営む者等に対する質問検査権の行使に基づくもの（措法40の3の3、措法41の19の5等）

③ 国外財産調書・財産債務調書を提出する義務がある者に対する質問検査権の行使に基づくもの（国送法7②）

④ 支払調書等の提出に関する質問検査権の行使に基づくもの（措法9の4の2等）

⑤ 相手国等から情報の提供要請があった場合の質問検査権の行使に基づくもの（実特法9①）

⑥ 報告事項の提供に係る質問検査権の行使に基づくもの（実特法10の9①等）

⑦ 納税の猶予の申請に係る事項に関する調査に係る質問検査権の行使に基づくもの（国税通則法46の2⑪）

⑧ 滞納処分に関する調査に係る質問検査権の行使に基づくもの（国税徴収法141）

（電帳通4-13より）

優良な電子帳簿　Q&A

Q69　令和5年度改正による対象帳簿の見直し

> **Q**　令和5年度税制改正で優良な電子帳簿の対象帳簿が見直されたそうだが、その内容如何。

A　令和5年度税制改正では、信頼性の高い電子帳簿への更なる移行を目指す観点から、過少申告加算税の軽減措置の対象となる優良な電子帳簿について、所得税および法人税に係る優良な電子帳簿の範囲を合理化・明確化することにより、一層の普及・一般化を図ることとされた。

　この改正では、所得税法上の青色申告者または法人税法上の青色申告法人が保存しなければならないこととされる帳簿のうち、仕訳帳および総勘定元帳以外の必要な帳簿（補助簿）について、申告（課税所得）に直接結びつきやすい経理誤り全体を是正しやすくするかどうかといった観点から、課税標準や税額の計算に直接影響を及ぼす損益計算書に記載する科目についてはその科目に関する補助簿のすべてを、貸借対照表に記載する科目については損益計算書に記載する科目との関連性が強くその科目の変動について把握する必要性が高い科目に関する補助簿のみを、それぞれ対象とすることを意図して改正された。

　これらの帳簿に係る電磁的記録の備付けおよび保存が「国税の納税義務の適正な履行に資するものとして財務省令で定める要件」（すなわち優良な電子帳簿の要件）を満たしている場合に、過少申告加算税の軽減措置が適用される。

解説

令和5年度の改正内容を表にすると以下のとおりとなる。

申告所得税・法人税の優良な電子帳簿の対象範囲の合理化・明確化（改正後）

青色申告法人の場合、仕訳帳、総勘定元帳「その他必要な帳簿」（全ての青色関係帳簿）を備え、別表22に定めるところにより、取引に関する事項を記載しなければならない（法規54、59①）。（所規58、63①）

「その他必要な帳簿」についての対象範囲（申告所得税・法人税）の見直し（以下の記載事項に限定）

【法人税】の場合の見直しの考え方
　申告（課税所得）に直接結びつきやすい経理誤り全体を是正しやすくするかどうかといった観点から以下の帳簿を対象とする。
P/L科目⇒課税標準や税額の計算に直接影響を及ぼすことを踏まえ、その科目に関する補助帳簿全て
B/S科目⇒P/L科目との関連性が強く、その科目の変動について把握する必要性が高い科目に関する補助帳簿に限定

帳簿の具体例	記載事項	別表22の区分
売上帳	売上げ（加工その他の役務の給付等売上げと同様の性質を有するものを含む。）その他収入に関する事項	11、12
仕入帳、経費帳、賃金台帳（所得税のみ）	仕入れその他の経費（法人税は、賃金・給料・法定福利費・厚生費を除く。）に関する事項	13、14
売掛帳	売掛金（未収加工料その他売掛金と同様の性質を有するものを含む。）に関する事項	4
買掛帳	買掛金（未払加工料その他買掛金と同様の性質を有するものを含む。）に関する事項	5
受取手形記入帳、支払手形記入帳	手形（融通手形を除く。）上の債権債務に関する事項	3
貸付帳、借入帳、未決済項目に係る帳簿	その他の債権債務に関する事項（当座預金を除く。）	6
有価証券受払い簿（法人税のみ）	有価証券（商品であるものを除く。）に関する事項（法人税のみ）	7
固定資産台帳	減価償却資産に関する事項	8
繰延資産台帳	繰延資産に関する事項	9

(注1) 優良な電子帳簿に位置付けられない帳簿としては、現金出納帳（現金の出納に関する事項）、当座預金出納帳（当座預金の預入れ及び引出しに関する事項）、上記以外の資産台帳（上記以外の資産に関する事項）（別表22の区分1,2,10）がある。
(注2) 所得税の場合は、費用（経費）に関する事項のうち、屋人費、青色専従者給与額及び福利厚生費（賃金台帳）も優良電子帳簿化の対象となる。
(注3) 上記の改正は、令和6年1月1日以後に法定申告期限が到来する国税から適用される。あわせて対象帳簿の範囲を明確化するための運用上の措置が行われている。

Q70　訂正・削除

Q　電磁的記録の訂正または削除とはどういうことをいうのか。

A　この「訂正または削除」とは、電子計算機処理によって、特例国税関係帳簿に係る電磁的記録の該当の記録事項を直接に変更することのみをいうのではなく、該当の記録事項を直接に変更した場合と同様の効果を生じさせる新たな記録事項（いわゆる反対仕訳）を追加することもこれに含まれる（電帳通8-8）。

Q71　訂正削除の履歴の確保

Q　訂正削除の履歴の確保の方法とはどのような方法か。

A 例えば、次に掲げるシステム等によることとしている場合には、当該規定の要件を満たすものとして取り扱うこととされる（電帳通8-9）。

① 電磁的記録の記録事項を直接に訂正または削除することができるシステムで、かつ、訂正前もしくは削除前の記録事項および訂正もしくは削除の内容がその電磁的記録またはその電磁的記録とは別の電磁的記録に自動的に記録されるシステム

② 電磁的記録の記録事項を直接に訂正または削除することができないシステムを使用し、かつ、その記録事項を訂正または削除する必要が生じた場合には、これを直接に訂正または削除した場合と同様の効果を生じさせる新たな記録事項（当初の記録事項を特定するための情報が付加されたものに限る。）を記録する方法（いわゆる反対仕訳による方法）

Q72 訂正削除の履歴の確保の特例

Q 訂正削除の履歴の確保の特例とはどのようなものか。

A 訂正削除の履歴の確保の要件について、一定期間は履歴を確保しておかなくてもよい場合の特例をいう。

|解 説|

電磁的記録の記録事項の誤りを是正するための期間を設け、その期間がその電磁的記録の記録事項を入力した日から1週間を超えない場合であって、その期間内に記録事項を訂正または削除したものについ

いて、その訂正または削除の事実および内容に係る記録を残さないシステムを使用し、電磁的記録の保存等に関する事務手続を明らかにした書類（電帳規2②一ニ）にその期間に関する定めがあるものを備え付けているときは、要件を充足するものとして取り扱われる（電帳通8-10）。

一定の期間について訂正削除の履歴を残さないシステムとしては、例えば、次の訂正または削除の方法の区分に応じ、次のようなものが考えられる。

① 記録事項を直接に訂正しまたは削除する方法
　　電磁的記録の記録事項に係る当初の入力日から訂正または削除をすることができる期間を自動的に判定し、当該期間内における訂正または削除については履歴を残さないこととしているシステム

② いわゆる反対仕訳により訂正しまたは削除する方法
　　電磁的記録の記録事項に係る当初の入力日から訂正または削除をすることができる期間を自動的に判定し、当該期間が経過するまでは記録事項を直接に訂正しまたは削除することができるが、当該期間が経過した後においては反対仕訳の方法によってしか記録事項を訂正しまたは削除することができないシステム

（出所：国税庁　電子帳簿保存法一問一答（電子計算機を使用して作成する帳簿書類関係）問27）

Q73　訂正削除の履歴を残す必要があるもの

> **Q**　訂正削除の履歴を残す必要がある「優良な電子帳簿に係る電磁的記録」とは、どのようなものか。

A 各税法で定められている国税関係帳簿に係る記載事項に係る電磁的記録をいう。

|解説|

国税関係帳簿に係る記載事項に係る電磁的記録の具体的な範囲については、帳簿が課税標準等・税額の計算・事後検証に資することをひとつの目的として備付けおよび保存されるものであることを踏まえて判断する必要があり、例えば、固定資産台帳については、「固定資産を供用開始、除却した年月日および事由」、「耐用年数」、「固定資産を事業に占有している割合」等も課税標準等・税額の計算・事後検証のために必要な情報であることから、それが帳簿に記載されている限りは訂正削除の履歴を残す必要がある。
(出所:国税庁　電子帳簿保存法一問一答（電子計算機を使用して作成する帳簿書類関係）問27)

Q74　業務の処理に係る通常の期間

Q 訂正・削除・追加の履歴の確保の要件における「その業務の処理に係る通常の期間」とは、具体的にどの程度の期間か。

A 電子計算機に係る業務処理サイクルとしてデータの入出力を行う、日次、週次および月次の期間をいう。

|解説|

電子計算機を利用している企業においては、データ入力または入力

データの更新（確定）処理などを一定の業務処理サイクル（日次、週次および月次）で行うことが通例であり、また、その場合には、適正な入力を担保するために、その業務処理サイクルを事務処理規程等で定めることが通例であると考えられる。

電子帳簿保存法施行規則5条5項一号イ(2)に規定する「その業務の処理に係る通常の期間」とは、このような各企業において事務処理規程等に定められている業務処理サイクルとしての入力を行う期間のことをいう。

なお、電子帳簿保存法では、国税関係帳簿に係る電磁的記録は、原則として課税期間の開始の日に備え付けられ、順次これに取引内容が記録されていくことを前提としており、1年間分がまとめて課税期間終了後に記録されるといったケースを予定しているものではないが、外部委託やバッチ処理の場合など、業務処理サイクルとして多少長い期間を要するケースもあることから、最長2ヵ月までの業務処理サイクルであれば、通常の期間として取り扱うこととされている。

(出所：国税庁　電子帳簿保存法一問一答（電子計算機を使用して作成する帳簿書類関係）問29)

Q75　各帳簿間での記録事項の相互関連性の確保

> **Q**　帳簿間の関連性の確保はどのような方法で行うのか。

A　帳簿間で個別転記する場合には一連番号等を記録することで、集計したものを転記する場合にはどの記録事項を集計したか分かるように記録しておくことで、関連性を確認できるようにしておくことが考えられる。

解説

　例えば、次に掲げる場合の区分に応じ、それぞれ次に掲げる情報が記録事項として記録されるときは、帳簿間の関連性の確保の要件を満たすものとして取り扱うことになる（電帳通8-12）。

① 一方の国税関係帳簿に係る記録事項（個々の記録事項を合計したものを含む。）が他方の国税関係帳簿に係る記録事項として個別転記される場合⇒相互の記録事項が同一の取引に係る記録事項であることを明確にするための一連番号等の情報

② 一方の国税関係帳簿に係る個々の記録事項が集計されて他方の国税関係帳簿に係る記録事項として転記される場合（①に該当する場合を除く。）⇒一方の国税関係帳簿に係るどの記録事項を集計したかを明らかにする情報

Q76　検索機能の確保

Q　検索機能とはどのような機能をいうのか。

A　条件に合った記録事項を探し出し、画面上または書面上で明瞭に目視できるように出力される機能をいう。

解説

　蓄積された記録事項から設定した条件に該当する記録事項を探し出すことができ、かつ、検索により探し出された記録事項のみが、ディスプレイの画面および書面に、整然とした形式および明瞭な状態で出力される機能をいう。この場合、検索項目について記録事項がない電

磁的記録を検索できる機能も含まれる（電帳通8−12）。

　蓄積された記録事項から設定した条件に該当する記録事項を探し出すことができるとは、原則として、保存する電磁的記録から一課税期間を通じて必要な条件設定を行って検索ができることをいうが、一課税期間を通じて検索することが困難であることにつき合理的な理由があると認められる場合で、保存媒体ごとや一課税期間内の合理的な期間等に区分して必要な条件設定を行って検索することができることとしている場合にも認められる（電帳通8−13）。

Q77　検索機能の記録項目

> **Q**　検索機能における記録項目とはどのようなものか。

A　検索機能の確保の要件の一つである「取引年月日、取引金額および取引先（「記録項目」という。）を検索の条件として設定することができること。」の「取引年月日、取引金額および取引先」の意義は、それぞれ次のとおり。

　イ　取引年月日＝特例国税関係帳簿に記録すべき日付（取引年月日、記載年月日、約定年月日、受入年月日等）をいう。

　ロ　取引金額＝特例国税関係帳簿に記録すべき取引の金額または資産の譲渡等の対価の額等をいい、単価および残高を含まない。

　ハ　取引先＝特例国税関係帳簿に記録すべき事項のうち、取引の相手方をいう。

|解説|

　上記の考え方に基づいて、主な特例国税関係帳簿ごとに該当の具体

的な記録項目を例示すると以下のとおり。

　例えば、次に掲げる特例国税関係帳簿の区分に応じ、それぞれ次に定める記録項目がこれに該当する。

① 　仕訳帳⇒取引年月日および取引金額
② 　総勘定元帳⇒記載年月日および取引金額
③ 　現金出納帳、売上帳および仕入帳などの補助記入帳⇒取引年月日、取引金額および取引先名称
④ 　売掛金元帳、買掛金元帳などの補助元帳⇒記録または取引の年月日、取引金額および取引先名称
⑤ 　固定資産台帳、有価証券受払い簿（法人税のみ）および賃金台帳（所得税のみ）など資産名や社員名で区分して記録している帳簿⇒資産名または社員名
(注) 　一連番号等により帳簿間の関連性の確保の要件を確保することとしている場合には、その一連番号等により特定国税関係帳簿の記録事項を検索することができるときについても要件を充足するものとして取り扱うこととされる（電帳通8-14）。

Q78　範囲指定

Q 　範囲を指定して条件を設定することができるとはどのような検索をいうのか。

A 　課税期間ごとに、日付または金額の任意の範囲を指定して条件設定を行い検索ができることをいう（電帳通8-15）。

Q 79　記録項目の組合せ

> **Q**　二以上の任意の記録項目を組み合わせて条件を設定するとは、どのような設定か。

A　個々の国税関係帳簿書類に係る電磁的記録の記録事項を検索するにあたり、その国税関係帳簿書類に係る検索の条件として設定した記録項目（取引年月日、取引金額および取引先）から少なくとも二の記録項目を任意に選択して、これを検索の条件とする場合に、いずれの二の記録項目の組合せによっても条件を設定することができることをいう（電帳通8-16）。

第3章 国税関係書類の電磁的記録による保存制度

1 制度の概要

　国税関係書類の全部または一部について、保存義務者が、自己が一貫して電子計算機を使用して作成する場合には、保存要件にしたがって保存することにより、当該国税関係書類に係る電磁的記録の保存をもって当該国税関係書類の保存に代えることができる（電帳法4②）。

　したがって、取引相手から受領したものについては対象とならず、自ら電子的に作成した書類を対象とする制度である。

　また、本制度は、電子的に作成したものを取引相手に書面で交付した場合のその作成した電磁的記録、あるいは、決算関係書類等の取引相手に交付しない電磁的記録を対象とするものであり、取引相手に請求書や領収書等を電子的に交付する場合には、交付した電子データは「電子取引の取引データ保存制度」の対象となり、本制度の対象とはならない。

　ここでいう「国税関係書類」とは、国税に関する法律の規定により保存をしなければならないこととされている書類をいう（電帳法2二）。

2 保存対象となる書類

　保存対象となる書類とは、各税法で保存義務を課している決算関係書類や取引関係書類になるが、自己が一貫して電子計算機を使用して

作成したものであることから、取引相手から受領した書類は対象とならない。また、一貫して電子計算機を使用して作成したものが対象となることから、書類の作成段階の始めから終わりまでを電子計算機の使用を貫いて作成したものであり、手書きの部分があるものなどは対象とならない。

手書きの部分がある場合には、書類のまま保存するか、あるいはスキャナ保存制度を利用して電子化文書として保存することとなる。

なお、「自己が」とは、保存義務者が主体となってその責任において行うことをいうが、保存義務者自身である必要はなく、会計事務所や記帳代行業者に作成を委託している場合もこの「自己が」に含まれることになる。

3 保存要件

保存要件は以下の3つの要件となる。
(1) 電子計算機処理システムの開発関係書類等の備付け
(2) 見読可能装置の備付け等
(3) 国税庁等の当該職員の質問検査権に基づくその国税関係帳簿書類に係る電磁的記録のダウンロードの求めがある場合には、これに応じることとすること

保存義務者は、国税関係書類の全部または一部について、自己が一貫して電子計算機を使用して作成する場合には、財務省令で定めるところにより、その国税関係書類に係る電磁的記録の保存をもって当該国税関係書類の保存に代えることができるとされており（電帳法4②）、電子帳簿保存法施行規則2条3項に保存要件が規定されている。

財務省令では、「最低限の要件を満たす電子帳簿」の保存要件であ

る電子帳簿保存法施行規則2条2項の規定を準用することとされている（電帳規2③）。

(1) **電子計算機処理システムの開発関係書類等の備付け（電帳規2③による準用後の電帳規2②一イロハニ）**

国税関係書類に係る電磁的記録の備付けおよび保存に併せて、次に掲げる書類の備付けを行うことが要件となる。

ただし、国税関係書類に係る電子計算機処理に保存義務者が開発したプログラム（電子計算機に対する指令であって、一の結果を得ることができるように組み合わされているものをいう。）以外のプログラムを使用する場合には①および②に掲げる書類は除かれ、国税関係書類に係る電子計算機処理を他の者（当該電子計算機処理に当該保存義務者が開発したプログラムを使用する者を除く。）に委託している場合には③に掲げる書類は除かれる。

① 当該国税関係書類に係る電子計算機処理システムの概要を記載した書類

② 当該国税関係書類に係る電子計算機処理システムの開発に際して作成した書類

③ 当該国税関係書類に係る電子計算機処理システムの操作説明書

④ 当該国税関係書類に係る電子計算機処理ならびに当該国税関係書類に係る電磁的記録の備付けおよび保存に関する事務手続を明らかにした書類（当該電子計算機処理を他の者に委託している場合には、その委託に係る契約書ならびに当該国税関係書類に係る電磁的記録の備付けおよび保存に関する事務手続を明らかにした書類）

(2) **見読可能装置の備付け等（電帳規2③による準用後の電帳規2**

②ニ)

　国税関係書類に係る電磁的記録の備付けおよび保存をする場所にその電磁的記録の電子計算機処理の用に供することができる電子計算機、プログラム、ディスプレイおよびプリンタならびにこれらの操作説明書を備え付け、その電磁的記録をディスプレイの画面および書面に、整然とした形式および明瞭な状態で、速やかに出力することができるようにしておくことが要件となる。

(3) **税務調査でダウンロードの求めに応じる要件（電帳規2③による準用後の電帳規2②三)**

　国税に関する法律の規定による国税関係書類に係る電磁的記録の提示または提出の要求に応じること、すなわちダウンロードの求めに応じることができるようにしておくことが要件となる。

　ただし、保存義務者が検索機能として、取引年月日その他の日付を検索の条件として設定することおよびその範囲を指定して条件を設定することができる機能を確保して電磁的記録の保存を行っている場合には、税務調査でダウンロードの求めに応じる要件は除かれる（電帳規2③後段による電帳規2②柱書のかっこ書きの読み替え）。

国税関係書類の電磁的記録による保存制度　Q&A

Q80　帳簿と書類の保存に至る過程の違い

> **Q**　帳簿は、「最初の記録段階から一貫して電子計算機の使用を貫いて作成する場合」とされ、書類は、単に「一貫して電子計算機を使用して作成する場合」とされているが、この違いは何か。

A　帳簿は、備え付けて記録を蓄積していく過程を経た後保存されるのに対して、書類は、作成したら保存されるものであることから、帳簿の場合には「最初の記録段階から」という文言が加えられている。

解説

(1) 帳簿

　国税関係帳簿を電子で保存する場合には、「最初の記録段階から一貫して電子計算機を使用して作成する場合」（電帳法4①）と規定されている。

　これは、備え付けた帳簿に記録を蓄積していく過程において、手書きなど電子計算機を使用しない過程を踏まずに、記録を蓄積していく段階の始めから終わりまで電子計算機の使用を貫いて作成する場合を指すものである。

　この帳簿を備え付けて記録を蓄積していく段階の「始め」とは、帳簿の備付け等開始の日を指すが、法人税における事業年度や所得税における年分のように、課税期間の定めのある国税に係る帳簿にあっては、課税期間の初日に帳簿が備え付けられるのが一般的であることか

ら、このような規定を置いて、その趣旨を明らかにしたものである。

例外的に課税期間の中途の日が帳簿の備付け等開始の日となる場合としては、例えば、不動産所得、事業所得または山林所得を生ずべき業務のいずれの業務も行っていない個人が年の中途に新たに業務を開始する場合や、法人が新たに支店等を開設し、その支店等において新たに帳簿を作成するようなケースがあるが、この場合には、業務を開始あるいは支店等を開設したときからとなる。

また、課税期間の定めのない国税に係る帳簿または保存義務者が帳簿に係る国税の納税者でない場合のその保存義務者が備え付ける帳簿の備付け等開始の日については、その保存義務者が、その帳簿に係る電磁的記録の備付け等をもってその帳簿の備付け等に代えようとしたと確認できる日で構わないこととされている（電帳通4－4）。

(2) **書類**

国税関係書類を電子で保存する場合には、単に「一貫して電子計算機を使用して作成する場合」（電帳法4②）と規定されている。

これは、書類の場合、記録を蓄積していく段階が存在しないことから、手書きなどの記載がなく、書類の作成の始めから終わりまで電子計算機の使用を貫いて作成することを指して、単に「一貫して電子計算機を使用して作成する」と規定されているものである。

帳簿のように、備え付けた帳簿に記録を蓄積していく段階を経て保存に至るものではないことから、このような違いとなっている。

第4章 国税関係書類のスキャナ保存制度

1 制度の概要

　保存義務者が、国税関係書類（決算関係書類は除かれる。）の全部または一部について、その国税関係書類に記載されている事項を一定の要件を満たすスキャナ装置（スキャナを使用する電子計算機処理システム）により、電磁的記録に記録する場合には、保存要件にしたがって保存することにより、当該国税関係書類に係る電磁的記録の保存をもってその国税関係書類の保存に代えることができる（電帳法4③）。

　この制度は、取引相手から受け取った書類または自己が作成して交付した書類の写しが対象となる。原本が書面であること、相手から受け取ったものも対象となることが、国税関係帳簿書類の電磁的記録による保存制度との大きな違いとなる。したがって、保存要件も大きく異なることになり、書面である原本と同等の同一性が担保される必要がある。

　また、スキャナ保存が財務省令で定めるところにしたがって行われていないときは、その保存義務者は、その電磁的記録を保存すべき期間その他の財務省令で定める要件を満たしてその電磁的記録を保存しなければならない（電帳法4③後段）。ただし、書面でその国税関係書類の保存が行われている場合は、原本が保存されていることから、電磁的記録の保存義務の対象から外されている。

　スキャナ保存制度の対象から外される書類は、国税関係書類のうち、棚卸表、貸借対照表および損益計算書ならびに計算、整理または決算

に関して作成されたその他の書類とされ、これらはスキャナ保存の対象書類とはならない（電帳規2④）。

2 スキャナ保存制度の対象となる書類

　この保存制度の対象となる書類は、国税関係書類（決算関係書類は除かれる。）の全部または一部について、その国税関係書類に記載されている事項を一定の要件を満たすスキャナ装置（スキャナを使用する電子計算機処理システム）により、電磁的記録に記録する書類である（電帳法4③）。

　この「スキャナ」とは、書面の国税関係書類を電磁的記録に変換する入力装置をいう。したがって、例えば、スマートフォンやデジタルカメラ等も、この入力装置に該当すれば、保存対象となる「スキャナ」に含まれることになる（電帳通4-16）。出張先でスマートフォンを使用して国税関係書類を読取り、そのスキャナデータにより経理処理ができることになる。

3 スキャナ保存制度の対象となる
　　書類の具体的範囲

　国税関係書類のうち、棚卸表、貸借対照表および損益計算書ならびに計算、整理または決算に関して作成されたその他の書類（電帳規2④）を除くすべての書類が対象となる。税額を算出するための最も基本的な書類については、保存対象から除かれている。

　これは、スキャナ保存制度が、紙原本を廃棄可能とするものであり、スキャナ前に改ざんされると、保存された電子データではその痕跡の

有無を確認できないこと等から、紙と同程度の真実性を確保できる保存要件を課した上、税額算出のための最も基本的な書類である計算、整理または決算関係書類は対象から外したものである。この理由から帳簿についても対象としていない。

　どの書類をスキャナにより保存するかは、保存義務者がその全部または一部を選択することになる。スキャナ保存制度を利用するからといって、すべての書類をスキャナ保存しなければならないものではない。

　具体的には、取引の相手から受け取った書類や自己で作成して相手方に渡した書類の写しで、契約書、領収書、契約の申込書、請求書、納品書、見積書、注文書などの書類になる。

　なお、スキャナ保存により電磁的記録の保存をもって国税関係書類の保存に代える日前に作成または受領した重要書類については、所轄税務署長等に適用届出書を提出したときは、一定の要件の下でスキャナ保存をすることができる（出所：国税庁　電子帳簿保存法一問一答（スキャナ保存関係）問２）。

保存帳簿書類の中のスキャナ保存対象書類

	青色申告法人の保存帳簿書類（法規59①②）	保存期間
帳　　簿	総勘定元帳、仕訳帳、現金出納帳、売掛金元帳、買掛金元帳、固定資産台帳、売上帳、仕入帳など	起算日から7年間
決算関係書類	棚卸表、貸借対照表及び損益計算書並びに決算に関して作成されたその他の書類	
書　　類	スキャナ保存の対象書類 ⇩ 取引に関して、相手方から受け取った注文書、契約書、送り状、領収書、見積書その他これらに準ずる書類及び自己の作成したこれらの書類でその写しのあるものはその写し	

国税関係帳簿書類のスキャナ保存の区分

帳　　簿	仕訳帳 総勘定元帳 一定の取引に関して作成されたその他の帳簿			
計算、整理 又は 決算関係書類	棚卸表 貸借対照表・損益計算書 計算、整理又は決算に関して作成されたその他の書類			スキャナ保存対象外

書類の名称・内容	書類の性格	書類の重要度（注1）		
・契約書 ・領収書 及び恒久的施設との間の内部取引に関して外国法人等が作成する書類のうちこれらに相当するもの 並びにこれらの写し （注2）	一連の取引過程における開始時点と終了時点の取引内容を明らかにする書類で、取引の中間過程で作成される書類の真実性を補完する書類	資金や物の流れに直結・連動する書類のうち特に重要な書類	重要度：高	スキャナ保存対象
・預り証 ・借用証書 ・預金通帳 ・小切手 ・約束手形 ・有価証券受渡計算書 ・社債申込書 ・契約の申込書 （定型的約款無し） ・請求書 ・納品書 ・送り状 ・輸出証明書 及び恒久的施設との間の内部取引に関して外国法人等が作成する書類のうちこれらに相当するもの 並びにこれらの写し	一連の取引の中間過程で作成される書類で、所得金額の計算と直結・連動する書類	資金や物の流れに直結・連動する書類	重要度：中	
・検収書 ・入庫報告書 ・貨物受領証 ・見積書 ・注文書 ・契約の申込書 （定型的約款有り） 及びこれらの写し	資金の流れや物の流れに直結・動しない書類	資金や物の流れに直結・連動しない書類	重要度：低	速やかに入力 ・又は 業務サイクル後速やかに入力 　適時に入力（注3）

(注)　重要度が低以外のものがいわゆる重要書類（電帳法第４条第３項

に規定する国税関係書類のうち、電帳規第2条第7項に規定する国税庁長官が定める書類以外の書類）、重要度が低のものが一般書類（電帳規第2条第7項に規定する国税庁長官が定める書類）となる。

4 スキャナ保存制度の保存要件

保存義務者は、財務省令で定めるところにより、国税関係書類の保存に代えることができることとされており（電帳法4③）、電子帳簿保存法施行規則2条6項に保存要件が規定されている。

(1) 入力期間の制限
(2) 一定水準以上の解像度およびカラー画像による読み取り
(3) 一定の要件によるタイムスタンプの付与
(4) 読み取った解像度等および大きさ情報の保存（令和6年から廃止）
(5) ヴァージョン管理
(6) 入力者等情報の確認（令和6年から廃止）
(7) スキャン文書と帳簿との相互関連性の保持（令和6年から重要書類に限定）
(8) 見読可能装置の備付け
(9) 検索機能の確保（取引等の年月日、取引金額および取引先について検索できるようにするとともに、保存義務者が税務職員の質問検査権に基づくダウンロードの求めに応じることとする場合には、範囲指定および項目を組み合わせて設定できる機能の確保は不要とされる。）
(10) システムの開発関係書類等の備付け

スキャナ保存制度の保存要件の内容は次のとおり。

(1) 入力期間の制限（電帳規2⑥一イ、ロ）

次に掲げる方法のいずれかにより入力すること。

　イ　早期入力方式

　　　国税関係書類に係る記録事項の入力をその作成または受領後、速やかに（概ね7営業日以内）行うこと。

　ロ　業務処理サイクル方式

　　　国税関係書類に係る記録事項の入力をその業務の処理に係る通常の期間（最長2ヵ月）を経過した後、速やかに（概ね7営業日以内）行うこと（国税関係書類の作成または受領から入力までの各事務の処理に関する規程を定めている場合に限る。）。

(2) 一定水準以上の解像度およびカラー画像による読み取り（電帳規2⑥二イ(1)(2)）

　①　解像度200dpi以上で読み取るものであること。

　　　200dpiとは、日本産業規格Z六〇一六附属書AのA・一・二に規定する一般文書のスキャニング時の解像度である25.4㎜当たり200ドットのものをいう。

　②　赤色、緑色および青色の階調がそれぞれ256階調以上で読み取るものであること。

(3) タイムスタンプの付与（電帳規2⑥二ロ(1)(2)）

　①　タイムスタンプ付与の要件

　　　次に掲げるいずれかの方式によりタイムスタンプを付すこと（電帳規2⑥二ロ）。

　　（イ）早期タイムスタンプ付与方式

　　　　国税関係書類の作成または受領後、速やかに（概ね7営業日以内）一の入力単位ごとの電磁的記録の記録事項に総務大臣が認定する時刻認証業務に係る一定の要件を満たすタイム

スタンプを付すこと。

「時刻認証業務」とは、電磁的記録に記録された情報にタイムスタンプを付与する役務を提供する業務をいう。

（ロ）　業務処理サイクルタイムスタンプ付与方式

国税関係書類の作成または受領からタイムスタンプを付すまでの各事務の処理に関する規程を定めている場合には、その業務の処理に係る通常の期間（最長2ヵ月）を経過した後、速やかに（概ね7営業日以内）その記録事項にタイムスタンプを付すこと。

（注1）　上記（イ）、（ロ）の「速やかに」および「その業務の処理に係る通常の期間」の具体的な期間については、入力期間の制限の際の期間と同様に扱うこととされている（電帳通4-17、4-18）。

（注2）　上記のタイムスタンプは次に掲げる要件を満たすものに限られる（電帳規2⑥二ロ(1)(2)）。

1）保存期間中の変更の有無の確認（電帳規2⑥二ロ(1)）

記録事項が変更されていないことについて、国税関係書類の保存期間を通じ、その業務を行う者に対して確認する方法その他の方法により確認することができること。

2）任意の期間の一括検証（電帳規2⑥二ロ(2)）

課税期間中の任意の期間を指定し、当該期間内に付したタイムスタンプについて、一括して検証することができること。

②　タイムスタンプ付与不要の特例

スキャナ保存を行う際の入力期間までにタイムスタンプを付す場合には、その時刻証明機能によりそのタイムスタンプを付

した後の電子データについて改ざんの有無を確認することが可能となっているが、保存義務者がその入力期間までにその国税関係書類に係る記録事項を入力したことを確認することができる場合には、その入力後の電子データについてさらなる入力による改ざんの有無の確認が可能であることから、このタイムスタンプは不要とされている（電帳規２⑥二柱書）。

なお、この「その入力期間までにその国税関係書類に係る記録事項を入力したことを確認することができる場合」については、その入力をした時点を確認することができる場合を指し、例えば、他者が提供・管理するクラウドサーバーにより保存を行い、その入力期限内に入力されたことの確認ができるようにその保存時刻の証明が客観的に担保されている場合等がこれに該当する。

(注) 一般書類の適時入力方式によるスキャナ保存や過去分重要書類のスキャナ保存については、スキャナによる入力期間の制限要件は不要とされているため、入力した時点にかかわらず、その国税関係書類に係る記録事項を入力したことを確認することができる場合にはタイムスタンプは不要とされる（電帳規２⑦⑨）。

(4) 読み取った解像度等および大きさ情報の保存（旧電帳規２⑥二ハ(1)(2)）

この要件は、令和６年１月１日以後にスキャナ保存が行われるものから廃止された。

国税関係書類をスキャナで読み取った際の次に掲げる情報を保存すること。

① 解像度および階調に関する情報

②　国税関係書類の大きさに関する情報

ただし、大きさがA4以下であるときは②は不要（旧電帳規2⑥二ハかっこ書き）。

(5)　ヴァージョン管理（訂正または削除の事実および内容の確認）（電帳規2⑥二ハ(1)(2)）

　　国税関係書類に係る電磁的記録の記録事項について、次に掲げる要件のいずれかを満たす電子計算機処理システムであること。

①　国税関係書類に係る電磁的記録の記録事項について訂正または削除を行った場合には、これらの事実および内容を確認することができること。

②　国税関係書類に係る電磁的記録の記録事項について訂正または削除ができないこと。

(6)　入力者等情報の確認（旧電帳規2⑥三）

　　この要件は、令和6年1月1日以後にスキャナ保存が行われるものから廃止された。

　　令和5年12月31日までは、国税関係書類に係る記録事項の入力を行う者またはその者を直接監督する者に関する情報を確認することができるようにしておくこと。

(7)　スキャン文書と帳簿との相互関連性の保持（電帳規2⑥三）

　　この要件は、令和6年1月1日以後にスキャナ保存が行われるものから、重要書類に限った要件とされた。

　　国税関係書類に係る電磁的記録の記録事項とその国税関係書類に関連する国税関係帳簿（電帳法2二に規定するもの。）の記録事項との間において、相互にその関連性を確認することができるようにしておくこと。

　　その関連する国税関係帳簿が、

① 電子帳簿保存法4条1項の規定によりその国税関係帳簿に係る電磁的記録の備付けおよび保存をもってその国税関係帳簿の備付けおよび保存に代えられているもの

② 電子帳簿保存法5条1項または3項の規定によりその電磁的記録の備付けおよびその電磁的記録の電子計算機出力マイクロフィルムによる保存をもってその国税関係帳簿の備付けおよび保存に代えられているもの

である場合には、その電磁的記録または電子計算機出力マイクロフィルムの記録事項との間において、相互にその関連性を確認することができるようにしておくことが要件となる。

(8) 見読可能装置の備付け（一般書類はグレースケール可）（電帳規2⑥四）

電子計算機処理の用に供することができる電子計算機、プログラム、映像面が14インチ（最大径が35cm）以上のカラーディスプレイおよびカラープリンタならびにこれらの操作説明書を備え付けて、カラーディスプレイの画面および書面に、次のような状態で速やかに出力することができるようにしておくことが要件となる。

① 整然とした形式であること。

② スキャナ化した国税関係書類と同程度に明瞭であること。

③ 拡大または縮小して出力することが可能であること。

④ 国税庁長官が定めるところにより日本産業規格Z8305に規定する4ポイントの大きさの文字を認識することができること。

(9) 検索機能の確保（電帳規2⑥五イロハ）

国税関係書類に係る電磁的記録の記録事項の検索をすることができる次に掲げる要件を満たす機能を確保しておくことが要件と

なる。

① 取引年月日その他の日付、取引金額および取引先（「記録項目」という。）を検索の条件として設定することができること。

② 日付または金額に係る記録項目については、その範囲を指定して条件を設定することができること。

③ 二以上の任意の記録項目を組み合わせて条件を設定することができること。

なお、保存義務者がダウンロードの求めに応じることができるようにしている場合には、上記の②、③の要件は保存要件から除かれる（電帳規2⑥柱書）。

⑽　システムの開発関係書類等の備付け（電帳規2⑥六、電帳通4－6）

最低限の要件を満たす電子帳簿の保存要件であるシステムの開発関係書類等の備付けの規定（電帳規2②一）が準用されているので、同様の内容となる。

⑾　一般書類に係るスキャナ保存制度の適時入力方式（電帳規2⑦）

「一般書類」とは、決算関係書類を除く国税関係書類のうち国税庁長官が定める資金やモノの流れに直結・連動しない書類である（平成17年国税庁長官告示第4号に定められている書類（重要書類）以外の書類）。

この一般書類をスキャナ保存する場合には、入力期間の制限の要件や相互関連性の保持の要件は不要となり、それら以外の要件を満たして、適時の入力によるスキャナ保存をすることができる。

この場合、スキャナ保存データの作成および保存に関する事務の手続きを明らかにした書類で、事務の責任者が定められているものを備付ける必要がある。

この保存を行う場合には、カラーではなく白黒での読取りも認められる。

国税関係書類のスキャナ保存制度の保存要件一覧

要　　件	重　要 書　類 (注1)	一　般 書　類 (注2)	過去分 重要書類 (注3)
入力期間の制限（書類の受領等後又は業務の処理に係る通常の期間を経過した後、速やかに入力）(規2⑥一イ、ロ)	○		
一定水準以上の解像度（200dpi以上）による読み取り（規2⑥二イ(1)）	○	○	○
カラー画像による読み取り（赤・緑・青それぞれ256階調（約1677万色）以上）（規2⑥二イ(2)）	○	※1	○
タイムスタンプの付与(規2⑥二ロ)	○※2	○※3	○※3
ヴァージョン管理（訂正又は削除の事実及び内容の確認等）(規2⑥二ハ)	○	○	○
スキャン文書と帳簿との相互関連性の保持(規2⑥三)	○		○
見読可能装置(14インチ以上のカラーディスプレイ、4ポイント文字の認識等)の備付け(規2⑥四)	○	※1	○
整然・明瞭出力(規2⑥四イ～ニ)	○	○	○
電子計算機処理システムの開発関係書類等の備付け(規2⑥六、同2②一)	○	○	○
検索機能の確保(規2⑥五)	○	○	○
その他			※4、※5

(注)　1　決算関係書類以外の国税関係書類（一般書類を除く。）をいう。
　　　2　資金や物の流れに直結・連動しない書類として電子帳簿保存法施行規則第2条第7項に規定する国税庁長官が定めるものをいう。
　　　3　スキャナ保存制度により国税関係書類に係る電磁的記録の保存をもって当該国税関係書類の保存に代えている保存義務者であって、その当該国税関係書類の保存に代える日前に作成または受領した重要書類をいう。

4 ※1　一般書類の場合、カラー画像ではなくグレースケールでの保存可。
　※2　入力事項を電子帳簿保存法施行規則第2条第6項第一号イまたはロに掲げる方法により当該国税関係書類に係る記録事項を入力したことを確認することができる場合には、その確認をもってタイムスタンプの付与に代えることができる。
　※3　当該国税関係書類に係る記録事項を入力したことを確認することができる場合には、タイムスタンプの付与に代えることができる。
　※4　過去分重要書類については当該電磁的記録の保存に併せて、当該電磁的記録の作成および保存に関する事務の手続きを明らかにした書類（当該事務の責任者が定められているものに限られる。）の備付けが必要。
　※5　過去分重要書類については所轄税務署長等宛に適用届出書の提出が必要。
5　令和6年1月1日前に保存する国税関係書類については、上記表の要件のほか「解像度および階調情報の保存」、「大きさ情報の保存」および「入力者等情報の確認」が必要。

（出所：国税庁　電子帳簿保存法一問一答（スキャナ保存関係）問9）

5　法人事業概況説明書の様式改訂（スキャナ保存関係）

　国税庁では、事業者のデジタル化の状況を含めた法人の経理状況などを把握するため、スキャナ保存について、法人事業概況書の様式が改訂されている。

紙で受領した請求書等や取引相手に交付した請求書等の紙の控え等をスキャナ保存により電子保存している場合には、「スキャナ」欄に○印を付すこととされた。
　スキャナ保存制度には、ヴァージョン管理や検索機能の確保などの要件が付されているので、「スキャナ」欄に○印が付いていれば、調査の際には、保存要件の機能を活用した税務調査を実施していくことになると思われる。
（令和６年３月１日以後終了事業年度分の法人事業概況説明書から適用。）

6　スキャナ保存制度の重加算税の加重措置

　スキャナ保存制度の電磁的記録の適正な保存を担保するため、保存義務者のその電磁的記録に記録された事項に関し、隠蔽し、または仮装された事実に基づき期限後申告もしくは修正申告または更正もしくは決定等があった場合には、その記録された事項に関し生じた申告漏れ等に課される重加算税の額については、通常課される重加算税の額に当該申告漏れ等に係る本税の10％に相当する金額を加算した金額とされ、令和４年１月１日以後に法定申告期限等が到来する国税から適用されている。また、改正後の要件を含めた保存要件を満たさない電磁的記録についても、保存しなければならないこととされており、当該電磁的記録も加重措置の対象とされている。

国税関係書類のスキャナ保存制度　Q&A

Q81　入力期間の制限の「速やかに行うこと」

> **Q**　「速やかに行うこと」とは具体的にどのようになるのか。

A　国税関係書類の作成または受領後おおむね7営業日以内に入力している場合には、早期入力方式の「速やかに」については、速やかに行っているものとして取り扱われる。

解説

　早期入力方式以外の入力方式である業務処理サイクル方式の「速やかに」の適用にあたっても、その業務の処理に係る通常の期間を経過した後、速やかに、すなわち、おおむね7営業日以内に入力している場合には同様に取り扱われる。

　また、タイムスタンプを付す場合の付与期限である、①スキャナ保存に係るタイムスタンプの付与（電帳規2⑥二ロ）や②電子取引に係るタイムスタンプの付与（電帳規4①二）におけるそれぞれの「速やかに」の要件についても、同様に扱われる（電帳通4-17）。

　早期タイムスタンプ付与方式や業務処理サイクルタイムスタンプ方式についても、それぞれの「速やかに」の要件については、同様に扱われる（電帳通4-17）。

Q82　業務の処理に係る通常の期間

> **Q**　「業務の処理に係る通常の期間」とはどのような期間か。

A 「業務の処理に係る通常の期間」とは、月をまたいで処理することも通常行われている業務処理サイクルと認められることから、最長2ヵ月の業務処理サイクルであればよいこととされている。

解説

入力期間の制限である「業務処理サイクル方式」とタイムスタンプの付与要件である「業務処理サイクルタイムスタンプ方式」の「その業務の処理に係る通常の期間」とは、国税関係書類の作成もしくは受領から入力（企業内でのチェックや決裁等を経てスキャナで読み取ること）まで、または作成もしくは受領からタイムスタンプを付すまでの通常の業務処理サイクルの期間をいう。

事業者によってさまざまな業務処理サイクルで行われているところであるが、最低限、月をまたいでの処理までを許容することとし、最長2ヵ月までとされている。

また、電子取引のデータ保存制度の真実性の確保の保存要件であるタイムスタンプの付与（電帳規4①二ロ）の「その業務の処理に係る通常の期間」の適用にあたっても、同様に取り扱われる（電帳通4－18）。

Q83　タイムスタンプの付与

Q タイムスタンプは不要となる、「保存義務者がその入力期間までにその国税関係書類に係る記録事項を入力したことを確認することができる場合」とはどのような場合か。

A タイムスタンプ付与要件は、その時刻証明機能によりそのタイムスタンプを付した後の電子データについて改ざんの有無を検知するために保存要件として課されている。

一方で、「保存義務者がその入力期間までにその国税関係書類に係る記録事項を入力したことを確認することができる場合」には、入力後の改ざんの有無が確認できることから、タイムスタンプは不要とされている。

具体的には、クラウドサーバの利用等により、保存日時の証明が客観的に担保されている場合が該当する。

解説

他者が提供するクラウドサーバ（電帳規2⑥二ハ（ヴァージョン管理システム）に掲げる電子計算機処理システムの要件を満たすものに限られる。）により保存を行い、そのクラウドサーバがNTP（Network Time Protocol）サーバと同期するなどにより、スキャナデータの入力が書類の作成または受領後、速やかに行われたことの確認ができるようにその保存日時の証明が客観的に担保されている場合が該当する（電帳通4-26）。

「作成または受領後、速やかに行われたこと」とは、書類の作成または受領から入力までの各事務の処理に関する規程を定めている場合にはその書類に係る記録事項の入力がその業務の処理に係る通常の期間を経過した後、速やかに行われた場合をいう。

この取扱いは、タイムスタンプ付与の代替要件として認められていることから、例えば、他者が提供するSaaS型のクラウドサービスが稼働するサーバ（自社システムによる時刻の改ざん可能性を排除したシステム）がNTPサーバ（ネットワーク上で現在時刻を配信するた

めのサーバ）と同期しており、かつ、スキャナデータが保存された時刻の記録およびその時刻が変更されていないことを確認できるなど、客観的にそのデータ保存の正確性を担保することができる場合がこれに該当する。

　また、スキャナデータを異なるシステムやサーバに移行する際には、スキャナデータだけでなくデータを保存した時刻と、それ以降に改変されていないことの証明に必要な情報も引き継ぐ必要がある。
（出所：国税庁　電子帳簿保存法一問一答（スキャナ保存関係）問30）

Q84　タイムスタンプの機能

> **Q**　タイムスタンプとはどのような機能を有するものか。

A　タイムスタンプとは、電子データにタイムスタンプを付すことにより日時情報が付与され、ある時点から電子データが変更等されていないことが確認できる性能を有しているものであり、次の２つの機能を有することが求められている。

① 　保存期間中の変更の有無の確認（電帳規２⑥ニロ(1)）
　　記録事項が変更されていないことについて、国税関係書類の保存期間を通じ、その業務を行う者に対して確認する方法その他の方法により確認することができること。

② 　任意の期間の一括検証（電帳規２⑥ニロ(2)）
　　課税期間中の任意の期間を指定し、当該期間内に付したタイムスタンプについて、一括して検証することができること。

Q 85　タイムスタンプの仕組み

> **Q**　タイムスタンプとはどのような仕組みなのか。

A　タイムスタンプは、電子文書をハッシュ値に変換してハッシュ化したデータに刻印されている時刻以前にその文書が存在していることの証明、すなわち「存在証明」を行い、かつ、その時刻以降文書が改ざんされていないことの証明、すなわち「非改ざん証明」を行うものである。

上記の「ハッシュ値」とはハッシュ関数から得られるデータである。ハッシュ化する入力データが少しでも異なれば全く異なるハッシュ値が出力されることから、変更の有無がデジタル的に確認できる。

解説

タイムスタンプと電子署名の違いは、電子署名は文書が改ざんされていないことの証明である「非改ざん証明」を行うものであるが、時点の証明である何時以降改ざんされていないのかについては証明できない。またタイムスタンプにはない機能として、その電子署名が署名本人のものであることのなりすまし防止の「本人証明」機能を有する。

タイムスタンプの流れは、まず、利用者が原本データのハッシュ値（電子文書の指紋に相当）を時刻認証局に送付し（下図①）、送付を受けた時刻認証局はそのハッシュ値に（日本標準時に基づく）時刻情報を付与し、付与したタイムスタンプを利用者に送付する（下図②）。

その後、税務調査が行われた際に、調査の過程において、保存期間中のデータの変更の有無を確認する場合には、原本データのハッシュ値とタイムスタンプのハッシュ値を比較する過程で、一致すれば改ざ

んされていないことを証明できる（下図③）。

●タイムスタンプの仕組み

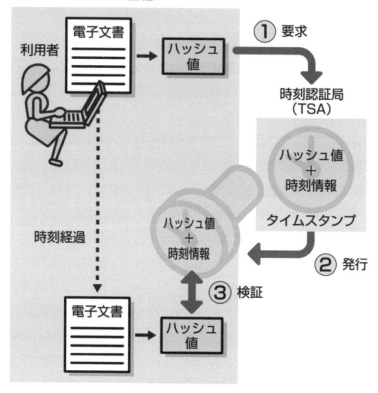

（出所：総務省「電子署名・認証・タイムスタンプ　その役割と活用」）

Q86　一の入力単位

Q　タイムスタンプを付す「一の入力単位」とはどのようなことをいうのか。

A　「一の入力単位」とは、複数枚で構成される国税関係書類は、そ

のすべてのページをいい、台紙に複数枚の国税関係書類（レシート等）を貼付した文書は、台紙ごとをいう。

|解説|

　例えば、3枚で構成される請求書の場合には、意味として関連付けられたものとして、3枚で一つの国税関係書類を構成しているため、一度に読み取る3枚が一の入力単位となる。また、台紙に小さなレシートなどを複数枚貼付した場合は、物理的に関連付けられたものとして、複数の国税関係書類を一回のスキャニング作業で電子化することとなるため、台紙が一の入力単位となる。

　ここにいう入力単位とは、意味として関連付けられたものまたは物理的に関連付けられたものをいうので、お互いに関係を持たない複数の国税関係書類を一度にスキャニングしたからといって、それをもって一の入力単位ということにはならない。

　なお、複数枚の国税関係書類を台紙に貼付してスキャニングした場合、それぞれの国税関係書類ごとに関連する帳簿の記録事項との関連性が明らかにされ、適切に検索できる必要がある（電帳通4-19）。

Q87　変更の有無が確認できるその他の方法

Q　タイムスタンプの要件では、電子データの保存期間を通じて変更の有無が確認できることが必要であるが、この方法として、その業務を行う者に対して確認する方法その他の方法により確認することができることとされている（電帳規2⑥ニロ(1)）。この「その他の方法」とはどのような方法なのか。

A この「その他の方法」とは、国税関係書類に係る電磁的記録に付したタイムスタンプがそのタイムスタンプを付した時と同じ状態にあることをその国税関係書類の保存期間を通じて確認できる措置をいう。

|解説|

　例えば、タイムスタンプの有効期間等が過ぎる前に、タイムスタンプを付した記録事項に再度タイムスタンプを付すなどして、変更されていないことを確認することができる状態でその情報を保存する方法がこれに該当する。

　有効期限を超えたタイムスタンプについても、保存期間の満了までの期間が短期間で、かつ、次のイからハまでの状態が確認できる場合には、保存期間満了まではその信頼性が維持されているものであり有効性が保持されているものと認められる（電帳通4-21）。

　イ　タイムスタンプの検証プログラムで、有効期限が切れていることを除いて、タイムスタンプが改ざんされていないことを検証し、対象記録事項のハッシュ値と改ざんされていないタイムスタンプに含まれる対象記録事項のハッシュ値が一致すること。

　ロ　タイムスタンプが、総務大臣が認定する時刻認証業務を営む者から発行されたものであること。

　ハ　タイムスタンプに用いた暗号アルゴリズムが危殆化（安全性のレベルが低下した状況にあること）していないこと。

Q88　スキャナ読み取り後の即時廃棄

Q　スキャナ保存制度により、原始記録である国税関係書類の書

面(紙)をスキャナで読み取って電子化文書とした場合、紙の原始記録は即時に廃棄しても構わないか。

A スキャナで読み取った後、最低限の同等確認(折れ曲がり等がないかも含め、電磁的記録の記録事項と書面の記載事項とを比較し、同等であることを確認すること)を行った後であれば、即時に廃棄が可能となる。

|解 説|

保存要件である入力期間を過ぎて読み取った場合には、スキャナ化したデータと合わせて原始記録である国税関係書類の書面(紙)も保存しておく必要がある。

印紙が貼ってある書面をスキャナ保存しその書面を廃棄することも可能となる。これは、税法上は書面で保存していることとみなされるためである。

ただし、印紙税の納付の必要がない文書に誤って収入印紙を貼ったときや所定の印紙税額を超えた収入印紙を貼ったとき等に、印紙税の還付や充当を受けるための過誤納還付申請を行う場合には、印紙の貼ってある書面の提示が必要となる。

(出所:国税庁 電子帳簿保存法一問一答(スキャナ保存関係)問3)

Q89 200dpi以上の解像度の確認方法

Q 200dpi以上の解像度を満たしていることが保存要件とされているが、どのような方法でそれを確認・証明するのか。

A プロパティ情報を提示するなどの方法で、スキャニング時の解像度等を確認・証明できる。

|解説|

　JPEG形式やTIFF形式のデータは、プロパティ情報に解像度と縦横の画素数、階調などが格納されているので、プロパティ情報から保存時に満たすべき要件を満たしているかを確認することができる。

　PDF形式のデータについても、スキャニング時の解像度等がプロパティ情報に含まれていることから、専用のソフトによりそれらのデータを参照することや、PDFファイルをJPEGファイルに変更し、そのプロパティ情報を参照することなどで保存時に満たすべき要件を満たしているかを確認することができる。

　税務調査等の際に解像度の確認があった場合には、プロパティ情報を提示するなどの方法で、スキャニング時の解像度等を説明することとなる。

（出所：国税庁　電子帳簿保存法一問一答（スキャナ保存関係）問26）

Q90　ヴァージョン管理

Q ヴァージョン管理の訂正または削除を行った場合とはどのような場合をいうのか。

A 既に保存されている電磁的記録を訂正または削除した場合をいう。

|解説|

例えば、受領した国税関係書類の書面に記載された事項の訂正のため、相手方から新たに国税関係書類を受領しスキャナで読み取った場合などは、新たな電磁的記録として保存しなければならない（電帳通4-23）。

ただし、書面の情報（書面の訂正の痕や修正液の痕等を含む。）を損なうことのない画像の情報の訂正は含まれない（電帳通4-24）。

また、訂正または削除を行った事実および内容を確認することができることが必要となるが、これは、例えば、上書き保存されず、訂正した後の電磁的記録が新たに保存されること、または電磁的記録を削除しようとした場合は、例えば、当該電磁的記録は削除されずに削除したという情報が新たに保存されることをいう。

したがって、スキャナで読み取った最初のデータと保存されている最新のデータが異なっている場合は、その訂正または削除の履歴および内容のすべてを確認することができる必要がある（電帳通4-25）。

Q91　スキャン文書と帳簿との相互関連性の保持

> **Q**　スキャン文書と帳簿との間の関連性を確認する方法はどのようにするのか。

A　「相互に関連性を確認することができる」（電帳規2⑥三）とは、例えば、相互に関連する重要書類と帳簿の双方に伝票番号、取引案件番号、工事番号等を付して、その番号を指定することで、重要書類または国税関係帳簿の記録事項がいずれも確認できるようにする方法等によって、原則としてすべての国税関係書類に係る電磁的記録の記録事項と国税関係帳簿の記録事項との関連性を確認することができるこ

とをいう。

　この場合、関連性を確保するための番号等が帳簿に記載されていない場合でも、他の書類を確認すること等によって帳簿に記載すべきその番号等が確認でき、かつ、関連する重要書類が確認できる場合には帳簿との関連性が確認できるものとして取り扱われている（電帳通4-27）。

(注)　帳簿との関連性がない重要書類についても、帳簿と関連性を持たない重要書類であるということを確認することができる必要がある。

Q92　関連する国税関係帳簿

> **Q**　関連する国税関係帳簿とはどのようなものが該当するのか。

A　「関連する国税関係帳簿」には、例えば、次に掲げる重要書類の種類に応じ、それぞれ次に定める国税関係帳簿がこれに該当する（電帳通4-28）。

①　契約書⇒契約に基づいて行われた取引に関連する帳簿（例：売上の場合は売掛金元帳等）等

②　領収書⇒経費帳、現金出納帳等

③　請求書⇒買掛金元帳、仕入帳、経費帳等

④　納品書⇒買掛金元帳、仕入帳等

⑤　領収書控⇒売上帳、現金出納帳等

⑥　請求書控⇒売掛金元帳、売上帳、得意先元帳等

Q 93　見読可能装置の備付け

> **Q**　「拡大または縮小して出力することが可能であること」とは、A4サイズの書類をA3サイズで出力できなければならないのか。

A　読み取った書類と同じ用紙サイズの範囲で拡大、縮小できれば構わない。

解説

　「拡大または縮小して出力することが可能であること」とは、ディスプレイおよび書面に書類の一部分を拡大して出力することができればよく、拡大することに伴い、用紙のサイズを大きくして記録事項のすべてを表示する必要はない。

　また、小さな書類（レシート等）を出力する場合にはプリンタおよび用紙サイズの許す範囲で拡大し、または大きな書類であれば縮小して記録事項のすべてを出力することができれば構わない。

　また、例えば入力した書類がA3サイズであれば、A4サイズの書類データ2つなどに分割されることなく、元のA3サイズの書類と同様の整然とした形式であること、保存されている電磁的記録の情報が4ポイントの文字・記号や階調が適切に再現されるよう読み取った書類と同程度に明瞭であることなどが必要となる。

（出所：国税庁　電子帳簿保存法一問一答（スキャナ保存関係）問35）

Q94　圧縮保存の可否

> **Q**　スキャン文書について圧縮して保存することは認められるのか。

A　200dpi以上の解像度および赤・緑・青それぞれ256階調以上でJIS X6933またはISO12653-3のテストチャートの画像を読み取り、ディスプレイおよびプリンタで出力した書面で4ポイントの文字が認識できるような状態であれば、圧縮して保存することは認められる。

解説

　スキャナ保存を行う場合には、4ポイントの文字が認識できる各種機器等の設定等ですべての国税関係書類をスキャナで読み取り、保存しなければならない。

　スマートフォンやデジタルカメラ等を使用して読み取った画像の場合には、機器によって縦横比が異なることから、圧縮して保存する際には、読み取った書類の縦横それぞれが、解像度の要件を満たす必要がある。

（出所：国税庁　電子帳簿保存法一問一答（スキャナ保存関係）問36）

Q95　スキャナ保存の検索機能の確保

> **Q**　スキャナ保存する場合の「検索をすることができる機能を確保しておくこと」とは、どのような場合か。

A パソコンのシステム上で検索機能を有している場合には、この要件を満たすこととなるが、専用のシステムを導入していなくても、例えば、次のいずれかの方法により検索できる状態であるときは、この要件を満たしているものとされる。

① 国税関係書類に係る電磁的記録のファイル名に、規則性を有して記録項目を入力することにより電子的に検索できる状態にしておく方法
② その電磁的記録を検索するために別途、索引簿等を作成して、その索引簿を用いて電子的に検索できる状態にしておく方法

|解説|

保存システムに検索機能を有するものに限らず、例えば次のような方法により、検索対象となる記録事項を含んだファイルを抽出できる機能を確保している場合には、検索機能を確保しているものとして取り扱うことが明らかにされている（電帳通4-12）。

イ　その電磁的記録のファイル名に、規則性を持った形で記録項目を入力（例えば、取引年月日その他の日付（西暦）、取引金額、取引先の順で統一）して一覧性をもって管理することにより、フォルダ内の検索機能を使用して検索できる状態にしておく方法

ロ　エクセル等の表計算ソフトにより索引簿等を作成し、当該エクセル等の検索機能を使用して当該電磁的記録を検索できる状態にしておく方法

Q96　同一の保存システム等によるスキャナ保存と電子取引に係るデータ保存

> **Q**　電子取引に係るデータ保存制度で認められているような索引簿方式による検索機能の確保については、スキャナ保存についても適用は可能か。また、適用が可能な場合には、電子取引のものと兼ねた一覧表や保存システムによることも可能か。

A　一覧表を作成して、個々の保存ファイル名と対応させること（いわゆる索引簿方式）により検索機能を確保する方法は、スキャナ保存にも適用できる。

　また、スキャナ保存と電子取引に係るデータ保存について、同じ索引簿や保存システムを使用することも、検索により探し出された記録事項のみが整然とした形式および明瞭な状態で出力されるのであれば、特段問題はない。

　ただし、スキャナ保存を行う場合には、スキャンしたデータのヴァージョン管理などの他の要件を満たす必要がある。
（出所：国税庁　電子帳簿保存法一問一答（スキャナ保存関係）問45）

Q97　スキャナ保存の記録項目

> **Q**　スキャナ保存の検索機能における主要な記録項目とはどのような項目が該当するのか。

A　例えば、次に掲げる国税関係書類の区分に応じ、それぞれ次に定める記録項目がこれに該当する（電帳通4-30）。

① 領収書⇒領収年月日、領収金額および取引先名称
② 請求書⇒請求年月日、請求金額および取引先名称
③ 納品書⇒納品年月日および取引先名称
④ 注文書⇒注文年月日、注文金額および取引先名称
⑤ 見積書⇒見積年月日、見積金額および取引先名称

(注) 一連番号等を国税関係帳簿書類に記載または記録することにより電帳規2⑥三（帳簿書類間の関連性の確保）の要件を確保することとしている場合には、その一連番号等により国税関係帳簿（電帳法4①または5①を適用しているものに限る。）の記録事項および国税関係書類（電帳法4③を適用しているものに限る。）を検索することができる機能が必要となる。

解説

検索項目である「取引年月日その他の日付、取引金額および取引先」の意義は、それぞれ、次のとおり。この考え方に基づいて、主な国税関係書類の種類ごとに該当の具体的記録項目が通達で上記のように例示されている。

イ 取引年月日その他の日付⇒国税関係書類に記載すべき日付をいう。

なお、この日付は、基本的には国税関係書類の授受の基となる取引が行われた年月日を指すが、その国税関係書類を授受した時点でその発行または受領の年月日として記載または記録されている年月日を記録項目として用いても差し支えない。

(注) 国税関係書類を授受した時点でその発行または受領の年月日として記載または記録されている年月日を記録項目として用いる場面としては、例えば、納品書を納品の都度取り交わすので

はなく、月にそれぞれの納品日をまとめて記載した納品書を授受した場合において、一つの国税関係書類に複数の取引年月日が記載または記録されることとなるときが考えられるが、この場合、その発行または受領の年月日として国税関係書類に記載または記録されている年月日を記録事項として用いることができる。

ロ　取引金額⇒国税関係書類に記載すべき取引の金額または資産の譲渡等の対価の額等をいい、単価および残高を含まない。

ハ　取引先⇒取引先名称（国税関係書類に記載すべき取引先名称）をいう。なお、取引先名称は必ずしも名称でなく、取引先コードが定められ、そのコード表が備え付けられている場合には、コードによる記録でもよい。

Q98　テキスト化することができない場合の検索

> **Q**　スキャナで読み取った画像データをテキスト化することができない場合でも、検索の条件として取引年月日その他の日付、取引金額および取引先を設定することができなければならないのか。

A　テキスト化することができない場合でも、取引年月日その他の日付、取引金額および取引先を手入力するなどして、検索できるようにしておかなければならない。

|解説|

　スキャナ保存の検索機能は、①取引年月日その他の日付、取引金額

および取引先を検索の条件として設定することができること、②日付または金額に係る記録項目についてはその範囲を指定して条件を設定することができること、③二以上の任意の記録項目を組み合わせて条件を設定することができることが要件となる。

したがって、スキャナで読み取った画像データをテキスト化して保存することができる機能などが備わっていない場合でも、スキャナで読み取った国税関係書類に係る取引年月日その他の日付、取引金額および取引先を手入力するなどして、検索の条件として設定することができるようにする必要がある。

なお、税務職員によるダウンロードの求めに応じることができるようにしている場合には、上記②および③の機能の確保は不要となる。

(出所：国税庁　電子帳簿保存法一問一答（スキャナ保存関係）問40)

Q99　一般書類に係るスキャナ保存制度の適時入力方式

> **Q**　適時に入力する方法が可能な一般書類とは、具体的にどのような書類が対象となるのか。

A　国税関係書類のうち国税庁長官の定める、資金やモノの流れに直結・連動しない書類（一般書類）については、入力期間の制限なく入力することができることとされており、その書類については平成17年国税庁告示第4号により告示されている。

この告示により、例えば、次のような書類が入力期間の制限なく適時に入力することができる。

　イ　保険契約申込書、電話加入契約申込書、クレジットカード発行申込書のように別途定型的な約款があらかじめ定められている契

約申込書

ロ　口座振替依頼書

ハ　棚卸資産を購入した者が作成する検収書、商品受取書

ニ　注文書、見積書およびそれらの写し

ホ　自己が作成した納品書の写し

（出所：国税庁　電子帳簿保存法一問一答（スキャナ保存関係）問46）

Q100　過去の一般書類のスキャナ保存

> **Q**　一般書類であれば、保存されている書類を過去に遡ってスキャナ保存してもいいのか。

A　資金や物の流れに直結・連動しない一般書類で、要件に沿って保存することが可能であれば、過去に受領等した書類についてもスキャナ保存することができる。

解説

　資金や物の流れに直結・連動する重要書類については、国税関係書類を受領等してから入力するまでの期間制限が課されている。

　一方、一般書類については、この期間制限要件が課されていないことから、適時に入力できる。

　したがって、一般書類については、他の要件を満たす限り、過去において受領等した書類についてもスキャナ保存することが可能となる。

　なお、重要書類についても、過去分重要書類については、その適用届出書の提出後、入力期間の制限がなく適時に入力できる。

(出所：国税庁　電子帳簿保存法一問一答（スキャナ保存関係）問47)

Q101　一般書類のタイムスタンプを付す期限

> **Q**　一般書類について、タイムスタンプはいつまでに付せばいいのか。

A　一般書類へのタイムスタンプについては、次のいずれかにより付すこととなる。
① 　作成または受領後、おおむね7営業日以内（事務処理規程を定めている場合には、その業務の処理に係る通常の期間（最長2ヵ月）を経過した後おおむね7営業日以内）に付す。
② 　（①の期間を過ぎたものについては）正しく読み取られていることを確認した都度付す。

|解説|

　一般書類に係るタイムスタンプについては、「①作成もしくは受領後、速やかにまたは②当該国税関係書類をスキャナで読み取る際に」付すこととされている（電帳規2⑦後段の読み替え規定により②を追加）。
　したがって、作成または受領後、通常のスキャナ保存と同様の入力期間内に入力した後タイムスタンプを付与するか、その期間経過後に入力する場合には、「スキャナで読み取る際に」、すなわち、正しく読み取られていることを確認した都度タイムスタンプを付すこととなる。
(出所：国税庁　電子帳簿保存法一問一答（スキャナ保存関係）問48)

Q102　過去分重要書類のスキャナ保存

> **Q** 当社は過去分重要書類が膨大にあるが、数ヵ月間に渡ってスキャナ保存していくこともできるのか。

A 数ヵ月間に渡ってスキャナ保存することも可能となる。これは、過去分重要書類の対象書類については、スキャナ保存の入力にあたって入力期間の制限はないからである。

解説

　スキャナ保存を行う保存義務者は、その保存を開始する日前に作成または受領した重要書類（過去分重要書類）について、あらかじめ所轄税務署長等にその書類の種類や保存に代える日等を記載した適用届出書を提出したときは、一定の要件の下、スキャナ保存をすることができる。

　この場合には、スキャナデータの保存に併せて、その作成・保存に関する事務の手続きを明らかにした書類（その事務の責任者が定められているものに限る。）を備付けておく必要がある。

　適用届出書を提出した後は、その後の入力期間について制限はない。これは、スキャナ保存を行う以前に作成・受領した書類が膨大であり、入力に相当の期間を要することが想定されるため、制限を設けないこととされている。したがって、例えば、数ヵ月間に渡ってスキャナ保存の作業を行うことも可能となる。

　ただし、適用届出書は従前において同一種類の過去分重要書類に係る適用届出書を提出している場合は提出することができない。

なお、一般書類については、入力期間の制限なく適時に入力することができるので、適用届出書の提出は必要ない。
(出所：国税庁　電子帳簿保存法一問一答（スキャナ保存関係）問53)

Q103　入力期間の制限は設けられていない場合のタイムスタンプ付与

> **Q**　一般書類や過去分重要書類の保存においては、入力期間の制限は設けられていないが、タイムスタンプ付与の不要措置は受けられるのか。

A　「一般書類の保存」および「過去分重要書類の保存」のスキャナ保存について、「国税関係書類に係る記録事項を入力したことを確認することができる場合」（電帳規2⑥二柱書）には、タイムスタンプの付与の要件（電帳規2⑥二ロ）に代えることができる。

|解説|

「国税関係書類に係る記録事項を入力したことを確認することができる場合」とは、他者が提供するクラウドサーバによる保存等の電帳通4-26の方法により確認できる場合はこれに該当する。

また、重要書類のスキャナ保存と異なり、一般書類および過去分重要書類は入力期間の制限の保存要件が課されていないので、その国税関係書類に係る記録事項の入力が、入力期間の制限内（電帳規2⑥一イまたはロに掲げる方法）で入力されていることの確認は不要である。

したがって、入力した時点にかかわらず、入力した事実を確認できれば足りることになる（電帳通4-32）。

第5章 電子取引データ保存制度（電子インボイス）

1 制度の概要

　所得税（源泉徴収に係る所得税を除く。）および法人税の保存義務者は、電子取引を行った場合には、一定の要件の下、その電子取引の取引情報に係る電磁的記録を保存しなければならない。他の電子帳簿等保存制度は、所得税法や法人税法等の各税法の帳簿書類の備付けまたは保存を任意で電子で行う場合の特例規定であるのに対し、電子取引データ保存制度は、保存義務を電子帳簿保存法で新たに創設したところに大きな違いがある。この電子取引の保存については、選択した者ということではなく、申告所得税および法人税のすべての保存義務者に保存義務が課されるものである。

　この保存制度で注意すべき点は、従来、授受した電子データを出力することにより作成した書面等で保存することができたものが、令和3年度の税制改正により、書面に出力して保存することが認められなくなり、令和4年1月1日以後に行う電子取引の取引情報からは、その電子取引に係る電子データを保存要件にしたがって保存しなければならなくなった。

　しかしながら、令和4年度改正では、電子取引に係るデータ保存制度に対応するためには準備が間に合わない等の声があがり、期間を区切った宥恕措置として令和4年1月1日から令和5年12月31日までの2年間に行う電子取引については、その電子取引の取引情報に係る電子データを保存要件にしたがって保存をすることができなかったこ

とについて、所轄税務署長がやむを得ない事情があると認め、かつ、その保存義務者が税務調査等の際にその電子データの出力書面の提示または提出の求めに応じることができるようにしている場合には、その保存要件にかかわらず、その電子データの保存をすることができることとされた。

さらに、運用上の取扱いとして、税務調査等の際に、その電磁的記録を出力することにより作成した書面の提示または提出の要求に応じることができるようにしているときは、その出力書面の保存をもってその電磁的記録の保存に代えることができることとされ、実質的には、従来どおり書面に出力しての保存が認められた（旧電帳通7-11）。

令和5年度税制改正では、令和4年度で措置された宥恕措置は廃止され、令和6年1月1日からの電子取引データ保存義務化本格始動を前にして、電子取引により、他者から受領した電子データとの同一性が確保された電磁的記録の保存を推進する観点から、その保存要件を緩和して電子データの保存を容易にするとともに、システム対応が間に合わなかったことにつき相当の理由がある事業者等に対する新たな猶予措置を設けるなどの保存要件を緩和する手当てが行われた。

これらの改正の結果、令和6年1月1日以後の行う電子取引からは、例外なく電子データで保存することが義務化されたものである。

2　保存義務の対象となる情報の範囲

所得税（源泉徴収に係る所得税を除く。）および法人税の保存義務者は、電子取引を行った場合には、一定の要件の下、その電子取引の取引情報に係る電磁的記録を保存しなければならない（電帳法7）。

Ⅰ 「電子取引」とは

「電子取引」とは、取引情報の授受を電磁的方式により行う取引をいう（電帳法2五）。

この「電子取引」には、取引情報が電磁的記録の授受によって行われる取引は通信手段を問わずすべて該当するので、例えば、次のような取引も、これに含まれることになる（電帳通2-2）

① いわゆるEDI取引
② インターネット等による取引
③ 電子メールにより取引情報を授受する取引（添付ファイルによる場合を含む。）
④ インターネット上にサイトを設け、当該サイトを通じて取引情報を授受する取引

Ⅱ 「取引情報」とは

電子取引を行った場合に保存対象となる「取引情報」とは、「取引に関して受領し、または交付する注文書、契約書、送り状、領収書、見積書その他これらに準ずる書類に通常記載される事項をいう」（電帳法2五）。

法人税法や所得税法の規定する青色申告法人や青色申告者が保存しなければならない取引関係書類としては、「取引に関して相手方から受け取った注文書、契約書、送り状、領収書、見積書その他これらに準ずる書類および自己の作成したこれらの書類でその写しのあるものはその写し」を保存することとされている。

このように、電子帳簿保存法における電子取引データの保存範囲と、

所得税法、法人税法における取引関係書類の保存範囲は、ほぼ同様の規定ぶりとされており、取引関係書類を電子で授受した場合と紙で授受した場合とで、その保存する場合の保存範囲は変わらない。

Ⅲ 電子取引データ保存制度

申告所得税・法人税の保存義務者が電子取引を行った場合、その取引情報に係る電子データを一定の要件により電子で保存しなければならない範囲は以下のとおりである。

項　目	定　義	内容・考え方
電子取引	取引情報の授受を電磁的方式により行う取引（電帳法2五）	取引情報が電磁的記録の授受によって行われる取引は通信手段を問わずすべて該当（電帳通2-2） 【具体例】 (1)　いわゆるEDI取引 (2)　インターネット等による取引 (3)　電子メールにより取引情報を授受する取引（添付ファイルによる場合を含みます。） (4)　インターネット上にサイトを設け、当該サイトを通じて取引情報を授受する取引
取引情報	取引に関して受領し、または交付する注文書、契約書、送り状、領収書、見積書その他これらに準ずる書類に通常記載される事項（電帳法2五）	紙で授受した書類と同様の内容の情報を電子で授受した場合には、その電子データを保存しなければならないとされているもの。例えば法人税法における青色申告法人の書類の保存義務規定では、「取引に関して、相手方から受け取った注文書、契約書、送り状、見積書その他これらに準ずる書類及び自己の作成したこれらの書類でその写しのあるものはその写し」を保存しなければならないこととされている（法人税法施行規則59①三）

3 電子取引データ保存制度の保存要件

I 保存要件の概要

　所得税（源泉徴収に係る所得税を除く。）および法人税に係る保存義務者は、電子取引を行った場合には、財務省令で定めるところにより、その電子取引の取引情報に係る電磁的記録を保存しなければならないこととされている（電帳法7）。

　この財務省令で定めるところにしたがって保存が行われている電子データに対する他の国税に関する法律の規定の適用については、その電子データを国税関係書類以外の書類とみなすとされている（電帳法8②）。

　また、電子取引に係る取引情報が、保存要件にしたがって適正に保存されることを担保するために、保存しているデータが改ざん等の不正行為が行われ、重加算税が課される場合には、その重加算税の額は、10％加算した額とすることとされている（電帳法8⑤）。

II 基本的な保存要件

　保存義務者は、電子取引を行った場合には、その電子取引の取引情報に係る電磁的記録を、その取引情報の受領が書面により行われたとした場合またはその取引情報の送付が書面により行われその写しが作成されたとした場合に、国税に関する法律の規定により、その書面を保存すべきこととなる場所（青色申告法人であれば納税地である本店または主たる事務所の所在地またはその取引に係る事務所等）に、その書面を保存すべきこととなる期間（一般的には7年間）、次に掲げ

る可視性の原則および真実性の原則の要件にしたがって保存しなければならない。

このように保存場所や保存期間は電子帳簿保存法で特に規定しているわけではなく、各税法で規定する保存場所や保存期間によることとされている。ただし、改ざんが容易で痕跡も残らないという電子データの特質を踏まえ、可視性の原則および真実性の原則の保存要件を定め、税務調査の際に、紙で保存してある場合と同程度の申告内容の確認ができることとしているものである。

電子取引に係るデータ保存制度の保存要件

	要 件
可視性の原則	電子計算機処理システムの概要を記載した書類の備付け（自社開発のプログラムを使用する場合に限る。）
	見読可能装置の備付け等
	検索機能の確保 ・検索項目の取引年月日、取引金額、取引先について検索できること。 ・範囲指定、項目組合せにより検索できること（税務調査でダウンロードの求めに応じる場合は不要）。 ◎税務調査においてダウンロードの求めに応じる次に掲げる者にはすべての検索要件を不要。 ・前々事業年度等の売上高５千万円（令和５年までは１千万円）以下の者 　または ・データを出力した書面（整然とした形式および明瞭な状態で出力され、取引年月日その他の日付および取引先ごとに整理されたものに限る。）の提示・提出の求めに応じることができるようにしている者（令和６年以降）
真実性の原則	次のいずれかの措置を行う。 ①タイムスタンプが付された後の授受 ②授受後２月以内にタイムスタンプを付す ③データの訂正削除を行った場合にその記録が残るシステムまたは訂正削除ができないシステムを利用 ④訂正削除の防止に関する事務処理規程の備付け

新たな猶予措置	・税務署長が相当の理由があると認める場合（手続不要）で、かつ、 ・税務調査等の際に①データを出力した書面（整然とした形式および明瞭な状態で出力されたものに限る。）を提示・提出できるようにしている、かつ、②ダウンロードの求めに応じることができるようにしている場合 には、上記の保存要件にかかわらず、電子取引データを単に保存しておくことができる（令和6年以降）。 【令和5年末までの宥恕措置は適用期限到来をもって廃止。】

(1) **可視性の原則**

次の①から③に掲げる要件にしたがって保存しなければならない。

① 電子計算機処理システムの概要を記載した書類の備付け（自社開発のプログラムを使用する場合に限る。）（電帳規4①柱書きによる電帳規2⑥六号において準用する電帳規2②一（イに係る部分に限る。）の要件）。

具体的には、電子取引の取引情報に係る電磁的記録の保存に併せて、その電磁的記録に係る電子計算機処理システムの概要を記載した書類の備付けを行う必要があるが、他の者が開発したプログラムを使用する場合には、この書類の備付けは必要ないので、市販のプログラムを使用する場合には、この要件は不要である。

② 見読可能装置の備付け等

電磁的記録の保存をする場所にその電磁的記録の電子計算機処理の用に供することができる電子計算機、プログラム、ディスプレイおよびプリンタならびにこれらの操作説明書を備え付け、当該電磁的記録をディスプレイの画面および書面に、整然とした形式および明瞭な状態で、速やかに出力することができるようにしておくこと（電帳規4①柱書きによる電帳規2②二の要件）。

③ 検索機能の確保

当該国税関係書類に係る電磁的記録の記録事項の検索をすることができる機能（次に掲げる要件を満たすものに限る。）を確保しておくこと（電帳規4①柱書きによる電帳規2⑥五の要件）。

　ただし、保存している電子データのダウンロードの求めに応じることができるようにしている場合には、下記ロ（範囲指定）・ハ（項目組合せ）機能の確保は不要となる（電帳規4①柱書）。

　　イ　取引年月日その他の日付、取引金額および取引先（ロおよびハにおいて「記録項目」という。）を検索の条件として設定することができること。
　　ロ　日付または金額に係る記録項目については、その範囲を指定して条件を設定することができること。
　　ハ　二以上の任意の記録項目を組み合わせて条件を設定することができること。

ⅰ）検索機能の確保要件を不要とする措置

　中小・零細事業者にとって、電子取引データ保存制度の保存要件で最も事務負担がかかると言われているのが検索機能の確保である。

　対応策としては、対応するシステムを導入する、システムを導入しない場合には、表計算ソフトなどで索引簿を作成する、あるいは規則的なファイル名を付す方法などにより、授受した取引データを速やかに出力または提示できるようにしておかなければならない。

　申告所得税および法人税のすべての保存義務者が授受した電子データを電子保存してもらうために、検索要件のすべてを不要とする措置としては次のものがある。

　　①　保存義務者がその判定期間に係る基準期間における売上

高が5,000万円以下（令和5年末までの電子取引は1,000万円）である事業者であって（例えば前々事業年度の売上高が5,000万円以下の事業者）、保存義務者が国税庁等の当該職員の質問検査権に基づく電磁的記録のダウンロードの求めに応じることができるようにしている場合には、検索要件全体が不要となる（電帳規4①柱書、②）。

② 保存義務者が国税に関する法律の規定による電磁的記録を出力することにより作成した書面で整然とした形式および明瞭な状態で出力され、取引年月日その他の日付および取引先ごとに整理されたものの提示もしくは提出の要求に応じることができるようにしている場合であって、保存義務者が国税庁等の当該職員の質問検査権に基づく電磁的記録のダウンロードの求めに応じることができるようにしている場合には、検索要件全体が不要となる（電帳規4①柱書）。（この制度は、令和6年1月1日以後に行う電子取引の取引情報から適用されている。）

検索機能の確保の要件の見直し

税務調査において電子データのダウンロードの求めに応じる場合

◆前々事業年度等の売上高5千万円（改正前1千万円）以下の者
　or
◆データを出力した書面（整然とした形式および明瞭な状態で出力され、取引年月日その他の日付および取引先ごとに整理されたものに限る。）の提示・提出の求めに応じることができるようにしている者

検索要件以外の保存要件により電子データを保存（検索要件すべて不要）

ⅱ）保存要件が不要となる新たな猶予措置

　電子取引データ保存制度は、所得税、法人税のすべての保存義務者を対象として電子データの保存要件にしたがった保存義務化を求めるものであることから、中小・零細事業者の中には対応が困難な事業者も存在する。

　そのような実情に配意し、システム対応が間に合わなかったこと等により要件に従った保存ができないことにつき相当の理由がある事業者等に対しては、令和5年度改正で新たな猶予措置を設け、出力書面の提示等に応じ、電子取引データのダウンロードの求めに応じる場合には、保存要件を不要として、電子取引データを単に保存しておけばよいこととされている（令和6年1月1日以後に行われる電子取引から適用）。

(1)　猶予措置の内容

　　電子取引の取引情報に係る電磁的記録を保存要件にしたがって保存をすることができなかったことについて相当の理由がある保存義務者に対する猶予措置として、

①　申告所得税および法人税に係る保存義務者が行う電子取引につき、納税地等の所轄税務署長が当該電子取引の取引情報に係る電磁的記録を保存要件に従って保存をすることができなかったことについて相当の理由があると認め（保存義務者からの手続きは不要）、かつ、

②　その保存義務者が質問検査権に基づくその電磁的記録のダウンロードの求めおよびその電磁的記録の出力書面（整然とした形式および明瞭な状態で出力されたものに限られる。）の提示または提出の求めに応じることができるようにしている場合には、その保存要件にかかわら

ず、その電磁的記録の保存をすることができることとされている（電帳規4③）。

(2) 「相当の理由」の意義

　この「相当の理由」の意義については、猶予措置が電子取引の取引情報に係る電子データの保存要件への対応が困難な事業者の実情に配意して設けられたものであることから、例えば、その電磁的記録そのものの保存は可能であるものの、保存要件にしたがって保存するためのシステム等や社内のワークフローの整備が間に合わない等といった、自己の責めに帰さないとは言い難いような事情も含め、要件にしたがって電磁的記録の保存を行うことが困難な事情がある場合を対象とするものであり、資金的な事情を含めた事業者の経営判断についても考慮がなされることとなる。

　ただし、システム等や社内でのワークフローの整備が整っており、電子取引の取引情報に係る電磁的記録を保存要件にしたがって保存できる場合や資金繰りや人手不足等のような理由ではなく、単に経営者の信条のみに基づく理由である場合等、何ら理由なく保存要件にしたがって電磁的記録を保存していない場合には、この猶予措置の適用はない。

（出所：国税庁電帳法取扱通達解説（趣旨説明）7-12）

第2編　電子帳簿保存法

> **新たな猶予措置（恒久措置）の創設**
>
> 原則：保存要件にしたがって電子データを保存

⇒システム対応等の相当の理由により保存要件にしたがった保存を行うことができなかった事業者については新たな猶予措置が適用可

新たな猶予措置の適用要件

・税務署長が相当の理由があると認める場合（手続不要）
・税務調査等の際にⓐデータを出力した書面（整然とした形式および明瞭な状態で出力されたものに限る。）を提示・提出できるようにしている、かつ、ⓑデータのダウンロードの求めに応じることができるようにしている。

手続不要で猶予措置を適用

保存要件にかかわらず電子データを保存

（注）令和5年末までの宥恕措置は適用期限到来をもって廃止。

(2) 真実性の原則

　真実性の原則は、データの改ざん等の不正を防ぐために設けられたもので、電子取引の取引情報に係る電子データの真実性を確保する手段として、次の①から④に掲げる措置のいずれかを行って、保存しなければならない。

（保存措置の任意選択）

　下記の4つの措置は、保存義務者が任意に選択することができるものであり、自由に選択できる。

　また、取引情報を電子取引によって授受する方法はさまざまであることから、その授受した取引データのファイル形式など、データの様態に応じて、複数の改ざん防止措置を使い分けることも認められている。複数の措置が混在することも可能である。

（格納先や保存場所）

電子データの格納先や保存場所については、例えば取引先ごとに指定されたEDIやプラットフォームがあり、その取引の相手先ごとに取引データの授受を行うシステムが異なっている場合や、書類の種類ごとに取引データの授受を行うシステムが異なっている場合には、各取引データについて、必ず一つのシステムに集約して管理しなければならないとすることは合理的でないことから、取引データの授受の方法等に応じて保存場所が複数のシステムに分かれること等は問題ないとされている。

(整然とした形式・明瞭な状態の確保)

　整然とした形式および明瞭な状態で、速やかに出力することができるようにしておく必要があるため、同一取引先から同一システムを介して毎月請求書データのやり取りをしているにもかかわらず、合理的な理由がない状態で規則性なく保存先を散逸させているような場合には、その保存方法は認められないこととなる。

(出所：国税庁　電子帳簿保存法一問一答（電子取引関係）問28解説)

① 　電磁的記録の記録事項にタイムスタンプが付された後、その取引情報の授受を行うこと（電帳規4①一）。

② 　次に掲げる方法のいずれかにより、当該電磁的記録の記録事項にタイムスタンプを付すこと（令和6年1月1日前に行った電子取引の取引情報については、その電磁的記録の保存を行う者またはその者を直接監督する者に関する情報を確認することができるようにしておく必要がある）（電帳規4①二）。

　　イ　当該電磁的記録の記録事項にタイムスタンプを付すことを当該取引情報の授受後、「速やかに」行うこと。

　　ロ　当該電磁的記録の記録事項にタイムスタンプを付すことをその「業務の処理に係る通常の期間」を経過した後、「速やかに」行う

こと(当該取引情報の授受から当該記録事項にタイムスタンプを付すまでの各事務の処理に関する規程を定めている場合に限る。)。
  (注) 上記の「速やかに」はおおむね7営業日以内、「業務の処理に係る通常の期間」は最長2ヵ月の業務サイクルであればこの期間として取り扱うとされている(電帳通7-4、7-5)。
③ 次に掲げる要件のいずれかを満たす電子計算機処理システムを使用して当該取引情報の授受および当該電磁的記録の保存を行うこと(電帳規4①三)。
  イ 当該電磁的記録の記録事項について訂正または削除を行った場合には、これらの事実および内容を確認することができること。
  ロ 当該電磁的記録の記録事項について訂正または削除を行うことができないこと。
④ 当該電磁的記録の記録事項について正当な理由がない訂正および削除の防止に関する事務処理の規程を定め、当該規程に沿った運用を行い、当該電磁的記録の保存に併せて当該規程の備付けを行うこと(電帳規4①四)。

4 電子取引のデータ保存制度の重加算税の加重措置

電子取引のデータ保存制度の電磁的記録の適正な保存を担保するため、保存義務者のその電磁的記録に記録された事項に関し、隠蔽し、または仮装された事実に基づき期限後申告もしくは修正申告または更正もしくは決定等があった場合には、その記録された事項に関し生じた申告漏れ等に課される重加算税の額については、通常課される重加

算税の額に当該申告漏れ等に係る本税の10％に相当する金額を加算した金額とされ、令和4年1月1日以後に法定申告期限等が到来する国税から適用されている（電帳法8⑤）。

（参考）保存要件を一覧にすると次のようになる。

電子取引のデータ保存制度の保存要件等

保存方法	適用要件	保存要件	データ・出力書面による保存	ダウンロード
①原則どおりの保存要件で保存（電帳規4①）	―	真実性・可視性の要件により保存	データによる保存	求めに応じれば範囲指定・項目組合せの検索要件不要
R5.12.31までの宥恕措置（運用上の対応）	やむを得ない事情があり、出力書面の提示等	なし（電子インボイスの保存要件非該当）	出力書面による保存が可能	―
②新たな猶予措置を適用して保存	相当の理由があり、出力書面の提示等	なし（電子インボイスの保存要件非該当）	データによる保存	求めに応じることが前提
③売上高5千万円以下の者の検索要件不要措置を適用して保存	判定期間に係る基準期間の売上高が5千万円以下	検索要件以外の真実性・可視性の要件により保存	データによる保存	求めに応じることが前提
④書面の提示等の求めに応じる者の検索要件不要措置を適用して保存	日付・取引先ごとに整理した出力書面の提示等	検索要件以外の真実性・可視性の要件により保存	データによる保存および必要に応じて提示等のための出力書面の保存	求めに応じることが前提

5　電子インボイスの保存要件

インボイス制度導入後においては、取引相手が仕入税額控除を行うにはインボイスが必要となる。そのインボイスを交付できるのは、登

録を受けた適格請求書発行事業者に限られる。インボイスを交付した側も、その交付した控えについて保存義務が課される。

また、インボイス制度導入前は、3万円未満の課税仕入れ等の少額のものは一定事項を記載した帳簿の保存のみで一律仕入税額控除ができたが、導入後においては、一定の特例に該当するもの以外、原則インボイスが必要となる。

このようにインボイスの保存対象が拡大していくことを考えると、電子インボイスの活用により業務の効率化が期待されるところである。

電磁的記録により作成したインボイス、いわゆる電子インボイスの保存にあたっては、消費税法の規定により、電子帳簿保存法に定める電子取引の取引情報と同様の要件により保存しなければならないこととされており、電子インボイスを保存要件にしたがって保存することにより、仕入税額控除の適用を受けることができることになる。

I 電子インボイス提供に関する消費税法の規定（交付義務・保存要件）

(1) インボイス交付義務

適格請求書発行事業者（以下、「インボイス発行事業者」という。）は、国内において課税資産の譲渡等を行った場合に、その課税資産の譲渡等を受ける課税事業者である他の事業者からインボイスの交付を求められたときは、そのインボイスをその者に交付しなければならない（消法57の4①）。

(2) 電子インボイスによる提供

　インボイス発行事業者は、紙のインボイスの交付に代えて、紙のインボイスに記載すべき事項に係る電磁的記録を提供することができることとされている。また、電磁的記録として提供した事項に誤りがあった場合には、電磁的記録を提供した他の事業者に対して、修正した電子インボイスを交付しなければならないこととされている（消法57の4⑤）。

　提供する電磁的記録としては、光ディスク、磁気テープ等の記録用の媒体による提供のほか、例えば、次に掲げるようなものが該当する（消基通1-8-2）。

① 　いわゆるEDI取引を通じた提供
② 　電子メールによる提供
③ 　インターネット上のサイトを通じた提供

　インボイスの記載事項について、例えば、納品書データと請求書データなど複数の電磁的記録の提供による場合または納品書と請求書データなど書面の交付と電磁的記録の提供による場合のいずれにおいても、複数の書類および電磁的記録の全体でインボイスの記載事項を満たすものとして取り扱われている（消費税法基本通達1-8-1後段に準じた取扱い）。

　紙のインボイスを交付し、または電子インボイスを提供したインボイス発行事業者は、その紙のインボイスの写しまたは提供した電子インボイスに係る電子データを保存しなければならない。この電子インボイスの保存方法については、財務省令で定める方法によることとされている（消法57の4⑥）。

(3) 電子インボイスの保存期間

　取引先に提供した電子インボイスの保存期間については、電子インボイスを提供したインボイス発行事業者は、その電子インボイスに係る電磁的記録を整理し、その提供した日の属する課税期間の末日の翌日から二月を経過した日から7年間、これを納税地等の所在地に保存しなければならない（消法57の4⑥、消令70の13①）。

(4) 電子インボイスの保存要件

　消費税法施行規則26条の8第1項では、財務省令で定める方法として、電子帳簿保存法施行規則4条1項各号（電子取引の取引情報に係る電磁的記録の保存）に掲げる措置のいずれかを行って、電子取引の取引情報の保存要件に準ずる要件にしたがって保存する方法を定めている。

　電子取引の取引情報に係る電磁的記録の保存制度は、源泉徴収を除く所得税および法人税に係る保存義務者が電子取引を行った場合の保存義務規定であり、消費税法に規定する電子インボイスには直接適用がないが、消費税法で電子帳簿保存法施行規則4条に定める要件に準じる要件にしたがって保存しなければならないことから、実質的に電子取引の取引情報を同様の方法で保存することになる。

　なお、消費税法施行規則26条の8第2項では、電子インボイスを保存する事業者は、その電磁的記録を出力することにより作成した、整然とした形式および明瞭な状態で出力した書面を保存する方法によることもできるとされている。

　この出力した書面については、整理し、その電子インボイスを提供した日の属する課税期間の末日の翌日から2月を経過した日から7年間、これを納税地またはその取引に係る事務所、事業所その他これら

に準ずるものの所在地に保存しなければならない(消令70の13①)。
○電子インボイスに関する消費税法施行規則

> (電子インボイスの保存要件)
> (適格請求書等に記載すべき事項に係る電磁的記録を提供した場合の保存方法)
> 第26条の8　法第57条の4第6項に規定する<u>財務省令で定める方法</u>は、同項に規定する電磁的記録を、電子計算機を使用して作成する国税関係帳簿書類の保存方法等の特例に関する法律施行規則第4条第1項各号(電子取引の取引情報に係る電磁的記録の保存)に掲げる措置のいずれかを行い、同項に規定する要件に準ずる要件に従つて保存する方法とする。
> 2　令第70条の13第1項および前項の規定にかかわらず、これらの規定により法第57条の4第6項に規定する<u>電磁的記録を保存する事業者は、当該電磁的記録を出力することにより作成した書面</u>(整然とした形式および明瞭な状態で出力したものに限る。)を保存する方法によることができる。この場合において、当該事業者は、当該書面を、令第70条の13第1項の規定により保存すべき場所に、同項の規定により保存すべき期間、整理して保存しなければならない。

Ⅱ　提供を受けた電子インボイスの保存に関する消費税法の規定

(1)　電子インボイスの仕入れ税額控除要件

インボイスを受領した者が適用を受ける仕入税額控除の要件につい

ては、事業者が行う課税仕入れについて、課税標準額に対する消費税額から、その課税期間中に行った課税仕入れに係る消費税額（インボイスの記載事項を基礎として計算した金額）等の合計額を控除するとされている（消法30①）。

　仕入税額控除を行うにあたって、事業者がその課税期間の課税仕入れ等の税額の控除に係る帳簿および請求書等を保存しない場合には、その保存がない課税仕入れの税額については、仕入れ税額を控除することはできないこととされているので、インボイスの保存がなければ、仕入税額控除はできない（消法30⑦）。

　この請求書等の一つとして、事業者に対し、他の事業者が、課税資産の譲渡等につきその事業者に交付すべき書面のインボイスに代えて提供する電磁的記録、つまり電子インボイスが定められており、電子インボイスの保存が仕入れ税額控除の適用を受けるための要件となる（消法30⑨）。

(2) 電子インボイスの保存期間

　電子インボイスについての保存期間については、仕入れ税額控除の規定の適用を受けようとする事業者は、帳簿および請求書等を整理し、その帳簿についてはその閉鎖の日の属する課税期間の末日の翌日、請求書等についてはその受領した日、電磁的記録についてはその提供を受けた日の属する課税期間の末日の翌日から2月を経過した日から7年間、これを納税地等に保存しなければならない。この場合、書面のインボイスに代えて提供される電子インボイスについては、財務省令で定める方法により保存しなければならない（消令50①）。

(3) 電子インボイスの保存要件

　財務省令で定める方法としては、電子帳簿保存法施行規則4条1項各号（電子取引の取引情報に係る電磁的記録の保存）に掲げる措置のいずれかを行って、電子取引の取引情報の保存要件に準ずる要件にしたがって保存する方法を定めている（消規15の5①）。

　また、電子インボイスを保存する事業者は、その電磁的記録を出力することにより作成した、整然とした形式および明瞭な状態で出力した書面を保存する方法によることもできる（消規15の5②）。

　この出力した書面については、保存すべき場所に、保存すべき期間、整理して保存しなければならない。

6　消費税に関する電子取引データの重加算税加重制度

　消費税に関して電磁的記録の適正な保存を担保するため、電子帳簿保存法と同様に消費税法令上、電磁的記録による保存が可能とされている電磁的記録に記録された事項に関し、改ざん等が行われた結果生じた申告漏れ等に対して重加算税の加重措置が導入されている（消法59条の2）。

　具体的には、事業者により保存されている消費税法8条2項に規定する電磁的記録（輸出物品販売場を経営する事業者が保存すべき一定の物品が非居住者によって一定の方法により購入されたことを証する電磁的記録）その他一定のものに記録された事項に関し消費税につき期限後申告書もしくは修正申告書の提出、更正または決定があった場合には、重加算税の規定に該当するときは、重加算税の額は、重加算税の計算の基礎となるべき税額に10％の割合を乗じて計算した金額

を加算した金額となる。

　なお、電子帳簿保存法8条5項の規定による重加算税の加重措置と消費税法59条の2の規定による重加算税の加重措置について、双方の賦課要件に該当する場合には、これらの加重措置が重複して適用されることはなく、電子帳簿保存法8条5項の規定による10％の重加算税の加重措置が適用されることになる（電帳通8-22）。

電子取引データ保存　Q&A

Q104　電子取引とは

Q　電子取引とは、どのようなものをいうのか。

A　「電子取引」とは、「取引情報」の授受を電磁的方式により行う取引をいう（電帳法２五）。この「取引情報」とは、取引に関して受領し、または交付する注文書、契約書、送り状、領収書、見積書その他これらに準ずる書類に通常記載される事項をいう。

|解説|

　具体的には、いわゆるEDI取引、インターネット等による取引、電子メールにより取引情報を授受する取引（添付ファイルによる場合を含む。）、ペーパーレス化されたFAX機能を持つ複合機を利用した取引、インターネット上にサイトを設け、当該サイトを通じて取引情報を授受する取引等をいう。

　所得税法や法人税法における青色申告法人等の保存書類としては、「取引に関して相手方から受け取った注文書、契約書、送り状、領収書、見積書その他これらに準ずる書類および自己の作成したこれらの書類でその写しのあるものはその写し」を保存することとされており、電子帳簿保存法における電子取引データの保存範囲もこれらの書類を紙で保存する場合の保存範囲と変わらない。

　例えば、「見積書」との名称の書類で相手に交付したものであっても、連絡ミスによる誤りや単純な書き損じ等があるもの、事業の検討段階で作成された、正式な見積書前の粗々なもの、取引を希望する会社か

ら一方的に送られてくる見積書などは、保存の必要はないものと考えられている。

(出所：国税庁　電子帳簿保存法一問一答（電子取引関係）問2)

Q 105　労働条件通知書や雇用契約書の扱い

> **Q**　従業員を雇用する際に、賃金や労働時間等の労働条件を記載した「労働条件通知書」データを電子メールに添付して相手方に送信し、また、クラウドサービスを利用して「雇用契約書」の授受を行った場合の「労働条件通知書」データや「雇用契約書」データは電子取引データとして保存する必要があるのか。

A　電子取引データとして保存する必要がある。

|解説|

従業員の雇用に際して相手方に交付する「労働条件通知書」や相手方との間で取り交わす「雇用契約書」には、通常、契約期間、賃金、支払方法等に関する事項等が記載されており、電子帳簿保存法で保存義務が課されている取引情報に該当する。

その取引情報の授受を電子メールなどの電磁的方式により行う場合には、電子取引に該当することから、その電子取引データを保存する必要がある。

(出所：国税庁　電子帳簿保存法一問一答（電子取引関係）問2-2)

Q106 保存にあたって留意すべき事項

> **Q** 保存すべき取引情報で留意すべき点はあるのか。

A 保存すべき取引情報を保存するにあたって留意すべき点は以下のとおり。

保存すべき取引情報の保存にあたっての留意点

留意事項	注意点
整然とした形式および明瞭な状態で出力する必要。	受信・送信情報とも暗号化されたものでないものを保存。ただし、暗号化前の状態で速やかに確認することができる場合は暗号化後のデータの保存も可能。
取引情報の授受の過程で発生する訂正または加除の情報を個々に保存する必要はあるか。	確定情報のみを保存することとしている場合を容認
取引情報に係る電磁的記録とは。	あらかじめ授受されている単価等のマスター情報を含んで出力される必要。
見積りから決済までの取引情報の保存方法	取引先、商品単位で一連のものに組み替える、またはそれらの取引情報の重複を排除するなど、合理的な方法により編集（取引情報の内容を変更することを除く。）をしたものを保存することを容認

（出所：電帳通7-1より作成）

|解説|

電子取引の取引情報に係る電磁的記録の保存にあたっては、次の点に留意する必要がある（電帳通7-1）。

① 暗号化されていないものを保存

電子取引の取引情報に係る電磁的記録は、ディスプレイの画面および書面に、整然とした形式および明瞭な状態で出力されることを要するので、暗号化されたものではなく、受信情報にあってはトランスレータによる変換後、送信情報にあっては変換前のも

の等により保存することを要する。

　ただし、情報セキュリティの観点からデータを暗号化して保存することも一般的になっていることから、暗号化されたデータを保存することを一律に認めないことは適当でなく、税務調査等の際に、確認が必要なデータを暗号化前の状態で速やかに確認することができることとなっている場合には、暗号化後のデータを保存することが可能。

② 　確定情報のみの保存を容認

　取引情報の授受の過程で発生する訂正または加除の情報を個々に保存することなく、確定情報のみを保存することとしている場合には、確定情報のみの保存も認められている。

　この場合の訂正または加除のデータとは、確定データに至る前の情報をいうので、例えば、見積書の場合、前の見積金額を変更して、新たな見積金額として確定する場合には、各々の見積金額が確定データとなるので、最終的に合意に至った見積データのみを保存するのではなく、各々の見積データを保存しなければならない。

③ 　単価等のマスター情報を含んで出力

　取引情報に係る電磁的記録は、あらかじめ授受されている単価等のマスター情報を含んで出力されることが必要。

④ 　合理的な方法により編集したものを容認

　見積りから決済までの取引情報を、取引先、商品単位で一連のものに組み替える、またはそれらの取引情報の重複を排除するなど、合理的な方法により編集（取引情報の内容を変更することを除く。）をしたものを保存することも認められている。

㊟　いわゆるEDI取引において、電磁的記録により保存すべき取引

情報は、一般に「メッセージ」と称される見積書、注文書、納品書および支払通知書等の書類に相当する単位ごとに、一般に「データ項目」と称される注文番号、注文年月日、注文総額、品名、数量、単価および金額等の各書類の記載項目に相当する項目となることに留意する必要がある。

Q 107　電子メールの保存

> **Q**　電子メールを受信した場合、どのように保存すればよいのか。

A　電子メールにより取引情報を授受する取引（添付ファイルによる場合を含む。）を行った場合には電子取引に該当する（電子法２五）。したがって、その取引情報に係る電磁的記録の保存が必要となる（電帳法７）。

|解説|

　この電磁的記録の保存とは、電子メール本文に取引情報が記載されている場合は当該電子メールを、電子メールの添付ファイルにより取引情報（領収書等）が授受された場合はその添付ファイルを、それぞれ、ハードディスク、コンパクトディスク、DVD、磁気テープ、クラウド（ストレージ）サービス等に記録・保存する状態にすることをいう。

（出所：国税庁　電子帳簿保存法一問一答（電子取引関係）問３）

Q 108　保存すべき電子メールの範囲

> **Q**　電子取引には、電子メールにより取引情報を授受する取引（添付ファイルによる場合を含む。）が該当するとのことだが、すべての電子メールを保存しなければならないのか。

A　この取引情報とは、取引に関して受領し、または交付する注文書、領収書等に通常記載される事項をいう（電帳法２五）ことから、電子メールにおいて授受される情報のすべてが取引情報に該当するものではない。したがって、取引情報の含まれていない電子メールを保存する必要はない。

|解説|

電子メール本文に取引情報が記載されている場合はその電子メールを保存する必要があるが、電子メールの添付ファイルにより授受された取引情報（領収書等）については、その添付ファイルのみを保存しておけばよいことになる。
（出所：国税庁　電子帳簿保存法一問一答（電子取引関係）問５）

Q 109　クレジットカードの利用明細データ

> **Q**　クレジットカードの利用明細データの保存は必要か。

A　保存義務者が、その事業に関連するクレジットカードの利用明細データを受領した場合のように、個々の取引を集約した取引書類のデータを授受した場合には、クレジットカードの利用明細データ自体

も電子取引の取引情報に該当することから、その電子データの保存が必要となる。

|解説|

　利用明細データに含まれている個々の取引についても、請求書・領収書等データ（取引情報）を電子で授受している場合には、クレジットカードの利用明細データ等とは別途、その保存が必要となる。
　なお、消費税の仕入税額控除の適用にあたっては、必要な事項が記載された帳簿および請求書等（書面）の保存が必要であり、一定の事項が記載された帳簿のみの保存で仕入税額控除の適用を受けることができる対象は、法令上定められた一定の取引に限られる。
　したがって、「電子取引」を行った場合に仕入税額控除の適用を受けるためには、登録番号や消費税額など適格請求書等として必要な事項を満たすデータ（電子インボイス）の保存が必要となる。
　また、電子取引の取引情報に係る電磁的記録を出力した書面等については、保存書類（国税関係書類以外の書類）として取り扱わないこととされたが、消費税法上、電子インボイスを整然とした形式および明瞭な状態で出力された書面を保存した場合には、仕入税額控除の適用を受けることができる。

（出所：国税庁　電子帳簿保存法一問一答（電子取引関係）問4）

Q110　クラウドサービスで取引を行った場合

> **Q**　取引相手と直接電子データを授受することのないクラウドサービスでも電子取引にあたると言われたがなぜか。

A 取引相手と直接電子データを授受することのないクラウドサービスでも、これを利用して取引先から請求書等を受領した場合には、電子取引に該当する。

解説

　請求書等の授受についてクラウドサービスを利用する場合は、取引の相手方と直接取引情報を授受するものでなくても、請求書等のデータをクラウドサービスにアップロードし、そのデータを取引当事者双方で共有するものが一般的であるので、取引当事者双方でデータを共有するものも取引情報の授受にあたり、電子取引に該当する。

　取引先と直接電子データの授受をするかどうかで電子取引か否か判断するわけではないことになる。

　例えば、クラウド上で一時的に保存されたデータをダウンロードして保存するようなシステムの場合には、データの訂正削除が可能と考えられるので、受領したデータにタイムスタンプの付与が行われていない場合には、受領者側でタイムスタンプを付与することまたは事務処理規程に基づき、適切にデータを管理することが必要になる。

　なお、電子計算機を使用して請求書を作成して、クラウドサービスを利用して取引先に電磁的な請求書を発行する場合に、その請求書を書面にも出力して、郵送等により取引先に対して発行する場合には、その請求書（控）を紙で保存する必要がある。

　保存義務者が一貫して電子計算機を使用してこの請求書を作成する場合には、「国税関係書類の電磁的記録による保存」として、保存要件にしたがって、その請求書に係る電磁的記録の保存をもって、その書面の保存に代えることができることになる（電帳法4②）。
（出所：国税庁　電子帳簿保存法一問一答（電子取引関係）問4、6）

Q111　ダウンロードの有無による保存義務

> **Q**　サイトからダウンロードできる領収書等データは、ダウンロードした時に授受があったとされるのか。また、ダウンロードしなければ、その電子データの保存義務は生じないのか。

A　インターネット上でその領収書等データを確認できることとなった時点が取引情報の授受があったタイミングだと考えられている。

　領収書等データが提供されている以上、ダウンロードしなければ保存義務が生じないというものではない。

　別途同一の記載内容の書面が郵送されてくる場合には、正本（どちらか一方）のみの保存で足りる。

解説

　領収書等データがインターネット上で確認できる状態となった場合には、その時点で電子取引が行われており、そのタイミングで保存すべきと考えられている。

　インターネット上で確認できる状態となったことがメール等で通知されない場合には、ダウンロードが可能な状態が不明であることから、適宜のタイミングで保存を行うこととして差し支えない。

　この場合、領収書等データについては、その取引の日が属する年分の保存データであることから、その年分中にダウンロードを行い、要件にしたがって保存を行う必要がある。

　もっとも、一定のECサイト上でその領収書等データの確認が随時可能な状態である場合には、必ずしもその領収書等データをダウン

ロードして保存しておく必要はない。

ただし、高速道路のETCの利用証明書については、納税者が必要に応じて自ら必要な範囲を指定してウェブ上で発行してもらうものであり、必ずしも利用証明書のすべてを納税者が受領するものではなく、所得税法および法人税法上、納税者が受領していない利用証明書についてまで、保存義務の対象とならない。

(出所：国税法　電子帳簿保存法一問一答（電子取引関係）問40)

Q112　ECサイトでの購入

> **Q**　ECサイトで物品を購入したとき、ECサイト上の購入者の購入情報を管理するページ内において、領収書等データをダウンロードすることができる場合には、領収書等データを必ずダウンロードして保存する必要があるのか。

A　ECサイト上でその領収書等データの確認が随時可能な状態である場合には、必ずしもその領収書等データをダウンロードして保存していなくても問題ない。

解説

インターネット上でその領収書等データを確認できることとなった時点が取引情報の授受があったタイミングと考えられるため、ECサイト提供事業者が提供するECサイトを利用し物品を購入した場合に、そのECサイト上で領収書等データの取引情報を確認することができるようになった時点で取引情報の受領があったものとして、電子取引に係る保存義務者（物品の購入者）は、その領収書等データを保存す

る必要がある。

ただし、ECサイト上でその領収書等データの確認が随時可能な状態である場合には、必ずしもその領収書等データをダウンロードして保存していなくても差し支えないこととされている。

この取扱いは、ECサイト提供事業者が、電子取引に係る保存義務者（物品の購入者）において満たすべき真実性の確保および検索機能の確保の要件を満たしている場合に受けることができるので、注意する必要がある。

他方で、例えば、税務職員による質問検査権に基づく電磁的記録の提示等の求め（いわゆるダウンロードの求め）に応じることができるようにしている場合には、判定期間に係る基準期間（通常は2年前）の売上高が5,000万円以下の事業者または電磁的記録を出力した書面を取引年月日その他の日付および取引先ごとに整理されたものを提示・提出できるようにしている事業者については、すべての検索機能の確保の要件が不要とされることから、ECサイト上の購入者の購入情報を管理するページ内において、検索機能の確保がなされている必要はない。

領収書等データに限らず、電子取引のデータ保存制度によって保存する電子データは、各税法に定められた保存期間中、保存時に満たすべき要件に沿って適切に保存する必要がある。

上記の方法で保存している領収書等データは各税法に定められた保存期間が満了するまでECサイト上でその領収書等データの確認が随時可能な状態である必要がある。

各税法に定められた保存期間が満了する前にECサイト上でその領収書等データの確認ができなくなる場合は、その確認ができなくなる前にその領収書等データをダウンロードして保存する必要がある。

(出所:国税庁　電子帳簿保存法一問一答(電子取引関係)問40-2)

Q113　高速道路のETC利用証明書

> **Q**　高速道路の利用が多頻度にわたるなどの事情により、すべての高速道路の利用に係る利用証明書の保存が困難なときは、消費税法上、クレジットカード会社から受領するクレジットカード利用明細書と利用した高速道路会社などの任意の一取引に係る利用証明書をダウンロードし、併せて保存することで、仕入税額控除を行って差し支えない取扱いとなっているが、電子帳簿保存法上はどのような取扱いとなるのか。

A　帳簿書類の保存義務の前提として、日々の取引に関する記録の保存が必要であるが、ETCの利用証明書については、納税者が必要に応じて自ら必要な範囲を指定してウェブ上で発行してもらうものであり、必ずしも利用証明書のすべてを納税者が受領しているものではない。このため、所得税法および法人税法上、このように、納税者が受領していない利用証明書についてまで、あえて発行を受け、ダウンロードして保存する必要はない。

解説

　消費税法における仕入税額控除を適用するために、任意の一取引に係る利用証明書の発行を受けた(ダウンロードした)場合には、その利用証明書自体は取引に関して受領した書類に該当することから、これを電子帳簿保存法の要件を満たして保存する必要があることに注意する必要がある。

(出所:国税庁　電子帳簿保存法一問一答（電子取引関係）問40-2)

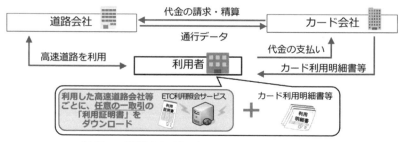

(出所:ETC利用照会サービス（https://www.etc-meisai.jp/news/230915.html）)

Q114　スマホアプリによる決済

> **Q** いわゆるスマホアプリによる決済を行ったが、この際にアプリ提供事業者から利用明細等を受領する行為は、電子取引に該当するのか。

A アプリ提供事業者から電磁的方式により利用明細等を受領する行為は、電子取引に該当する。そのため、その利用明細等に係る取引データについて保存する必要がある。

|解説|

　いわゆるスマホアプリを利用した際には、アプリ提供事業者から受領する利用明細に係る内容には、通常、支払日時、支払先、支払金額等が記載されていることから、電子帳簿保存法において保存義務が課されている取引情報（取引に関して受領し、または交付する注文書、契約書、送り状、領収書、見積書その他これらに準ずる書類に通常記

載される事項）に該当する。

この取引情報の授受を電磁的方式より行う場合には、電子取引に該当するので、取引データを保存する必要がある。

(出所：国税庁　電子帳簿保存法一問一答（電子取引関係）問7)

Q115　インターネットバンキングを利用した振込

> **Q**　インターネットバンキングを利用した振込等は、電子取引に該当するのか。該当する場合には、どのようなデータを保存する必要があるのか。

A　インターネットバンキングを利用した振込等も、電子取引に該当する。

保存しなければならないデータは、金融機関の窓口で振込等を行ったとした場合に受領する書面の記載事項（振込等を実施した取引年月日・金額・振込先名等）が記載されたデータになる。

|解説|

保存方法は特に定めはないが、そのデータまたは画面をダウンロードするか、印刷機能によってPDFファイルを作成するか、あるいはスクリーンショットを作成するなどの方法で保存することになる。

なお、振込依頼を受け付けた旨のみが単に画面に表示される場合については、取引情報には該当しないことから、その電子データを保存する必要はない。

(出所：国税法　電子帳簿保存法一問一答（電子取引関係）問9)

Q116 オンライン上の通帳

> **Q** 銀行等のオンライン上の通帳や入出金明細等による保存は可能か。

A 銀行等のオンライン上の通帳や入出金明細等で保存することもできる。

|解説|

インターネットバンキングを利用した振込等に係る取引年月日・金額・振込先名等が記載されたデータについては、そのデータ（または画面）をダウンロードするまたは印刷機能等によってPDFファイルを作成するなどの方法により保存することとなる。

このほか、銀行等のオンライン上の通帳や入出金明細等（以下「オンライン上の通帳等」という。）による保存も可能となる。

この際、1件の振込等で振込先が複数ある場合には、各振込先・振込金額を確認できる書類等の保存が必要となる。

なお、オンライン上の通帳等による保存の場合、オンライン上の通帳等の確認が随時可能な状態であるときは、必ずしもオンライン上の通帳等をダウンロードして保存する必要はない。

（出所：国税法　電子帳簿保存法一問一答（電子取引関係）問9-2）

Q117 従業員の立替払い

> **Q** 従業員が会社の経費等を立て替えた場合において、その従業員が支払先から領収書を電子データで受領した行為は、会社と

しての電子取引に該当するか。該当するとした場合には、どのように保存すればよいのか。

A 　従業員が支払先から電子データにより領収書を受領する行為についても、その行為が会社の行為として行われる場合には、会社としての電子取引に該当する。

　保存方法としては、基本的には、その電子データ従業員から集約して会社として取りまとめて保存し、管理することが望ましい。

　ただし、集約するまでの一定の間は、従業員のパソコンやスマートフォン等に電子データ自体は保存しておきつつ、検索機能を損なうことがないよう会社としても日付、金額、取引先の検索条件に紐づく形でそうした保存状況にあることを情報として管理しておくことも認められている。

|解説|

　会社の業務フロー上、打ち出された紙ベースでの業務処理が定着しており、直ちに電子データを集約する体制を構築することが困難な場合も存在することも想定され得ることから、集約するまでの一定の間については、従業員のパソコンやスマートフォン等により、請求書データを格納する方法により保存することを認めることが明らかにされている。

　この場合でも、その電子データの真実性確保の要件等を満たす必要があることから、例えば、正当な理由がない訂正および削除の防止に関する事務処理規程に従って保存を行う等、保存要件にしたがった保存を行う必要がある。

（出所：国税庁　電子帳簿保存法一問一答（電子取引関係）問10）

Q118　課税期間の途中からの電子取引データ保存

> **Q**　課税期間が令和5年4月1日から令和6年3月31日までの場合、令和6年1月1日以後に行う電子取引の取引情報については、課税期間の途中であっても、令和5年度の税制改正後の要件で保存しなければならないのか。

A　令和5年度の税制改正では、令和4年度改正で措置された宥恕措置は廃止され、システム対応が間に合わなかった事業者等への新たな猶予措置が創設された。また、検索機能の確保の要件が不要の場合の要件の緩和措置が講じられた。これらの措置は、令和6年1月1日以後に行う電子取引の取引情報から適用されるものであり、令和5年12月31日までに行った電子取引の取引情報については、従前のとおりの方法で保存する必要がある。

したがって、令和6年1月1日以後に行う電子取引の取引情報については、令和5年度の税制改正後の要件により保存しなければならず、同日後は、例外なく電子データによる保存が義務化されている。

解説

令和5年度の税制改正における電子帳簿等保存制度の見直しの施行日は令和6年1月1日であり、同日以後に行う電子取引の取引情報については改正後の要件にしたがって保存を行う必要がある（令5改正規則附則2②）。

したがって、同一課税期間に行う電子取引の取引情報でも、令和5年12月31日までに行う電子取引と令和6年1月1日以後に行う電子取引とでは、その保存時に満たすべき要件が異なるので注意しなけれ

ばならない。

（出所：国税庁　電子帳簿保存法一問一答（電子取引関係）問12）

Q 119　電子取引の種類に応じた保存方法

> **Q**　電子取引を行った場合において、取引情報をデータとして保存する場合、どのような保存方法が認められるのか。

A　電子取引を行った場合には、取引情報を保存することとなるが、例えば次に掲げる電子取引の種類に応じて保存することが認められる。なお、これらのデータを保存するサーバ等は可視性および真実性の保存要件を満たす必要がある。

①　電子メールに請求書等が添付された場合
　(1)　請求書等が添付された電子メールそのもの（電子メール本文に取引情報が記載されたものを含む。）をサーバ等（運用委託しているものを含む。以下同じ。）自社システムに保存する。
　(2)　添付された請求書等をサーバ等に保存する。
②　発行者のウェブサイトで領収書等をダウンロードする場合
　イ　PDF等をダウンロードできる場合
　　(1)　ウェブサイトに領収書等を保存する。
　　(2)　ウェブサイトから領収書等をダウンロードしてサーバ等に保存する。
　ロ　HTMLデータで表示される場合
　　(1)　ウェブサイト上に領収書を保存する。
　　(2)　ウェブサイト上に表示される領収書をスクリーンショットし、サーバ等に保存する。

(3) ウェブサイト上に表示されたHTMLデータを領収書の形式に変換（PDF等）し、サーバ等に保存する。
③　第三者等が管理するクラウドサービスを利用し領収書等を授受する場合
　　(1) クラウドサービスに領収書等を保存する。
　　(2) クラウドサービスから領収書等をダウンロードして、サーバ等に保存する。
④　従業員がスマートフォン等のアプリを利用して、経費を立て替えた場合
　　従業員のスマートフォン等に表示される領収書データを電子メールにより送信させて、自社システムに保存する。この場合にはいわゆるスクリーンショットによる領収書の画像データでも構わない。

解説

　電子取引の取引情報に係る電磁的記録の保存に関して、授受した電磁的記録をそのまま上記の方法により保存することが認められるが、電子取引により受領した請求書等の取引情報（請求書や領収書等に通常記載される日付、取引先、金額等の情報）を確認し、改めてその取引情報のみをサーバ等に自ら入力することをもって電磁的記録の保存とすることは認められない。

（出所：国税庁　電子帳簿保存法一問一答（電子取引関係）問32）

Q120 スマホアプリを使って取引を行った場合の保存方法

> **Q** スマホアプリを使って決済を行い、アプリ提供業者から利用明細書を受領したが、どのように保存するのか。

A アプリ提供事業者から電子データで利用明細等を受領する行為は、電子取引に該当する。したがって、その利用明細等に係る取引データについて保存要件に従って保存する必要がある。

解説

いわゆるスマホアプリを利用した際に、アプリ提供事業者から受領する利用明細に係る内容には、通常、支払日時、支払先、支払金額等が記載されていることから、保存対象となる取引情報に該当する。その取引情報の授受を電磁的方式より行う場合には、電子取引に該当することになる。

この取引情報の保存にあたっては、アプリ提供業者から提供された利用明細書が、クラウド上で一時的に保存されたデータをダウンロードして保存するようなシステムの場合には、一般的に受領者側におけるデータの訂正削除が可能と考えられるので、受領したデータにタイムスタンプの付与が行われていない場合には、受領者側でタイムスタンプを付与するか、事務処理規程に基づいて、適切にデータを管理することが必要となる。

また、対象となるデータは原則、検索できる状態で保存することが必要であるので、このデータが添付された電子メールについて、そのメールソフト上で閲覧できるだけでは十分とはいえない。検索要件が不要となる場合にはこの限りでない（電帳規4①柱書、②）。

(出所：国税庁　電子帳簿保存法一問一答（電子取引関係）問4、7より作成）

Q121　電子と書面で同じ内容の取引情報を受け取った場合の扱い

> **Q**　電子取引で受け取った取引情報について、同じ内容のものを書面でも受領した場合、書面を正本として取り扱うことを取り決めているときでも、電子データも保存する必要があるのか。【電子＋紙】

A　電子データと書面の内容が同一であり、書面を正本として取り扱うことを自社内等で取り決めている場合には、その書面の保存のみで足りる。ただし、書面で受領した取引情報を補完するような取引情報が電子データに含まれているなどその内容が同一でない場合には、書面、電子データいずれについても保存が必要となる。

解説

　通常、請求書は一つで取引を行うことから、正本・副本がある場合には、その正本を保存すれば足りることになる。ただし、書面で受領した取引情報に加えて、その詳細をメール本文で補足している場合等、その電子データに正本を補完するような取引情報が含まれている場合等には、正本である書面の保存に加えて、電子データの保存も必要になる。

（出所：国税庁　電子帳簿保存法一問一答（電子取引関係）問14）

Q122 同一の請求書をクラウドと電子メールの二通りの方法で電子により受領した場合

> **Q** 取引先との間で、同一の請求書をクラウドサービスと電子メールで２つ受領した場合、２つとも保存する必要があるのか。【電子＋電子】

A 請求書をクラウドサービスにより受領したものと電子メールにより受領したものがある場合のように、同一の請求書を２つの電子取引により受領したときについては、それが同一のものであるのであれば、いずれか１つの電子取引に係る請求書を保存しておけばよいこととなる。

解説

電子取引の取引データについて、２つの電子取引により同一の取引データを受領した場合には、いずれの取引データを保存する必要があるのか問題となるが、それらの取引データが同一の内容であれば同一の請求書を重複して保存することとなるため、いずれかの電子取引に係る請求書を保存しておけばよいこととなる。

(出所：国税庁　電子帳簿保存法一問一答（電子取引関係）問31より作成)

Q123　検索機能の確保とは何が必要か

> **Q** 電子取引の取引情報に係る電磁的記録の保存にあたり、どのような検索機能を有していればいいのか。

A 電子取引の取引情報に係る電磁的記録の保存にあたり、以下の要件を満たす検索機能を確保する必要がある。

① 取引年月日その他の日付、取引金額および取引先を検索の条件として設定することができること。
② 日付または金額に係る記録項目については、その範囲を指定して条件を設定することができること。
③ 二以上の任意の記録項目を組み合わせて条件を設定することができること

解説

取引情報の保存については、サーバ等に保存する場合や、クラウドサービス等を利用する場合が考えられるが、その保存方法にかかわらず、保存義務者は上記の要件を満たして検索をすることができる必要がある。

なお、税務職員による質問検査権に基づくダウンロードの求めに応じることができるようにしている場合には、②および③の要件は不要、一定の小規模事業者等については、すべての検索機能の確保の要件が不要となる。

なお、ダウンロードの求めに応じられる状態で電磁的記録の保存を行い、税務調査で実際にダウンロードの求めがあった場合に、一部でもその求めに応じなかった場合には、検索要件の緩和の規定の適用は受けられない。

(出所：国税庁　電子帳簿保存法一問一答（電子取引関係）問42、電帳通7-9)

Q124　記録項目を組み合わせた条件設定

> **Q**　「二以上の任意の記録項目を組み合わせて条件を設定することができること」には、「AかつB」のほか「AまたはB」といった組合せも含まれるか。

A　「AまたはB」の組合せは必要ない。

解説

　二の記録項目の組合せとしては、「AかつB」と「AまたはB」とが考えられるが、このうち、「AまたはB」の組合せについては、それぞれの記録項目により二度検索するのと実質的に変わらない（当該組合せを求める意味がない）ことから、これを求めないこととされている。
（出所：国税庁　電子帳簿保存法一問一答（電子取引関係）問43）

Q125　段階的な検索ができるもの

> **Q**　一の記録項目により検索をし、それにより探し出された記録事項を対象として、別の記録項目により絞り込みの検索をする方式は、要件を満たすこととなるのか。

A　段階的な検索ができるものも要件を満たすこととなる。

解説

　「二以上の任意の記録項目を組み合わせて条件を設定することがで

きること」とは、必ずしも「AかつB」という組合せで検索できることのみをいうのではなく、一の記録項目（例えば「A」）により検索をし、それにより探し出された記録事項を対象として、別の記録項目（例えば「B」）により再度検索をする方式も結果は同じであることから要件を満たすこととなる。

（出所：国税庁　電子帳簿保存法一問一答（電子取引関係）問43）

Q126　売上高が5,000万円以下で検索要件が不要となる場合

> **Q**　売上高が5,000万円以下である場合、検索要件が不要となる場合があるとのことだが、どのような場合か。

A　電子取引の検索要件については、保存義務者がその判定期間に係る基準期間における売上高が5,000万円以下（令和6年1月1日前に行った電子取引の取引情報については1,000万円以下）である事業者である場合に、その保存義務者が税務調査でダウンロードの求めに応じることができるようにしている場合には、検索要件のすべてが不要とされている（電帳規4①柱書）。

　なお、ダウンロードの求めに応じられる状態で保存していたにもかかわらず、税務調査で実際にダウンロードの求めがあった場合に、一部でも求めに応じなかったときには、検索要件は不要とはならず、検索機能を確保する必要がある。さらに検索機能が確保できなかった場合には、保存要件に従って保存が行われていないこととなり、国税関係書類以外の書類とみなされない（電帳通7-9、電帳法8②）。

|解説|

電子取引を行った場合で検索要件が不要となる場合

	個人	法人
判定期間 （電帳規4②二）	個人事業者＝電子取引を行った日の属する年の1月1日から12月31日までの期間	法人＝電子取引を行った日の属する事業年度（法人税法第13条および第14条（事業年度）に規定する事業年度）
基準期間 （電帳規4②三）	個人事業者＝その年の前々年	法人＝その事業年度の前々事業年度（当該前々事業年度が1年未満である法人については、その事業年度開始の日の2年前の日の前日から同日以後1年を経過する日までの間に開始した各事業年度を合わせた期間）
保存義務者がその判定期間に係る基準期間における売上高が5,000万円以下（令和6年1月1日前に行った電子取引の取引情報については1,000万円以下）である事業者である場合において、税務調査でダウンロードの求めに応じることができるようにしている場合には、検索要件のすべてが不要		

(注) 売上高が5,000万円を超えるかどうかの判断基準については、消費税法第37条の中小事業者の仕入れに係る消費税額の控除の特例（簡易課税制度）の課税期間に係る基準期間における課税売上高の判断基準の例によるが、例えば、判定期間に係る基準期間がない新規開業者、新設法人の初年（度）、翌年（度）の課税期間などについては、検索機能の確保の要件が不要となる。

（出所：国税庁　電子帳簿保存法一問一答（電子取引関係）問45）

Q 127　売上高の判定

Q　「判定期間に係る基準期間の売上高が5,000万円以下の場合」とは、どのように判断すればいいのか？

A 個人事業者については、電子取引を行った年の前々年の1月1日から12月31日の売上高、法人については、電子取引を行った事業年度の前々事業年度の売上高が、5,000万円（消費税等の額を除いた税抜金額）を超えるかどうかで判断することになる。

基準期間が1年でない法人については、基準期間の売上高を基準期間に含まれる事業年度の月数で除し、これに12を乗じて算出した金額を用いて5,000万円を超えるかどうかで判断する。

この基準期間における売上高は、消費税法上の基準期間における課税売上高と異なり、非課税売上額が含まれるので、消費税の免税事業者や簡易課税制度を適用している者でも、非課税売上額を含めると5,000万円を超える場合は、「判定期間に係る基準期間の売上高が5,000万円以下の場合」には該当しない。

解説

検索要件不要の「売上高」について、個人事業者や法人の場合、次の収入となる。

① 個人事業者の場合は、「商品製品等の売上高、役務提供に係る売上高、農産物の売上高（年末において有する農産物の収穫した時の価額を含む。）、賃貸料または山林の伐採または譲渡による売上高」をいい、家事消費高およびその他の収入は含まれないので、例えば、一時的に保有する資産の売却額は含まれない。

② 法人の場合は、「一般的に売上高、売上収入、営業収入等として計上される営業活動から生ずる収益」をいい、一時的な保有資産売却額など、いわゆる営業外収益や特別利益は含まれないので、例えば、一時的に保有する資産の売却額は含まれない。

（出所：国税庁　電子帳簿保存法一問一答（電子取引関係）問45）

Q128 出力した書類を整理して検索要件が不要となる場合

> **Q** 電子取引の取引データを書面に出力し、取引年月日や取引先ごとに整理されたものの提示等の要求に応じることができるようにしている場合には、検索要件が不要となるとのことだが、どのような場合か。

A 保存義務者が国税に関する法律の規定による電磁的記録を出力することにより作成した書面で整然とした形式および明瞭な状態で出力され、取引年月日その他の日付および取引先ごとに整理されたものの提示もしくは提出の要求に応じることができるようにしている場合であって、当該電磁的記録の提示等の要求に応じることができるようにしている場合には、検索要件全体が不要となる（電帳規4①柱書）。（※この制度は、令和6年1月1日以後に行う電子取引の取引情報から適用される。）

解説

「電磁的記録を出力した書面であって、取引年月日その他の日付および取引先ごとに整理されたものの提示もしくは提出の要求に応じることができるようにしている場合」については、次に掲げるいずれかの方法により、電子取引の取引情報に係る電磁的記録を出力することにより作成した書面が、課税期間ごとに日付および取引先について規則性を持って整理されている必要がある。

① 課税期間ごとに、取引年月日その他の日付の順にまとめた上で、取引先ごとに整理する方法
② 課税期間ごとに、取引先ごとにまとめた上で、取引年月日その

他の日付の順に整理する方法
　③　書類の種類ごとに、①または②と同様の方法により整理する方法
(注)　③は法人税法等により書類を保存する場合の管理の実務と同様、種類ごとに区分した上で、その区分ごとに①または②の方法で整理することも認められることを明らかにしたものである。

　なお、このように整理された出力書面を基に、保存する電磁的記録の中から必要な電磁的記録を探し出せるようにしておく必要があり、かつ、探し出した電磁的記録をディスプレイの画面に速やかに出力できるようにしておく必要がある。

（出所：電帳通7-3、国税庁　電子帳簿保存法一問一答（電子取引関係）問46）

Q129　複数の取引がまとめて記録されているデータの扱い

> **Q**　1ヵ月分の取引がまとめて記録された納品書データを授受した場合、検索要件の記録項目については、記録されている個々の取引ごとの取引年月日その他の日付および取引金額を設定する必要があるのか。

A　検索要件の記録項目としては、個々の取引ごとの取引年月日および取引金額として記録されているものをそれぞれ用いる方法のほか、その電子取引データを授受した時点でその発行または受領の年月日として記録されている年月日およびその電子取引データに記録された取引金額の合計額を用いる方法としても、その取扱いが各課税期間において自社で一貫した規則性を持っていれば差し支えないこととされている。

解説

　納品書データが月まとめで送られてくるケースは実務上よくある。このように一つの電子取引データに複数の取引がまとめて記録されているような場合、それは内訳として記録されているものなのか、それともあくまで個々の独立した取引であるが便宜的に一つの電子取引データに記録されているものなのかについては、必ずしも判然としないことがある。

　電子取引データを授受した時点でその発行または受領の年月日として記録されている日付をもって、検索機能における記録項目である「取引年月日その他の日付」として用いても、その取扱いが各課税期間において自社で一貫した規則性を持っている限り差し支えないこととされている（電帳通4-30）。

　この場合における取引金額での検索については、「取引年月日その他の日付」が個々の取引年月日によって検索できるようにしているのであれば「取引金額」についても個々の取引金額で検索できるようにする必要があり、「取引年月日その他の日付」がその電子取引データの発行または受領の年月日によって検索できるようにしているのであれば「取引金額」についてもその電子取引データに記録された取引金額の合計額で検索できるようにしておく必要がある。

（出所：電帳通4-30、国税庁　電子帳簿保存法一問一答（電子取引関係）問49）

Q130　異なる取引条件に応じた複数の見積金額の検索方法

> **Q**　1回の見積りに関して、異なる取引条件等に応じた複数の見積金額が記録された見積書データを授受した場合、検索機能における記録項目である「取引金額」についてはどのように設定すればよいか。

A　課税期間において自社で一貫して規則性を持っている限り、見積書データに記録されている見積金額のうちいずれの見積金額を用いても差し支えない。

解説

　取引条件等を変えることで見積金額が変わる場合、取引条件等に応じた複数の金額を示した見積書が提示される場合がある。こうした場合の対応としては、最もシンプルな取引条件での見積金額で検索できるようにしておく方法、実際に発注することとなった見積金額で検索できるようにしておく方法、最も高額または低額の見積金額で検索できるようにしておく方法等が考えられるが、自社内で統一したルールを定めてそれに即して検索機能を設定するとともに、そのルールを税務調査の際に説明できるようにしていれば、見積書データに記録されている見積金額のうちいずれの見積金額を用いても差し支えないこととされている。

　検索については一課税期間を通じて行えることが基本的には必要であるが、課税期間の途中でルールを変更してしまうと適切に検索が行えなくなるおそれがあるため、課税期間中はルールを変更しないようにする必要がある。

(出所:国税庁　電子帳簿保存法一問一答(電子取引関係)問50)

Q131　取引金額の検索は税抜or税込？

> **Q**　検索要件の記録項目である「取引金額」については、税抜・税込どちらとすべきか。

A　帳簿の処理方法(税抜経理／税込経理)に合わせるべきと考えられるが、授受した電子取引データに記載されている取引金額を検索要件の記録項目とすることとしても問題ない。

|解説|

　検索機能の確保の要件は、税務調査の際に必要なデータを確認することを可能とし、調査の効率性の確保に資するために設けられているものである。

　また、税務調査では帳簿の確認を基本とし、帳簿に関連する書類や取引情報の確認を行っていくことが想定されることから、基本的には帳簿と同じ金額で検索できるようにしておくべきと考えられる。

　ただし、税抜・税込を統一せずに、授受した電子取引データに記載されている金額を記録項目としていても特に問題ない。

Q132　検索機能を有するシステムを有しない場合の検索

> **Q**　電子取引の取引データを保存するシステムを有しない場合、どのようにすれば検索機能の確保の要件を満たすこととなるのか。

A 【表計算ソフトを使う場合】

　エクセル等の表計算ソフトにより、取引データに係る取引年月日その他の日付、取引金額、取引先の情報を入力して一覧表を作成することにより、そのエクセル等の機能により、入力された項目間で範囲指定、二以上の任意の記録項目を組み合わせて条件設定をすることが可能な状態であれば、検索機能の確保の要件を満たすものと考えられる。

【ファイル名の入力により行う場合】

　取引データのファイル名を「取引年月日その他の日付」、「取引金額」、「取引先」を含み、統一した順序で入力しておくことで、取引年月日その他の日付、取引金額、取引先を検索の条件として設定することができる。

　また、その取引データについて、税務職員のダウンロードの求めに応じることができるようにしておけば、範囲指定、二以上の任意の記録項目を組み合わせた条件設定による検索要件は不要となる。

　これらにより、検索機能の確保の要件を満たすことになる。

|解　説|

(1)　一覧表の作成により検索機能を満たそうとする例

　　ファイル名には1、2、…と通し番号を入力する。エクセル等により以下の表を作成する。

連番	日付	金額	取引先	備考
1	20240331	110000	(株)霞商店	請求書
2	20240210	330000	国税工務店(株)	注文書
3	20240228	330000	国税工務店(株)	領収書
⋮				
49	20241217	220000	(株)霞商店	請求書
50	20241227	55000	国税工務店(株)	領収書

(注) 索引簿のサンプルについては、国税庁HPからダウンロードできる。

(2) ファイル名の入力により検索機能を満たそうとする例

2025年（令和7年）12月1日付の株式会社霞商事からの20,000円の請求書データの場合⇒「20251201_㈱霞商事_20,000」

※取引年月日その他の日付は和暦でも西暦でも構わないが、混在は抽出機能の妨げとなることから、どちらかに統一して入力する必要がある。

（出所：国税庁　電子帳簿保存法一問一答（電子取引関係）問44）

Q133　訂正または削除の履歴の確保の要件

Q 訂正または削除の履歴の確保の要件を満たすためには、具体的にどのようなシステムであればよいのか。

A 訂正または削除の履歴の確保の要件を満たしたシステムとは、例えば、

①　電磁的記録の記録事項に係る訂正・削除について、物理的にできない仕様とされているシステム
　②　電磁的記録の記録事項を直接に訂正または削除を行った場合には、訂正・削除前の電磁的記録の記録事項に係る訂正・削除の内容について、記録・保存を行うとともに、事後に検索・閲覧・出力ができるシステム
等のシステムが該当する。

> **解説**

　例えば他者であるクラウド事業者が提供するクラウドサービスにおいて取引情報のやりとりや保存を行い、利用者側では訂正削除できない、または訂正削除の履歴（ヴァージョン管理）がすべて残るクラウドシステムであれば、通常、この電子計算機処理システムの要件を満たしているものと考えられる。
（出所：国税庁　電子帳簿保存法一問一答（電子取引関係）問35）

Q134　訂正および削除の防止に関する事務処理の規程とは

> **Q**　「訂正および削除の防止に関する事務処理の規程」とはどのような規程を設ければいいのか。

　A　「正当な理由がない訂正および削除の防止に関する事務処理の規程」とは、例えば、次に掲げる区分に応じ、それぞれ次に定める内容を含む規程がこれに該当する（電帳通7-7）。
(1)　自らの規程のみによって防止する場合
　①　データの訂正削除を原則禁止

② 業務処理上の都合により、データを訂正または削除する場合（例えば、取引相手方からの依頼により、入力漏れとなった取引年月日を追記する等）の事務処理手続（訂正削除日、訂正削除理由、訂正削除内容、処理担当者の氏名の記録および保存）
　③ データ管理責任者および処理責任者の明確化
(2) 取引相手との契約によって防止する場合
　① 取引相手とデータ訂正等の防止に関する条項を含む契約を行うこと。
　② 事前に上記契約を行うこと。
　③ 電子取引の種類を問わないこと。

|解説|

　電子取引の取引情報に係る電磁的記録の真実性を確保するための要件としては、タイムスタンプを用いたもの、一定の要件を満たすシステムを使用したものと、この事務処理規程の備付けが定められている。事務処理規程の備付け以外の要件は設備投資が必要となる。

　事務処理規程の備付けは運用上の規程を定めて、マンパワーによりこれをしっかり運用することにより保存要件を満たすことになる。このための設備投資が難しい保存義務者にとっては、採用しやすい要件となる。

Q135　保存要件の判定方法

> **Q** 自社で使用する電子取引用のソフト等について、電子帳簿保存法の要件を満たしているか分からないが、どのようにしたらよいか。

A 保存要件を満たしているか、使用するソフトウェアの取扱説明書等で確認することになる。

　また、公益社団法人日本文書情報マネジメント協会（以下「JIIMA」という。）において、市販のソフトウェアおよびソフトウェアサービス（以下「ソフトウェア等」という。）を対象に、電子帳簿保存法における要件適合性の確認（認証）を行っており、JIIMAが確認（認証）したソフトウェア等については、JIIMAのホームページ等でも確認することができる。

|解説|

　保存義務者の予見可能性を向上させる観点から、JIIMAがソフトウェア等の法的要件認証を行っている。

　電子帳簿保存法の保存等の要件には、事務手続関係書類の備付けに関する事項等、ソフトウェア等の機能に関する事項以外の要件もあり、それらを含めすべての要件を満たす必要があるので注意が必要である。

（出所：国税庁　電子帳簿保存法一問一答（電子取引関係）問57）

Q 136　JIIMAにより認証されたソフトウェア

Q　JIIMAにより認証されたソフトウェアとはどのようなものか。

A　JIIMAが電子帳簿保存法に規定する機能要件に適合するか機能の仕様について取扱説明書等で確認を行い、法的要件を満たしていると

判断し認証されたソフトウェア等をいう。

　また、認証を受けたソフトウェア等は、国税庁およびJIIMAのホームページに記載される認証製品一覧表に明示されるほか、そのソフトウェア等の説明書等に認証番号などが記載されている。

　認証制度開始時からの電子帳簿およびスキャナ保存用のソフトウェア等に係る認証制度に加えて、令和３年４月以降は、電子書類および電子取引に係るソフトウェア等についても認証を行っている。

　なお、認証を受けたソフトウェア等は、以下に示す「認証ロゴ」を使用できることから、そのソフトウェアがJIIMAから認証されたものであるか否かについては、この認証ロゴによって判断することもできる。

　ただし、以下の「認証ロゴ」は令和６年６月現在で使用しているものを記載しているので、使用にあたっては説明書等で認証番号などを確認する必要がある。

（参考）

《認証ロゴ（令和６年６月現在使用されている主なもの）》

（出所：国税庁　電子帳簿保存法一問一答（電子取引関係）問58）

Q137　新たな猶予措置の相当の理由

> **Q**　電子取引について、税務署長が「要件にしたがって保存することができなかったことについて相当の理由がある」と認める場合に、出力書面の提示または提出の求めに応じることができるようにしているときは、保存時に満たすべき要件が不要となる「新たな猶予措置」が設けられているが、どのような場合が「相当の理由」があると認められるのか。

A　令和5年度の税制改正において創設された新たな猶予措置の「相当の理由」とは、例えば、その電磁的記録そのものの保存は可能であるものの、保存時に満たすべき要件にしたがって保存するためのシステム等や社内のワークフローの整備が間に合わない等といった、自己の責めに帰さないとは言い難いような事情も含め、要件にしたがって電磁的記録の保存を行うための環境が整っていない事情がある場合については、この猶予措置における「相当の理由」があると認められ、保存時に満たすべき要件にしたがって保存できる環境が整うまでは、そうした保存時に満たすべき要件が不要となる。事前の手続きは不要である。

したがって、検索機能の確保の要件を満たすための準備が間に合わない場合でも、電子データ自体を保存するとともに、電磁的記録およびその電磁的記録を出力することにより作成した書面（整然とした形式および明瞭な状態で出力されたものに限る。）の提示・提出の要求に応じることができるようにしておくことで、猶予措置の適用によって、電子取引データの保存義務に対応することができる。

ただし、システム等や社内のワークフローの整備が整っており、電

子取引の取引情報に係る電磁的記録を保存時に満たすべき要件にしたがって保存できるにもかかわらず、資金繰りや人手不足等の理由がなく、そうした要件にしたがって電磁的記録を保存していない場合には、この猶予措置の適用は受けられない（電帳通7‒12）。

|解説|

令和4年1月1日以後に行う電子取引からは、その取引情報に係る電子データの保存が義務化されたものの、保存要件への対応が困難な事業者の実情に配意して、従来どおりの出力書面等による保存を可能とするための措置（宥恕措置）が設けられたが、令和5年12月31日で廃止された。この場合には、その出力書面等の保存をもってその電子データの保存を行っているものとして取り扱って差し支えないとされていた。

令和6年1月以降に行う電子取引については、保存要件にしたがった電子データの保存が求められるが、システム等や社内のワークフローの整備が間に合わない等といった事業者が一定数見込まれた。

こうした状況を踏まえて、税務署長が相当の理由があると認め、かつ、保存義務者が税務調査等の際に、税務職員からの求めに応じ、その電子データおよびその電子データを出力することにより作成した書面（以下「出力書面」という。）の提示または提出をすることができる場合には、その保存時に満たすべき要件にかかわらず電子データの保存が可能とされ、柔軟に電子データの保存を認めることのできる「新たな猶予措置」が電子帳簿保存法に恒久措置として位置付けられた。

なお、この取扱いについては、その電子データの保存に代えてその出力書面のみを保存する対応は認められず、猶予措置の適用を受ける

場合には、電子データ自体を保存するとともに、その電子データおよび出力書面について提示または提出をすることができる必要があることに留意する必要がある（電帳通7-13）。

（参考）

電子帳簿保存法施行規則第4条第3項後段では、「要件にしたがって保存することができなかったことについて相当の理由」がなかったとした場合において、保存時に満たすべき要件にしたがって電子データの保存をすることができなかったと認められるときは、この限りではない、つまり猶予措置の適用はないとされている。

この規定が適用される場面としては、例えば、令和6年1月1日以後に行う電子取引の取引情報について電子帳簿保存法による保存時に満たすべき要件にしたがって電子データの保存を行わないことを明らかにしている場合等が該当する。

（出所：国税庁　電子帳簿保存法一問一答（電子取引関係）問61）

Q138　公益法人の場合の電子取引データ保存の保存義務

> **Q**　青色申告の承認を受けて収益事業を行っている公益法人の場合、電子取引データ保存については、収益事業に係る取引に関するものだけを保存しておけばよいのか。それともすべての事業の取引に関するものの保存が必要か。
> 　また、青色申告法人以外の公益法人である場合はどうなるのか。

A　公益法人等が青色申告法人である場合、収益事業を含むすべての事業の取引に関する電子取引の取引情報に係る電磁的記録を保存する

必要がある。

　青色申告法人以外の公益法人等である場合、収益事業に関する電子取引の取引情報に係る電磁的記録の保存をすれば足りることになる。

解説

(1) **電子取引データ保存の対象**

　電子取引データ保存では、電子取引の取引情報に係る電磁的記録を保存しなければならないこととされ、この「電子取引」とは、取引情報（取引に関して受領し、または交付する注文書、契約書、送り状、領収書、見積書その他これらに準ずる書類に通常記載される事項をいう。）の授受を電磁的方式により行う取引をいうこととされている（電帳法2五）。

　この「取引情報」については、収益事業に係る事項に限られていない。

(2) **青色申告以外の公益法人**

　公益法人等に係る帳簿書類の保存については、公益法人等が青色申告法人以外の法人である場合には、現金出納帳その他必要な帳簿、また、「収益事業に係る取引に関して」、相手方から受け取った注文書、契約書、送り状、領収書、見積書その他これらに準ずる書類および相手方に交付したこれらの書類の写し、さらに、棚卸表、貸借対照表および損益計算書ならびに決算に関して作成されたその他の書類を保存しなければならないこととされている（法法150の2①、法規66①、67①②）。

(3) **収益事業を行っていない場合**

　電子取引の取引情報は、申告所得税および法人税の「保存義務者」が電子取引を行った場合に課せられる保存義務規定である。

この「保存義務者」とは、法人税法等で取引関係書類を保存しなければならない者であり、収益事業を行っていなければ法人税は課されず、保存義務者とはならないので、電子取引の取引情報の保存義務もないことになる。

(4) **青色申告の公益法人**

　他方、公益法人等が青色申告法人である場合には、仕訳帳、総勘定元帳その他必要な帳簿等、また、棚卸表、貸借対照表および損益計算書ならびに決算に関して作成されたその他の書類、さらに、取引に関して、相手方から受け取った注文書、契約書、送り状、領収書、見積書その他これらに準ずる書類および相手方に交付したこれらの書類の写しを保存しなければならないこととされている（法人税法126①、法人税法施行規則59①）。

　公益法人等が青色申告法人以外の法人である場合の定めとは異なり、「収益事業に係る取引に関して」とされていないことから、収益事業を含むすべての事業の取引に関する書類を保存しなければならないこととされている。

(5) **公益法人の電子取引データ保存**

　電子帳簿保存法が帳簿書類の保存方法についての所得税法、法人税法等の各税法の特例を定めるものであることから、公益法人等が青色申告法人である場合には、通常の帳簿書類の保存と同様、収益事業を含むすべての事業の取引に関する帳簿書類を保存する必要がある。

　また、その公益法人等が取引情報の授受を電子的に行った場合には、一定の要件にしたがって、収益事業を含むすべての事業の取引に関する電子取引データ保存制度の対象として、その電子データを保存しなければならないこととなる。

　他方、公益法人等が青色申告法人以外の法人である場合には、一定

の要件にしたがって、収益事業に関する電子取引データの保存をすれば足りる。

(出所:国税庁 電子帳簿保存法一問一答(電子取引関係)問69、国税庁文書回答(令和6年3月19日)「収益事業を行う青色申告法人である公益法人等の電子取引の取引情報に係る電磁的記録の保存について(収益事業以外の事業の取引に関する電子取引の取引情報について)」)

電子インボイス　Q&A

Q139　適格請求書に係る電磁的記録による提供

> **Q**　請求書を取引先にインターネットを通じて電子データにより提供している場合、この請求書データは適格請求書とすることができるのか。

A　適格請求書発行事業者は、国内において課税資産の譲渡等を行った場合に、相手方（課税事業者に限る。）から求められたときは、紙の適格請求書の交付に代えて、適格請求書に係る電磁的記録を提供することができる（消法57の4①⑤）。したがって、請求書データに適格請求書の記載事項を記録して電子データで提供することにより、適格請求書の交付に代えることができる。

解説

適格請求書発行事業者が提供した電子データを電磁的に保存しようとする場合には一定の要件を満たした状態で保存する必要がある。

（参考）

電磁的記録による提供方法としては、光ディスク、磁気テープ等の記録用の媒体による提供のほか、例えば、次の方法がある（消基通1-8-2）。

① EDI取引（注）における電子データの提供
② 電子メールによる電子データの提供
③ インターネット上にサイトを設け、そのサイトを通じた電子データの提供

(注) EDI（Electronic Data Interchange）取引とは、異なる企業・組織間で商取引に関連するデータを、通信回線を介してコンピュータ間で交換する取引等をいう。

（出所：国税庁　消費税の仕入税額控除制度における適格請求書等保存方式に関するQ&A問31より）

Q140　適格請求書に係る電磁的記録を提供した場合の保存方法

> **Q**　適格請求書の交付に代えて、適格請求書に係る電磁的記録を提供した場合、その提供した電磁的記録については、どのような方法で保存しなければならないのか。

A　適格請求書発行事業者は、国内において課税資産の譲渡等を行った場合に、相手方（課税事業者に限る。）から求められたときは適格請求書を交付しなければならないが、適格請求書の交付に代えて、適格請求書に係る電磁的記録を相手方に提供することができる（消法57の4①⑤）。その場合、適格請求書発行事業者は、提供した電磁的記録を

・電磁的記録のまま（消規26の8①）、または

・紙に印刷して（適格請求書に係る電磁的記録を紙に印刷して保存しようとするときには、整然とした形式および明瞭な状態で出力する必要（消規26の8②））、その提供した日の属する課税期間の末日の翌日から2月を経過した日から7年間、納税地またはその取引に係る事務所、事業所その他これらに準ずるものの所在地に保存しなければならない（消法57の4⑥、消令70の13①、消規26の8）。

【解説】

　提供した電磁的記録をそのまま保存しようとする場合には、電子帳簿保存法の電子取引の取引情報と同様の要件により保存しなければならないので、以下の措置を講じる必要がある（消規26の8①）。

　他方、適格請求書に係る電磁的記録を紙に印刷して保存しようとするときには、整然とした形式および明瞭な状態で出力する必要がある（消規26の8②）。

(1)　次の①から④のいずれかの措置を行うこと

①　適格請求書に係る電磁的記録にタイムスタンプを付し、その電磁的記録を提供すること（電帳規4①一）

②　次に掲げる方法のいずれかにより、タイムスタンプを付すこと（電帳規4①二）

・適格請求書に係る電磁的記録の提供後、速やかにタイムスタンプを付すこと

・適格請求書に係る電磁的記録の提供からタイムスタンプを付すまでの各事務の処理に関する規程を定めている場合において、その業務の処理に係る通常の期間を経過した後、速やかにタイムスタンプを付すこと

③　適格請求書に係る電磁的記録の記録事項について、次のいずれかの要件を満たす電子計算機処理システムを使用して適格請求書に係る電磁的記録の提供およびその電磁的記録を保存すること（電帳規4①三）

・訂正または削除を行った場合には、その事実および内容を確認することができること

・訂正または削除することができないこと

④　適格請求書に係る電磁的記録の記録事項について正当な理由

がない訂正および削除の防止に関する事務処理の規程を定め、当該規程に沿った運用を行い、当該電磁的記録の保存に併せて当該規程の備付けを行うこと（電帳規4①四）

(2) 適格請求書に係る電磁的記録の保存等に併せて、システム概要書の備付けを行うこと（電帳規2②一、⑥六、4①）

(3) 適格請求書に係る電磁的記録の保存等をする場所に、その電磁的記録の電子計算機処理の用に供することができる電子計算機、プログラム、ディスプレイおよびプリンタならびにこれらの操作説明書を備え付け、その電磁的記録をディスプレイの画面および書面に、整然とした形式および明瞭な状態で、速やかに出力できるようにしておくこと（電帳規2②二、4①）

(4) 適格請求書に係る電磁的記録について、次の要件を満たす検索機能を確保しておくこと（電帳規2⑥五、4①）。なお、一定の場合には、検索機能の全部または一部について不要となる場合がある。

① 取引年月日その他の日付、取引金額および取引先を検索条件として設定できること

② 日付または金額に係る記録項目については、その範囲を指定して条件を設定することができること

③ 二以上の任意の記録項目を組み合わせて条件を設定できること

（出所：国税庁　消費税の仕入税額控除制度における適格請求書等保存方式に関するQ&A問81より）

Q141　提供を受けた適格請求書に係る電磁的記録の保存方法

> **Q**　取引先から、適格請求書の交付に代えて、適格請求書に係る電磁的記録の提供を受けていた場合、仕入税額控除の要件を満たすためには、電磁的記録をどのような方法で保存しなければならないのか。

A　相手方から適格請求書の交付に代えて、適格請求書に係る電磁的記録による提供を受けた場合、仕入税額控除の要件として、その電磁的記録を保存しなければならない（消法30⑦⑨二）。提供を受けた電磁的記録をそのまま保存しようとするときには、「適格請求書に係る電磁的記録を提供した場合の保存方法」と同様の保存方法により保存する必要がある（消令50①、消規15の5）。

（出所：国税庁　消費税の仕入税額控除制度における適格請求書等保存方式に関するQ&A問102より）

Q142　提供された適格請求書に係る電磁的記録の書面による保存

> **Q**　取引先から請求書を電子データにより提供を受けた場合、これを紙に出力して保存することで、仕入税額控除の要件を満たすことができるのか。
> 　なお、提供を受けた請求書データは、適格請求書の記載事項を満たしている。

A　適格請求書に係る電磁的記録による提供を受けた場合であっても、電磁的記録を整然とした形式および明瞭な状態で出力した書面を

保存することで、請求書等の保存要件を満たすこととなる（消規15の5②）。

解説

　仕入税額控除のための適格請求書の保存とは別途、電子帳簿保存法において、申告所得税および法人税の保存義務者である場合には、令和6年1月1日以後に行う電子取引の取引情報については要件にしたがった電子データの保存が必要となることを留意しておく必要がある。
（出所：国税庁　消費税の仕入税額控除制度における適格請求書等保存方式に関するQ&A問85より）

Q143　インボイス導入前の電子取引に係る仕入税額控除

> **Q**　インボイス導入前に電子取引により請求書等を受領した場合は、仕入税額控除を受けるためにはどのようにすればいいのか。

A　従来の「区分記載請求書等保存方式」では、課税事業者が仕入税額控除の適用を受けるためには、原則として課税仕入れ等の事実の帳簿への記載、保存および課税仕入れ等の事実を証する請求書等の保存をしなければならないこととされていた（旧消法30⑦）。電子インボイスのように、請求書等を電子データで受領した場合の規定はなかった。

　ただし、請求書等の交付を受けなかったことにつき「やむを得ない理由」があるときは、帳簿に旧消費税法第30条第8項の記載事項に加えて、そのやむを得ない理由および課税仕入れの相手方の住所また

は所在地を記載して保存することにより、仕入税額控除の適用を受けることができる旨が定められていた（旧消令49①二）。電子データとそれを出力した書面の両方の保存は不要であった。

解説

　インターネットを通じて取引を行った場合には、請求書等に記載されるべき法定事項が通信回線を介してコンピュータ間で電子データとして交換されるため、請求書等そのものが作成・交付されないこととなり、その電子データ以外の保存が行えない状況となるが、これは、請求書等の交付を受けなかったことにつきやむを得ない理由がある場合に該当するものと考えられていた（旧消基通11－6－3(5)）。

　したがって、帳簿に記載すべき事項に加えて、インターネットを通じた取引による課税仕入れであることおよび課税仕入れの相手方の住所または所在地を記載して保存する場合には、仕入税額控除の適用を受けることができた。

（出典：国税庁HP質疑応答事例「インターネットを通じて取引を行った場合の仕入税額控除の適用について」に一部加筆修正）

Q144　適格請求書の記載事項に係る電磁的記録の保存方法

> **Q**　継続的な役務提供に係る課税仕入れについて、仕入先からは書面での適格請求書は交付されず、取引先が指定したホームページ上の「マイページ」等にログインし、契約ごとに電磁的記録をダウンロードすることとなっている場合（7年間いつでもダウンロード可能）、仕入税額控除を行うには、これらの電磁的記録を毎月ダウンロードして保存する必要があるのか。

A (1) 仕入税額控除には電子データの保存が必要

　売手である適格請求書発行事業者から適格請求書に代えて、適格請求書に係る電磁的記録による提供を受けた場合、仕入税額控除の適用を受けるためには、その電磁的記録を保存する必要がある。

　その際、提供を受けた電磁的記録をそのまま保存しようとするときには、電帳法に準じた方法により保存することとされている（消令50①、消規15の5）。

(2) ECサイト上での保存の電帳法における扱い

　電帳法においては、ECサイト（インターネット上に開設された商品などを販売するウェブサイトをいう。）で物品を購入したとき、ECサイト上の購入者の購入情報を管理するページ内において、領収書等データをダウンロードすることができる場合に、そのECサイト上でその領収書等データの確認が随時可能な状態である場合には、必ずしもその領収書等データをダウンロードして保存していなくても差し支えないこととされている。

　こうした取扱いは、ECサイト提供事業者が、物品の購入者において満たすべき真実性の確保および検索機能の確保の要件を満たしている場合に認められるものであり、また、領収書等データは各税法に定められた保存期間が満了するまで確認が随時可能である必要がある。

(3) 適格請求書の扱い

　電帳法における扱いは、適格請求書に係る電磁的記録の保存においても同様であり、取引先が指定したホームページ上の「マイページ」等にログインすることで、保存要件を満たした形で適格

請求書に係る電磁的記録の確認が随時可能な状態である場合には、その電磁的記録をダウンロードしなくとも、随時確認が可能であることにより、その保存があるものとして、仕入税額控除の適用を受けることとして差し支えないこととされている。

|解説|

「マイページ」等にログインすることで確認できることで、ダウンロードを行わない場合、検索機能の確保が困難な場合が考えられる。

ただし、次のような事業者については、検索機能の確保の要件が不要とされている。要件に該当する事業者であれば、取引先のホームページで検索機能の確保がなされていなかったとしても、適格請求書に係る電磁的記録の確認が随時可能な状態であれば、仕入税額控除の適用を受けることができることとなる。

なお、下記(1)②、(2)における電磁的記録を出力した書面としては、必ずしも適格請求書そのものに係る電磁的記録でなくてもよく、その取引に係る金額や取引年月日等の情報が判別できる資料でも差し支えないこととされている。

【検索機能の確保が不要な場合】

次のような事業者については、検索機能の確保の要件が不要とされている。

(1) 税務職員による質問検査権に基づく電磁的記録の提示等の求めに応じることができるようにしている場合における

① 判定期間に係る基準期間における売上高が5,000万円以下の事業者

② 電磁的記録を出力した書面を取引年月日その他の日付および取引先ごとに整理されたものを提示・提出できるようにしてい

る事業者

(2) 税務署長が相当の理由があると認め、かつ、保存義務者が税務調査等の際に、税務職員からの求めに応じ、その電磁的記録および出力書面の提示等をすることができる場合には、その保存時に満たすべき要件にかかわらず電磁的記録の保存が可能となる措置（猶予措置）の対象となる事業者

(出所：国税庁　消費税の仕入税額控除制度における適格請求書等保存方式に関するQ&A問102-2より)

第6章 税務行政のデジタル・トランスフォーメーション

1 税務行政のデジタル・トランスフォーメーションの公表

　新型コロナウイルス感染症への対応により、行政・民間双方の分野において我が国のデジタル化の遅れが浮き彫りにされたところである。これを契機として、税を含むあらゆる分野でデジタルの活用が急速に広まっている。

　税務においてデジタルの活用が広まることは、税務手続の簡便化だけではなく、単純誤りの防止による正確性の向上や業務の効率化による生産性の向上等にもつながることが期待されている。また国税当局側も、事務処理コストの削減や効率化、得られたデータの活用等を通じて、さらなる課税・徴収事務の効率化・高度化を進めていくものと考えられている。

　こうした意義のある税務行政のデジタル・トランスフォーメーション（DX）をさらに前に進めていくため、国税庁では、「税務行政のデジタル・トランスフォーメーション−税務行政の将来像2.0−」（令和3年6月公表）が改定され、令和5年6月23日に「税務行政のデジタル・トランスフォーメーション−税務行政の将来像2023−」が公表された。

2 課税・徴収の効率化・高度化の税務当局の取組み

　税務行政のDXの中でも特に重要なものが、課税・徴収の効率化・高度化である。

　データ活用の徹底の観点から、AI・データ分析の活用、オンラインツール等の活用や関係機関への照会等のデジタル化を図ることによって、限られた定員の中で組織としてのパフォーマンスを最大化することを目指している。

　これにより、租税回避への対応、富裕層に対する適正課税の確保、消費税不正還付等への対応、大口・悪質事案への対応を重点施策とし、その中でも特に必要性の高い分野や悪質な事案等に重点化する取組みを進めている。

　また、新たに取り組んでいる事業者のデジタル化の促進では、国税に関するデジタル関係施策について網羅的に周知・広報を図る外、デジタルインボイスの普及、電子帳簿等保存制度の活用など、事業者のデジタル化を支援する取組みも行っている。

　国税庁では、限られた人的資源を最大限有効に活用するため「内部事務センター化」により徹底的に内部事務等の集約化・効率化を図ることとしている。今後の税務調査ではそこで確保できた事務量を、特に必要性の高い分野や悪質な事案等へ最大限取り組み、外部事務の充実・高度化につなげることにしている。これからはより税務調査に軸足を置いた税務行政が行われると思われる。

税務行政のデジタル・トランスフォーメーション　Q&A

Q 145　税務行政のデジタル・トランスフォーメーションとは

> **Q**　令和5年6月に国税庁から「税務行政のデジタル・トランスフォーメーション−税務行政の将来像2023−」が公表し、デジタル化を進めることとしているが、どのような内容なのか。

A　国税庁は、3つの柱に基づいて、税務行政のデジタル・トランスフォーメーションに関する施策を進めている。今回、新たに「事業者のデジタル化促進」が加えられ、事業者が日頃行う業務や事務処理などもデジタル化を進め、入力ミス防止などによる正確性の向上や書類の保存コストの低減等といったメリットを事業者自身が享受できれば、次なるデジタル化につながる好循環が期待されている。

　具体的には次の3つになる。
① 　納税者の利便性の向上

　　スマートフォン、タブレット、パソコンなどの日常使い慣れたデジタルツールを使って、普段は税になじみのない方でも、簡単・便利に手続きを行うことができる環境を構築し、これまで以上に"納税者目線"を大切に、各種施策を講じている。

　　具体的には、納税者目線の徹底の観点から、申告（納付・還付）や年末調整の簡便化を図り、申請等の簡便化、自己情報のオンライン確認、検索性の向上や相談の高度化を図り、あらゆる税務手続が税務署に行かずにできる社会を目指している。
② 　課税・徴収事務の効率化・高度化等

業務にあたってデータを積極的に活用し、課税・徴収の効率化・高度化に取り組む。また、地方公共団体等、他の機関への照会等のデジタル化も進める。

具体的には、データ活用の徹底の観点から、AI・データ分析の活用やオンラインツール等の活用や関係機関への照会等のデジタル化を図り、組織としてのパフォーマンスを最大化して、租税回避への対応、富裕層に対する適正課税の確保、消費税不正還付等への対応、大口・悪質事案への対応を掲げ、特に必要性の高い分野や悪質な事案等に重点化する取組みを進めている。

③　事業者のデジタル化促進

事業者の業務のデジタル化を促す施策を実施する。これにより、経済取引のデジタル化につながることで、事業者が日頃行う事務処理の一貫したデジタル処理を可能とし、生産性の向上等を図る。

具体的には、国税に関するデジタル関係施策について網羅的に周知・広報を図る外、デジタルインボイスの普及、事業者のデジタル化を支援する施策の広報という観点から、他省庁との連携・協力を図り、関係団体等との連携・協力により、デジタル化共同宣言やキャッシュレス納付推進宣言など事業者のデジタル化機運の醸成を図ることとしている。

この事業者のデジタル化促進に関しては、税務行政のDXと併せて、事業者の業務のデジタル化を促進することにより、税務を起点とした社会全体のDXを推進することとしている。

また、この将来像実現に向けて、内部事務センター化やシステムの高度化、人材育成等のインフラ整備にも取り組むこととしている。

これからの税務調査では、センター化により徹底的に内部事務等の集約化・効率化を図ることにより確保できた事務量を、特に必要性の

高い分野や悪質な事案等へ最大限取り組み、より税務調査に軸足を置いた税務行政が行われると考えられる。そのための体制づくりを整えた上、限られた人員での最大のパフォーマンスが引き出せるよう、取り組んでいくことが考えられる。

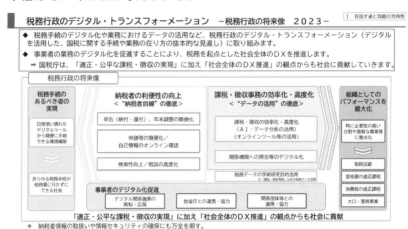

(出典：国税庁「税務行政のデジタル・トランスフォーメーション―税務行政の将来像2023－」)

Q146　AI・データ分析を活用した税務調査

> **Q**　AI・データ分析はこれからの税務調査でどのように活用されるのか。

A　これからは、税務を起点とした社会全体のDXの推進が図られることとなる。

　国税当局は、関係省庁とも連携し、「税務手続のデジタル化」だけでなく、民間企業の活力・創意工夫をも取り入れた、関係省庁や民間企業、法人会等の関係民間団体等とも連携した「事業者の業務のデジタル化」を併せて促進する。

この「事業者の業務のデジタル化」から、「経済取引のデジタル化」につなげることにより、事業者が日頃行う事務処理の一貫したデジタル処理が可能となり、生産性の向上等といった効果も期待される。

この税務を起点とした社会全体のDXの推進により、他の事業者のデジタル化も促され、"デジタル化の推進が更なるデジタル化につながる好循環"が生み出されることを通じて、社会全体のDX推進につながり、社会全体にデジタル化のメリットが波及することが期待されている。

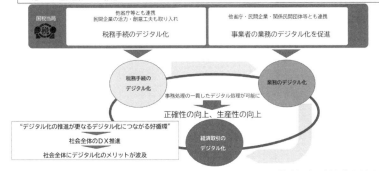

(出典：国税庁「税務行政のデジタル・トランスフォーメーション－税務行政の将来像2023－」)

Q147 AI・データ分析の活用による課税・徴収事務

Q 国税の課税事務や徴収事務にAIやデータ分析を活用して、どのように効率化・高度化を図るのか。

A 課税・徴収事務の効率化・高度化を図るためには、課税であれば、売上脱漏や経費過大などの申告漏れの可能性が高い納税者等を効率的

に探し出していくのか、徴収であれば、接触することが難しい滞納者に個々の状況に応じて、応答する可能性の高い時間帯を割り出して催告することが考えられる。

　そのためには、課税について言えば、申告内容やこれまでの税務調査事績はもちろんだが、法令で情報提出を義務付けている法定資料に加え、税務当局が独自に収集した情報の他、民間の情報機関からの情報収集、海外との租税条約等に基づく情報交換、CRSに基づく非居住者の金融口座情報の自動的情報交換などが行われており、今後も国内外における課税逃れに対処するため、申告内容を確認するために必要な資料情報の収集が行われていくものと考えられる。

　このようなさまざまな情報収集を行ったデータなどをもとに、BAツール・プログラミング言語を用いて統計分析・機械学習等の手法により分析することで、申告漏れの可能性が高い納税者等を判定することができ、その分析結果を活用することで、効率的な調査・行政指導を実施し、調査必要度の高い納税者には深度ある調査を行うことが可能となる。

　令和３年度の電子帳簿保存法の改正では、帳簿・書類の電子保存、スキャナ保存、電子取引データの保存の保存要件のうち、これまでの検索要件の全部または一部に代替するものとして、税務調査でダウンロードの求めに応じることが保存要件として課されている。

　ダウンロードの求めに応じなければ保存要件を満たさないことから、今後の税務調査においては、帳簿書類のダウンロードを求められることが主流になっていくと思われる。

　AIやデータ分析により、さまざまな膨大な資料と納税者情報をマッチングさせて、各情報の有機的なつながりやデータ間の関連性が把握できることになる。この一環として、将来的には、税務調査において

ダウンロードにより提出されたデータともマッチングさせて問題点を把握していくことになると思われる。

将来的には実地に納税者宅に臨場して行う調査から、書面郵送や電話連絡等による連絡や来署依頼による面接により申告内容を是正する簡易な接触を幅広く実施し、一方で、調査必要度が高い納税者については、重点的に事務量を投下し、深度ある調査を実施していくことが考えられる。これもAIやデータ分析の活用があればこその取組みであろう。

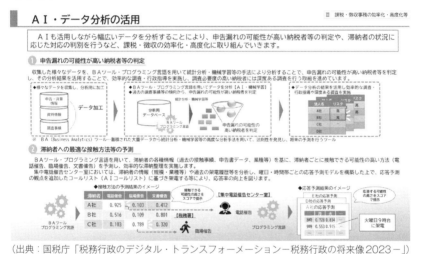

(出典：国税庁「税務行政のデジタル・トランスフォーメーション—税務行政の将来像2023—」)

Q148 データのダウンロード要件を設けた趣旨

Q データのダウンロードを保存要件とした趣旨は何か。

A データのダウンロードの求めに関する要件は、保存義務者において検索機能の確保の要件等に対応することが困難な場合でも、保存すべき電子データを複製した写しとしての電子データが税務当局に提出

されれば、税務当局の設備等を用いて検索等を行うことができることを踏まえて設けられたものである。

このため、ダウンロードの求めは、あくまで電子データを複製した写しとしての電子データの提出を求めるものであり、保存している電子データを出力した書面を提示または提出したり、電子データを出力したディスプレイの画面を提示したりしたとしても、ここでいうダウンロードの求めに応じたこととはならないとされている。

(出所：国税庁電帳法取扱通達解説（趣旨説明）7-9（4-14））

Q149　AI・データ分析の活用による調査事績

> Q　AIやデータ分析の活用により法人の税務調査にはどのような影響があるのか。

A　国税庁から令和6年11月、令和5事務年度の法人税等の調査事績が公表された。

実地調査件数は昨事務年度よりも減少しているものの、1件当たりの追徴税額は増加し、法人税・消費税の追徴税額は直近10年で2番目の3,197億円を記録した。

この要因として、AI・データ分析を活用することで、調査必要度の高い法人を的確に絞り込み、深度ある調査を実施した結果と考えられる。

国税庁では、申告内容や調査事績や法定調書のほか、税務当局が独自に入手した資料情報、民間情報機関や外国政府から入手する情報などをデータベースに蓄積している。

この膨大なデータをBA（Business Analytics）ツール（蓄積さ

れた大量データから統計分析・機械学習等の高度な分析手法を用いて、法則性を発見し、将来の予測を行うツール)・プログラミング言語を用いて分析している。

　この分析結果を活用して調査必要度の高い納税者を選定し、悪質な納税者には厳正な調査を実施する一方で、その他の納税者には簡易な接触を実施するなど、効率的な調査や行政指導を実施した結果がこの調査事績に繋がっていると考えられる。

Q150　リモート調査の推進

> **Q**　オンラインツール等を活用して、リモート調査を実施しているとのことだが、具体的にはどのように行っているのか。

A　令和2年7月から、納税者の理解を得て、税務調査の効率化を進める観点から、大規模法人の税務調査を対象にWEB会議システムなどを利用したリモート調査を実施している。

　また、令和4年10月からは、一部の大規模法人を対象に、国税庁の機器・通信環境を利用したリモート調査を試行的に実施している。

　WEB会議システムを用いたリモート調査や、e-Taxやオンラインストレージサービスを利用した帳簿書類(データ)のやり取りなどのオンラインツールを積極的に活用している。

　今後もこの傾向は続くであろう。

オンラインツール等の活用

Ⅲ 課税・徴収事務の効率化・高度化等

◆ 税務調査に当たっては、Web会議システムを用いたリモート調査や、e-Taxやオンラインストレージサービスを利用した帳簿書類（データ）のやり取りなど、オンラインツールを積極的に活用していきます。
◆ 令和4年10月から、一部の大規模法人を対象に、国税庁の機器・通信環境を利用したリモート調査を試行的に実施しています。
◆ また、税務調査や滞納整理の際に、調査・徴収事務担当職員から求められた書類（調査関係書類）を提出する場合、e-Taxによる提出も可能となりました（PDF：令和4年1月、CSV：令和5年1月より提出可能）。

① リモート調査
オンラインで概況聴取（質問・回答）等のヒアリングを実施

② データの受け渡し
e-Taxやオンラインストレージサービスを利用してデータの受け渡し

（出典：国税庁「税務行政のデジタル・トランスフォーメーション―税務行政の将来像2023―」）

Q151　事業者の業務のデジタル化のメリット

> **Q**　事業者の業務のデジタル化により、どのようなメリットがあるのか。

A　税務手続のデジタル化と併せて、経済取引や業務もデジタル化することにより、事業者が日頃行う事務処理の一貫したデジタル処理が可能となる。

　まずは、単純誤りの防止による正確性の向上が図られる。

　そして、デジタル化がワークフローに織り込められれば、事務の効率化が進み、さまざまな場面での生産性の向上が期待されるところである。

　具体的には、納税者と取引先との間の受発注・納品・請求について、見積書、注文書、納品書、請求書、領収書などの書類がやり取りされるが、それらの業務を一連の流れとしてデジタル化することにより、

業務の効率化や正確性が向上し、生産性の向上につながることになる。

さらには後工程の入金消込業務までシームレスにデータ連携することにより、スタートからエンドまでの取引全体のデジタル化が進むことになる。

これらのデジタル化を進める重要なツールとして、電子帳簿保存制度や電子インボイス、さらにはデジタルインボイスをどのように活用して行くかが重要なカギとなる。

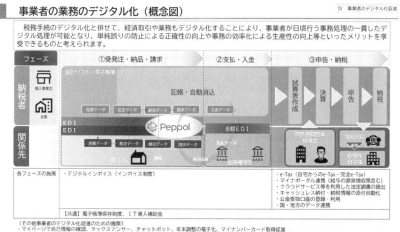

(出典：国税庁「税務行政のデジタル・トランスフォーメーション―税務行政の将来像2023―」)

Q152 国税システムの高度化

> **Q** 国税当局の業務システムはDX化に向けてどのようになるのか。

A 令和8年度に向けて、国税庁では、基幹システムの刷新を行っている。したがって、令和8年度からは、KSKシステムから新たな次世代システムへと移行し、新システムで全体の業務が動き出すことになる。

現在でも、書面中心の事務処理からデータ中心の事務処理に順次移行しているところであるが、この他、税目別・事務系統別の縦割りに分断されていたシステムについて、データベース・アプリケーションの統合を図っている。

　また、メインフレームである独自設計の大型コンピュータから脱却し、オープンなシステムへ刷新することとしている。

　システム刷新後は、AIやデータ分析の活用により、より高度なデータ分析が可能となり、申告漏れの可能性の高い納税者の判定にも役立つと考えられている。

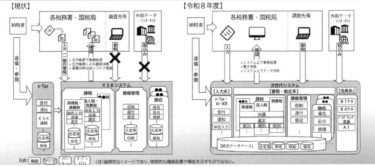

（出典：国税庁「税務行政のデジタル・トランスフォーメーション―税務行政の将来像2023―」）

Q153　人材確保・人材育成

> **Q**　システムは高度化されるが、それを使いこなす、データ活用推進のための人材確保、人材育成はどのように取り組んでいくのか。

A 国税職員のデータリテラシーレベルに応じた研修体系を整備し、職員に求められる知識と技術のレベルに応じた研修により、データ分析を行うことができる人材育成を行っている。

また、データ分析のための人材確保策として、国税職員の採用区分で新たに国税専門官採用試験に「理工・デジタル系」の試験区分を設け、これを通じて採用した人材も含めて、データ活用のための人材を研修等を通じて育成することとしている。

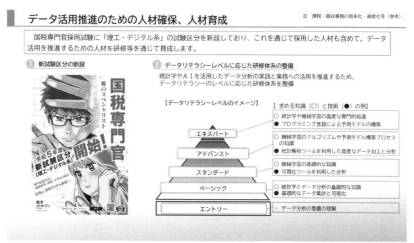

(出典：国税庁「税務行政のデジタル・トランスフォーメーション―税務行政の将来像2023―」)

Q 154　インボイス制度導入後の税務調査

Q インボイス制度の導入で税務調査は変わるのか。

A インボイス制度導入後の税務調査でこれまでと大きく変わるのは、まず、インボイス発行事業者でなければインボイスを交付できないことから、まずそのインボイスが登録した課税事業者が交付したも

のか確認するという点だと考えられる。

次に、正当なインボイス発行事業者のものだとして、インボイスの記載事項を満たしているかどうか確認することが考えられる。

インボイス制度導入後は、売手であるインボイス発行事業者は、課税事業者である相手方に求められれば、インボイスの交付・保存する義務が課されている。これまではこのような義務は課されていなかった。したがって、インボイスの記載内容に疑義が生じた場合には必要に応じて反面調査を行い、売手の保存しているインボイスの記載の内容を確認することになると考えられる。

このインボイスを電子で授受している場合には、電子帳簿保存法の保存要件に沿った保存を行っている電子データについて確認することになる。

Q 155 インボイス導入後の税務調査の方針

> **Q** インボイス導入後の税務調査に関する国税庁の方針はどのようなものなのか。

A インボイス導入後の税務調査については、これまでも、請求書等の保存書類について軽微な記載事項の不足を確認するための税務調査は実施していないことから、インボイス制度導入後も、こうした方針に特に変更はないとされている。

インボイス制度の円滑な定着が重要だと国税庁は考えており、税務調査においてインボイスの記載事項の確認を行うが、記載事項が足りなかった場合等の軽微なミスを把握したとしても、他の書類等で確認できれば仕入税額控除を適用し、記載不足については、今後の指導事

項とするのではないかと考えられる。

ただし、その不足する内容を他の書類等から確認できなければ、原則として仕入れ税額控除の適用を受けることはできないことになる。

したがって、柔軟に対応していくとは言っても、記載不足の部分については、いずれかの書類等で確認できるようにしておかなければならない。

また、インボイスは、取引当事者双方に保存義務が課されているので、インボイス発行事業者と通謀等しない限り仕入れ税額控除、架空仕入れを計上することは困難になると考えられ、消費税の不正還付についても一定の抑制が働くと考えられている。

「インボイス制度後の税務調査の運用について」

制度の定着に向けた取組

インボイス制度後の税務調査の運用について

○ これまでも、保存書類の**軽微な記載不備を目的とした調査は実施していない**。
 ・ 従来から、大口・悪質な不正計算が想定されるなど、調査必要度の高い納税者を対象に重点的に実施。
○ 仮に、調査等の過程で、インボイスの**記載事項の不足等の軽微なミス**を把握しても、
 ・ インボイスに必要な記載事項を他の書類等※で確認する、
  ※ 相互に関連が明確な複数の書類を合わせて一のインボイスとすることが可能。
 ・ **修正インボイス**を交付することにより事業者間でその不足等を改める、といった対応を行う。
○ まずは**制度の定着**を図ることが重要であり、**柔軟に対応**していく。

(出典:「適格請求書等保存方式の円滑な導入等に係る関係府省庁会議(2023年8月25日)」(内閣官房HP))

Q156　電子帳簿保存法下での税務調査の対応

Q　インボイスも含め、電子帳簿保存法の保存要件により帳簿書

類を保存している場合の税務調査はどのように行われるのか。

A 電子帳簿保存法により、帳簿や書類を保存している場合の調査は、取引全体の流れの中で、入力および出力の処理の手順として、所定の手続きを経て承認された証票書類に基づき、だれがどのように仕訳データの入出力を行っているのか、入力担当者により入力内容の確認および管理責任者による確認後、誤りを発見した場合の訂正、削除の処理をどのように行っているのかなどの電子計算機処理に関するワークフローの流れの説明を求められることが考えられる。

税務調査の前に、あらかじめ説明するための資料を作成しておいた方がよいと考えられる。

Q157 これからの税務調査への対応

Q これからの税務調査への対応

A 税務調査では帳簿の確認を基本とし、帳簿に関連する書類や取引情報の確認を行っていくことが想定される。

帳簿に記載されていた取引内容を確認するために、検索機能等により必要となる電子取引データを探し出し、モニターに表示あるいは書面に出力することにより取引内容の確認を行っていくことになるものと考えられる。

そのデータが保存要件にしたがっていなかった場合には、追加的な説明や資料の提出等が必要となる可能性がある。

また、保存データのダウンロードの求めに応じることも保存要件となっている場合には、税務職員の求めのすべてに応じることが求めら

れ、一部でも応じない場合には、要件にしたがって保存等が行われていないことになる。

　これからの税務調査はデータのダウンロードを求められることも多くなると考えられるので、調査対象事業年度の保存データについて、求めに応じ提供できるように準備しておくことが必要となる。

Q158　企業に求められる対策

> **Q**　企業はどのような対策を講じておくべきか。

A　電子帳簿保存法の対応では、多くの企業では既に対応済というところも多いと考えられる。

　一方で、制度があまり熟知されておらず、実質的には一部だけしか対応できていないという場合もあり得る。電子的に保存している帳簿や書類について、電子帳簿保存制度のどの制度に基づいて保存しているのか確認し、その保存要件に合致した保存状態となっているか、今一度確認しておく必要がある。

　また、紙を電子化したものの、作業工数が増えただけで、かえって事務負担が増加したという事例も散見されるところである。デジタル化の目的は、業務の効率化を図り、生産性を向上させるものであり、デジタル化の推進がさらなるデジタル化の好循環となるよう、適切なシステムの導入、ワークフローの見直しを不断に行う必要があろう。

　また、インボイスが導入された消費税の税務調査で重点的に行われるのは、不正な還付申告の防止であり、申告書審査を的確に実施し、還付原因が解明できない場合には、必要に応じて一定の事務量を投下していくものと考えられる。特に還付申告の場合には、保存している

インボイスが適正なものか確認しておく必要がある。

また、記載事項の不備のみを理由とした否認は行われないと思われるが、何れかの書類で確認できるようにしておくとともに、指摘を受けないように、インボイスの記載事項を満たしているか確認しておく必要がある。

税務当局は、今後、さまざまなデータを分析して申告内容とのマッチングにより、申告漏れの把握を行っていくと考えられ、帳簿書類も税務調査の過程でダウンロードの求めに応じることが多くなると考えられる。AI・データ分析の活用により調査必要度が高い納税者の判定など、税務調査の精度も高まってくることが予想されることから、その前提での調査対応も必要である。

ただし、税務当局が保有しているデータもどこまでが正しい情報かは不明であるので、税務調査で指摘された場合には、しっかりとその事実を確認して対応することが重要である。

Q 159　税務調査時の電磁的記録の提示方法

> **Q**　提示・提出を求められた帳簿書類等の物件が電磁的記録である場合には、どのような方法で提示・提出すればよいのか。

A　帳簿書類等の物件が電磁的記録である場合には、提示については、その内容をディスプレイの画面上で調査担当者が確認し得る状態にして提示する必要がある。

一方、提出については、通常は、電磁的記録を調査担当者が確認し得る状態でプリントアウトしたものを提出する必要がある。また、電磁的記録そのものの提出を要求された場合には、調査担当者が持参し

た電磁的記録媒体への記録の保存（コピー）を依頼される場合がある。国税庁のFAQでは、これらの提供を調査担当者がお願いする場合には、協力をお願いしたい旨の記載がされている。

(注) 提出された電磁的記録については、調査終了後、確実に廃棄（消去）することとしている。

（出所：国税庁　税務調査手続に関するFAQ（一般納税者向け）問5より作成）

Q160　私物である帳簿書類等の提示等

> **Q**　法人税の調査の過程で帳簿書類等の提示・提出を求められることがあるが、対象となる帳簿書類等が私物である場合には求めを断ることができるのか。

A　法令上、調査担当者は、調査について必要があるときは、帳簿書類等の提示・提出を求め、これを検査することができるものとされている。

　例えば、法人税の調査において、その法人の代表者名義の個人預金について事業関連性が疑われる場合にその通帳の提示・提出を求めることは、法令上認められた質問検査等の範囲に含まれるものと考えられる。

　調査担当者は、その帳簿書類等の提示・提出が必要とされる趣旨を説明し、理解を得られるよう努めることとしているので、調査への協力をお願いしたい旨が国税庁のFAQに掲載されている。

（出所：国税庁　税務調査手続に関するFAQ（一般納税者向け）問7より作成）

執筆者プロフィール

名取　和彦（なとり　かずひこ）

〔第1編　担当〕

税理士。一般社団法人租税調査研究会主任研究員。

　昭和54年仙台国税局に入局。昭和60年から平成2年まで旧大蔵省主税局に勤務し、消費税法の創設に従事。平成5年から平成12年まで東京国税局消費税課に勤務。その後、調査開発課、審理課、税務相談室において専ら消費税法を担当、東京国税不服審判所国税副審判官、国税庁税務大学校総合教育部教授、仙台国税局築館税務署長、東京国税局大森税務署長を経て令和3年に税理士登録。

　現在、株式会社AGSコンサルティング、辻・本郷税理士法人、辻・本郷ITコンサルティング株式会社等で税務顧問をしており、主な著書に『一冊ですべてわかる！暗号資産の税務処理と調査対応のポイント』（第一法規）、『消費税課否判定軽減税率判定早見表』（大蔵財務協会）等があり、税理士会等における講演や税務専門誌に多数執筆している。

松崎　啓介（まつざき　けいすけ）

〔第2編　担当〕

税理士。一般社団法人租税調査研究会主任研究員。

　昭和59年から平成20年まで財務省主税局に勤務し税法の企画立案に従事。平成10年から平成20年まで電子帳簿保存法の創設や通則法規等の改正を担当した。その後、大月税務署長、東京国税局（調査部特官・統括官、審理官、企画課長、審理課長、個人課税課長）、国税

庁監督評価官室長、仙台国税局総務部長、金沢国税局長を経て令和2年に税理士登録。

　主な著書に『コンメンタール国税通則法』（第一法規）、『デジタル化の基盤 電帳法を押さえる』（税務研究会）、『税務調査官の視点で確認！電子帳簿等保存制度のチェックポイント』（清文社）、『国税当局が進める加算税の強化とそのねらい』（税経）等があり、各税理士会等で多数講演を行っている。

サービス・インフォメーション
――――――――――――――――通話無料――――
①商品に関するご照会・お申込みのご依頼
　　　　TEL 0120(203)694／FAX 0120(302)640
②ご住所・ご名義等各種変更のご連絡
　　　　TEL 0120(203)696／FAX 0120(202)974
③請求・お支払いに関するご照会・ご要望
　　　　TEL 0120(203)695／FAX 0120(202)973

●フリーダイヤル(TEL)の受付時間は、土・日・祝日を除く
　9：00～17：30です。
●FAXは24時間受け付けておりますので、あわせてご利用ください。

実務での迷いや悩みを対応事例で解決！
Q&Aでわかる税理士のためのインボイス制度と
改正電子帳簿保存法

2025年2月20日　初版発行

著　者　　松　崎　啓　介

　　　　　名　取　和　彦

発行者　　田　中　英　弥

発行所　　第一法規株式会社
　　　　　〒107-8560　東京都港区南青山2-11-17
　　　　　ホームページ　https://www.daiichihoki.co.jp/

インボイスQA　ISBN 978-4-474-04974-1 C2034 (2)